1993년, 대원미디어그룹의 성장을 주도하던 무렵의 정욱 회장

1. 「홍길동」을 제작할 무렵. 스튜디오에서 스탭들과 함께. 정욱 회장 왼쪽이 안정교 여사
2. 결혼식날 새신랑 정욱
3. 반세기 가까운 세월동안 우정을 쌓아온 이원복 교수와 행사장에서 만나 만화에 대한 의견을 나누고 있다.
4. 1990년 색동회상을 수상하던 날 안정교 여사와 함께

5

6

7

8

5. 1994년 챔프 만화대상 시상식을 겸한 송년회 모임에서 축사를 하는 정욱 회장(맨 오른쪽)
6. 1995년 시카프 조직위원회 관계자들과 유럽 순방 중인 정욱 회장(앞줄 오른쪽)
7. 홍콩 애니메이션 행사에서 만난 토에이 일행들과 함께. 맨 왼쪽이 정욱 회장
8. 일밖에 모르는 정욱 회장의 남다른 특기가 있다면 수준급의 골프실력이다. 일본 슈에이샤 관계자들과 골프 행사를 갖고 기념촬영을 했다. 앞줄 왼쪽 두번째가 정욱 회장. 그 오른쪽이 토리시마 카즈히코 현 슈에이샤 전무이다.

9,10. 시카프 조직위원회 설립에 관여하여 초대 부위원장을 지냈던 정욱 회장이 공식 만찬에서 건배 제의를 하고 있다. 오른쪽은 개막식 테이프커팅 모습

11. 「슬램덩크」의 작가 이노우에 다케히코와도 막역한 사이로 알려져 있다. 함께 여행길에 오른 두 사람

12. 대원미디어의 오늘이 있기까지 정욱 회장의 옆에서 내조를 아끼지 않은 안정교 여사(가운데)와 크고 작은 일을 늘 함께 해온 안현동 대원미디어 부회장(왼쪽)

무한한 상상력을 키워주는
• 세계명작만화 ❶ •

걸리버 여행기

소인국 편

원작 조너선 스위프트 / 글·그림 정 욱

대원키즈
D·A·E·W·O·N·K·I·D·S

과연 훌륭하다!

다음은 구멍이 있는 쇳덩어리를 보여 달라.

걸리버여행기

폐하! 이것은 큰 소리를 내는 권총이라는 것으로 아주 위험합니다.

이 속에서 나는 소리는 천둥소리보다 더 큽니다.

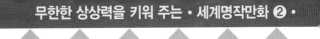

세계가 감동한 명작 고전

벤 허

원작 루 월리스 · 글 그림 정 욱

대원키즈
D·A·E·W·O·N·K·I·D·S

후훗! 네가 피할 수 있을 것 같으냐?

하야!

벤허! 위험하다.

조심해라, 벤허!

이 책을 대한민국 만화 애니메이션 산업을 일군 정욱 회장과

'대원'이라는 이름 안에서 이 세계를 만든 사람들에게 드립니다.

대한민국 콘텐츠 플랫폼

정욱과대원

정욱 회장, 만화 애니메이션 50주년 기념 헌정집

대한민국 콘텐츠 플랫폼
정욱과 대원

이원복

박석환

황민호

오태엽

송락현

김낙호

김성훈

김정영

김정경

한창완

bs
브렌즈스토어

정욱과
대원이라는 이름의
플랫폼

영화 「해리 포터」에는 '9와 4분의 3' 플랫폼(Platform 9 and 3 quarters)이 등장한다. 9번 플랫폼과 10번 플랫폼 사이에 있다고 하는데 기차 승무원도 모르는 곳이다. 주인공 해리가 이 플랫폼을 찾기 위해 두리번거리고 있는데 한 아이가 9번 플랫폼과 10번 플랫폼 사이에 있는 벽으로 카트를 밀고 질주한다. 아이는 벽 속으로 사라졌다. 그 뒤를 이어 몇몇 아이들이 또 벽을 향해 달려갔다. 이 말도 안 되는 광경을 목격한 해리는 잠깐 멈칫했지만 이내 큰 결심을 한 듯 카트를 밀고 벽 속으로 질주했다.

벽을 통과하자 호그와트 마법학교로 갈 수 있는 기차가 눈앞에 서 있었다. 이 플랫폼은 마법사가 되기로 결심한 해리가 마법을 배우러 가기 위해 통과해야 했던 첫 번째 문이었다. 마법사가 되겠다는 생각으로 아무것도 없는 벽을 향해 있는 힘껏 질주했던 해리의 첫 번째 도전은 한 아이가 힘차게 질주했던 것을 따라 한 것이었다. 하지만 이 작은 시도는 현실 세계의 해리를 전혀 새로운 마법의 세계로 안내했다.

정욱 대원 회장의 출발도 그랬다. 강원도의 작은 마을에서 태어난 그는 초등학교 시절 〈새벗〉이라는 잡지를 통해 만화를 처음 접했고, 중학생이 되어 극장이라는 곳에서 만화영화 「피터팬」을 보면서 난생처음 만화영화란 것을 접하게 됐다. '잡지'와 '극장'은 소년 정욱을 만화 애니메이션의 세계로 들어서게 한 플랫폼이었다.

그 후 강릉 시내에서 고등학교를 다니게 된 정욱은 미술 선생님에게 그림을 배우면서 학비 마련을 위해 극장에서 간판 그리는 일을 했다. 고교 졸업 후에는 선생님의 추천으로 상경해서 신동헌 문하에서 신동우를 만나게 된다. 한국 만화 애니메이션계의 선구자 역할을 해온 신동헌, 신동우 형제는 청년 정욱이 만화 애니메이션계로 진입하도록 도운 플랫폼이었다.

그림 그리는 재주 하나만 믿고 서울에 올라온 청년 정욱은 신동헌 선생의 문하에서 애니메이션 작업을 돕고 신동우 선생의 만화 작업을 돕기도 했다. 아무것도 몰랐던 그가 한국 최초의 장편 애니메이션 「홍길동」의 제작에 참여하고 자신의 이름을 건 만화 작품 「초립동자」를 발표하기까지는 신 씨 형제의 역할이 컸다. 두 사람은 '벽'으로 보였던 곳에 '문'을 냈고, 어떻게 하면 되는지를 몸소 실천해 보여줬다.

청년 정욱은 이를 그대로 따라 하면서 자신의 길을 만들어 갔다. 동갑내기 만화가 이원복을 만났을 때도, 일본의 애니메이터 모리시타 코조를 만났을 때도 정욱은 그들이 벽을 향해 문을 내는 것을 봤다. 그 뒤부터 정욱은 스스로 문이 됐고 다른 이들을 위한 길을 내는 플랫폼이 됐다. 그리고 대원이라는 이름의 플랫폼을 만들어냈다.

정욱은 만화와 애니메이션의 벽 앞에 선 이들에게 문으로 가는 길을 보여주면서 그들이 뛰어 들어갈 수 있도록 안내했다. 그리고 그들과 함께 또 다른 벽을 향해 갔고 또 다른 문과 길을 냈다. 그렇게 50년이 흘렀다. 애니메이션 제작사와 전문 방송사, 만화잡지사와 출판사, 캐릭터 제작사와 게임 유통사까지, 정욱이 만난 사람들은 정욱이라는 이름의 플랫폼을 통해 새로운 콘텐츠를 만들었고, '대원'이라는 이름의 플랫폼을 통해 새로운 고객과 만났다. 그렇게 대한민국의 만화와 애니메이션이 성장했고 많은 사람들이 그 속에서 또 다른 세계를 얻었다. 그래서 우리는 대한민국 만화 애니메이션계의 플랫폼이었던 정욱과 그가 일군 기업 대원을 조명하고자 한다.

이 책이 출판되는 2015년은 정욱 회장이 고희를 맞는 해이다. 그리고 그가 만화 애니메이션계에 입문한 지 만 50년이 되는 해이기도 하다. 우리 필자들은 반백 년간 이어져온 그의 역할에 대해 기록하고 평가해야 한다고 생각했다. 긴 세월, 많은 성과만큼이나 과오도 있었고 여전히 변화가 필요한 부분도 있다. 하지만 그 모든 것을 이번에 다 정리할 수는 없었다. 기록에 둔감하고 평가에 인색한 이 판의 생리와 과문한 필자들의 한계로 이해해주기 바란다. 그저 이 책이 정욱과 대원에 대한 조금 더 정밀한 기록과 평가를 위한 플랫폼이 되기를 바란다.

2015년 3월
필자들을 대신하여
만화평론가 박석환 씀

차례

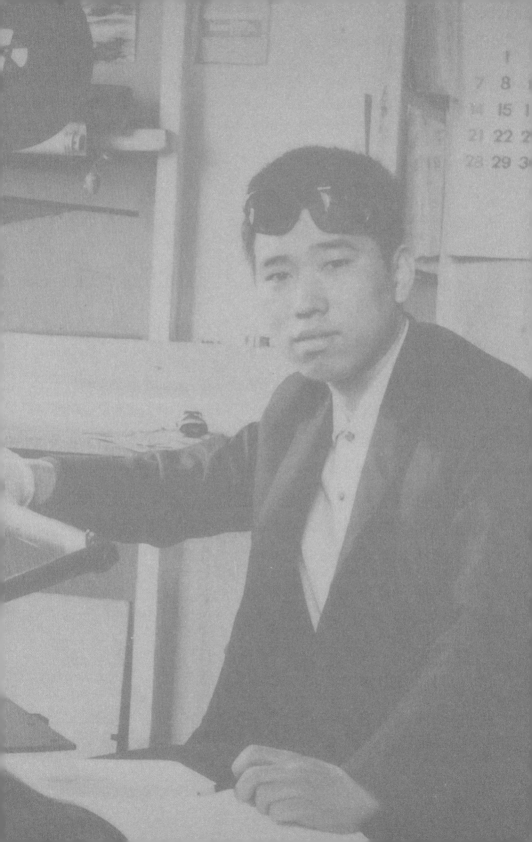

그 친구 정욱,
가장 큰 만화 세계
만들어

정욱 회장을 처음 만난 것은 1970년쯤이다. 나는 그때 〈소년
한국일보〉에 연재만화를 그리고 있었고, 정 회장은 신동헌 선생
의 애니메이션 작업을 돕고 있었던 젊은 애니메이터이자 이제 막
단행본 만화로 데뷔한 신예 만화가였다. 그는 가끔 소년한국일보
사에 들렀는데 그때 서로 알게 됐다.

내가 기억하는 40여 년 전의 그는 신동헌[01] 선생과 함께 만화
영화 「홍길동」 작업에 참여해 온갖 고생스러운 일을 도맡아 하던
순박한 청년이었다. 그런데 그가 곧 천재적인 사업 역량을 발휘

01) 만화가, 애니메이션 감독. 1927년 출생. 1947년 만화 「스티브의 모험」으로 데뷔. 1966년 한국
    최초의 극장용 장편 애니메이션 「홍길동」을 제작했다.

하여 한국 애니메이션계의 대부로, 만화 콘텐츠 분야의 개척자이자 문화 파워로 성장하리라고는 감히 상상하지 못했었다.

술 한 방울 못하는 술친구 정욱

우리가 친해지게 된 데는 만화를 그린다는 공통점도 있었지만 오래전 작고한 소년한국일보사의 김수남[02] 사장이 있었다. 김 사장은 호방하고 뛰어난 두뇌의 소유자로, 대한민국에서 가장 많은 시를 암기하는 시인이기도 했다. 그는 워낙 술을 좋아하여 그와 나는 허구한 날 포장마차나 횟집을 찾아 다녔는데 어느 날 이 자리에 정욱 회장이 합석하면서 친해지게 됐다.

그런데 정 회장은 체질적으로 술을 한 방울도 마시지 못하는 사람이었다. 사실 술 안 먹는 사람이 술자리에 있으면 마시는 사람이나 그냥 앉아 있는 사람이나 불편하기 마련인데, 정 회장은 그런 마음이 전혀 들지 않게 술자리 분위기를 이끌었다. 만화 실력도 좋았지만 수완도 참 뛰어나다는 생각을 했었다.

당시에는 고우영[03] 선생의 성인만화가 크게 인기였다. 〈일간스포츠〉에 연재된 「수호지」, 「일지매」 등 기라성 같은 작품들이

---

02) 언론인, 시인. 1937년 출생해서 1997년 작고했다. 1960년 〈소년한국일보〉 창간과 함께 입사, 편집국장과 이사를 거쳐 1990년 사장에 취임했다. 색동회 회장 등으로 활동하며 '제2의 방정환'이라 불리기도 했다.

03) 만화가. 1938년 출생해서 2005년 작고했다. 1955년 단행본 『『쥐돌이』를 발행하며 데뷔. 〈일간스포츠〉에 성인극화 「임꺽정」을 연재하며 스타 만화가가 됐다. 한국창작만화가회 회장, 한국만화가협회 회장을 역임했다. 작고 후 은관문화훈장이 추서됐다.

윤형주와 송창식의 트윈 폴리오, 이장희 감독 등과 함께 청년 문화를 주도하고 있었다. 이 시기에는 고우영 선생의 몸값이 워낙 고공 행진해서 한동안 원고료 문제로 신작이 발표되지 않은 적도 있었다.

이런 연유로 당시 새로운 작가를 찾던 〈일간스포츠〉에서 내게 성인만화 연재를 제의해왔다. 나는 어린이 신문에만 만화를 그려온지라 성인만화를 그릴 자신이 없었다. 그래서 나보다 훨씬 다양한 그림을 작업한 경험이 있는 정 회장과 함께하기로 했다. 정 회장이 그림을 맡고 나는 글, 즉 콘티를 맡기로 한 것이다. 그렇게 태어난 작품이 「이춘풍전(李春風傳)」이다. 1972년 '이원(가명) 글, 정욱 그림'으로 연재됐다. 바람피우는 한량의 이야기였는데, 독자들 사이에서는 작가인 이원이란 자가 대단한 난봉꾼이라는 소문이 돌기도 했다.

함께하자던 기억, 잊지 않고 지켜준 만화 친구 정욱

「이춘풍전」은 나와 정 회장이 처음 합작한 작품으로, 이 작업을 하면서 정 회장과 많이 친해졌다. 우리는 둘 다 같은 개띠 동갑내기여서 말 트고 허물없이 지내는 사이가 됐다.

연재를 끝내고 정 회장은 만화 작업과 만화영화 제작을 같이 할 요량으로 스튜디오를 만들려는데 이름을 무엇으로 하면 좋겠냐고 물었다. 나는 궁리 끝에 '으뜸, 처음, 시초'라는 의미를 지닌

'元(원)'이 어떠냐고 이야기했고, 정 회장은 곧바로 내 말을 따라 '원프로덕션'을 설립했다. 그 뒤 내가 독일로 유학을 떠나게 되자, 정 회장은 내가 유학을 끝내고 돌아오면 '제일 큰 만화 스튜디오'를 같이 만들자고 했다. 이제 겨우 20대 중반을 지나는 청년들의 꿈같은 이야기였다.

1981년 나는 독일 유학 중 일시 귀국해서 친하게 지내던 소년한국일보사의 김 사장과 정 회장을 만났다. 이때 나는 두 사람에게 큰 선물을 받았다. 김 사장은 내게 유학 경험을 토대로 〈소년한국일보〉에 만화를 연재하라는 제안을 해왔다. 그리고 즉석에서 「먼 나라 이웃나라」라는 제목을 지어주기도 했다. 정 회장은 이미 '대원동화(주)'라는 애니메이션 제작사의 사장이 되어 있었는데, 대원(大元)이라는 회사 이름의 '원'자가 나와 약속했던 스튜디오를 생각해서 내 이름자 중 한 자를 넣어 지었다고 했다. 이 말에 나는 큰 감동을 받았다.

국가적 이벤트 함께 만든 애니메이션 친구 정욱

1984년 가을, 한국에 돌아온 나는 덕성여대에서 교수로 일하게 됐다. 교수로 지내는 생활은 정신없이 바빴다. 정 회장도 사업으로 한창 바쁘던 때라 자주 만나지 못하고 지냈다. 그러다 88서울올림픽을 계기로 우리는 다시 가까워졌다. 1986년 올림픽 준비의 일환으로 범민족올림픽추진위원회라는 기구가 만들어졌다.

약칭 '범민협'이라 불린 이 기구는 대국민 올림픽 홍보를 목적으로 만화와 만화영화 제작을 담당했다. 올림픽 마스코트였던 호돌이를 주인공으로 한 「달려라 호돌이」 시리즈였다.

나는 만화제작 책임자로 참여해 여러 작가들과 공동 작업을 진행했다. 당시로서는 파격적인 서른두 권 분량의 올 컬러 만화로 금성출판사가 발행해 큰 인기를 끌었다. 이 만화를 토대로 한 동명의 만화영화 「달려라 호돌이」의 제작을 대원동화가 맡게 됐다. 정 회장과 나는 이 작업에 매진하며 다시 자주 만나는 사이가 됐고 새로운 인연을 이어가게 됐다.

정 회장은 애니메이션 제작 일로 한 달에도 여러 차례 일본을 왕래했다. 1987년 나는 정 회장을 따라 일본에 처음 갔다. 이 때부터 시작된 일본 왕래가 수십 번이나 된다. 자주 일본을 다니면서 「먼 나라 이웃나라」 일본 편을 구상하게 됐으니 이 역시 정 회장 덕이 아닐까 생각한다.

올림픽이 끝나고 나서는 일이 많아졌다. 개인 작업실이 시내에 있을 필요가 있었는데 교수 봉급으로는 어림도 없는 일이었다. 그런데 정 회장이 선뜻 대원동화의 사무실 하나를 무료로 내 줬다. 그 덕에 나는 몇 년 동안 시내 한복판 용산에 사무실을 갖는 행운을 누렸다. 이 때 소년한국일보사의 김수남 사장이 나와 정 회장이 있는 대원동화에 수시로 찾아왔다. 가끔은 재미로 화투를 치기도 했는데 화투를 치지 않는 나는 게임이 끝날 때까지

기다렸다가 함께 술을 마시러 가기도 했다.

같은 건물에 있다 보니 정 회장과 더 자주 만나게 됐다. 그는 새 작품을 제작할 때 내 의견을 묻기도 했다. 한번은 정 회장이 내 사무실로 내려와 구상 중인 작품의 내용을 설명하면서 의견을 물었다. 홍콩 할매 귀신, 드라큘라, 강시 등 온갖 귀신과 요괴가 총동원된 코미디물이었는데, 당시 '영구'로 유명했던 개그맨 심형래[04]를 주인공으로 내세운다고 했다(당시 만화영화를 제작하는 회사들은 비수기를 이용하여 방학용 어린이영화를 제작하기도 했다). 나는 정 회장에게 "유치하기 짝이 없지만 돈은 벌겠다"고 말했다.

그렇게 탄생한 작품이 「영구와 땡칠이」였다. 공식적인 집계는 없었지만 대략 270만 명의 입장객이 들었다고 한다. 지금으로부터 20여 년 전이라는 것을 감안하면 요즘의 천만 관객을 훨씬 넘는 숫자라 할 만하다. 이 영화로 정 회장은 그간의 빚을 모두 갚고 크게 일어서는 계기가 됐으니 이 또한 큰 인연이라 생각한다.

각자의 활동 분야에서 수장이 되어 다시 만난 생의 친구 정욱

용산에서 테헤란로로 연구실을 옮기면서 정 회장을 만나는 일이 뜸해졌다. 그즈음 정 회장은 한국 만화 애니메이션 업계의

---

04) 개그맨, 영화감독. 1958년 출생. 1982년 KBS개그콘테스트로 데뷔해 합성영화 「우뢰매」 시리즈로 영화 스타가 됐다. 이후 〈용가리〉, 〈디워〉 등의 영화감독으로 활동하며 영구아트무비를 설립하기도 했다.

1990년 정욱 회장의 색동회상 수상 직후 자리를 함께한 지인들.
왼쪽에서 세 번째부터 정욱 회장, 이원복 교수, 김수남 사장

대부가 되어 있었다. 나 역시 학계를 중심으로 나름의 역할을 하고 있었다. 그가 사업가로서 크게 성공하여 한국애니메이션제작협회와 한국만화출판협회를 결성해 회장을 맡고 있었을 때, 나는 임청산 전 공주대학교 학장과 함께 사단법인 한국만화애니메이션학회를 만들어 회장을 하고 있었다. 사회 초년병 시절 함께했던 파트너가 업계 대표가 되고 나는 학계 대표가 되어 이제는 정책토론회나 각종 공적 자리에서 만나게 된 것이다. 이 또한 큰 인연이고 보람이 아닐까 한다.

이제 우리는 일흔 살이다. 우리 세대는 세계 역사가 아니라

인류 역사에서 오직 하나뿐인 독특한 세대가 아닐까 싶다. 인류 문명의 발달 과정을 농경 시대, 산업화 시대, 정보화 시대로 구분할 때, 한 인생에서 이 세 시대를 모두 겪은 세대가 바로 대한민국의 6, 70대이기 때문이다. 워낙 짧은 시간에 압축적인 성장을 거듭해온 대한민국에서 태어났기에 숙명적으로 겪게 된 것이다. 농경 사회 이전의 수렵, 채집 사회를 겪은 또래들도 적지 않다. 깊은 산골에서 맨발로 열매를 따 먹고 자란 가난한 아이들이 백만 년이 넘는 인류 문명의 발달 과정을 한 인생에서 모두 겪은 셈이다.

한마디로, 우리 세대는 고무신부터 이태리 고급 구두까지 모두 신어본 유일한 세대이다. 그래서 정 회장을 볼 때마다 그가 암울했던 어린 시절을 이겨내고 맨주먹으로 무에서 유를 창조한 입지전적 인물이라는 생각을 한다.

우리 또래의 어린 시절은 모두가 가난했다. 그 지긋지긋한 가난을 벗어던지려 얼마나 이를 악물고 발버둥쳤는지 모른다. 지금의 풍요를 당연한 것으로 여기는 젊은 세대들은 이런 마음을 이해하기 어려울 것이다. 나 역시 어렸을 때는 굶기를 밥 먹듯 했던 시절이 있었다. 그래도 나는 7남매의 막내라서 생계를 책임질 일이 없었고, 나이 사십에 장가들 때까지 외국에서 자유로운 생활을 즐기기도 했다. 또 귀국하자마자 교수로 임용되는 행운을 얻어 지금까지 별 굴곡 없이 평탄한 인생을 살아온 편이다.

하지만 정 회장은 가난한 가정에서 장남으로 태어나 모든 식솔의 생계를 책임져야 했다. 그야말로 맨땅에 헤딩하듯 맨주먹으로 상경해서 오늘의 대원그룹을 일군, 대단한 의지의 인물이다. 오랜 기간 온몸으로 체득한 경험과 현장에서 익힌 실력, 그리고 사업의 핵심을 정확히 파악하고 변화 방향을 읽어내는 그의 안목이 지금의 대원을 만들었다. 수많은 시간 동안 쌓아온 인맥과 의리와 신뢰를 중요시하는 그의 태도도 한몫했을 것이다. 나는 이런 정 회장이 대한민국 현대사를 몸으로 써온 대표적 인물 중 한 명으로 길이 기억될 것이라 믿는다.

정 회장, 안정교 여사와 함께 부디 건강하게. 천수하시게.

▶ 글. 이원복 만화가, 덕성여자대학교 총장

만화평론가 박석환 교수가 묻고
정욱이 답한 '정욱과 대원'

절대
단념하지 마라,
끈질기게
견디어내자

인터뷰이	:	정욱
인터뷰어	:	박석환
참석자	:	안정교 (정욱 회장 부인)
		안현동 (대원미디어 부회장)
		황민호 (대원씨아이 전무이사)
녹취 및 정리	:	이대연
장소	:	대원미디어(주) 회장실
일시	:	2014년 8월 28일 오전 10시

휠체어 타고 무대에 오른 SICAF어워드 수상자

정욱 회장은 건강상의 이유로 요청한 인터뷰 일정을 몇 차례 미뤘다. 당일 컨디션에 따라서 의사 표현이 정확한 날도 있지만 그렇지 않은 날도 있다고 했다. 그렇게 해서 인터뷰를 결정한 날에는 컨디션이 평소보다 좋은 상태라고 했지만 그래도 무리하는 모습이 역력했다. 그래서 정 회장과 대원그룹을 함께 일군 이들이 인터뷰 자리에 배석해 답변을 돕기로 했다.

박석환   어려운 시간 내주셔서 감사하다.

정욱   천천히… 하자.

정욱 회장은 2013년 7월 24일 서울국제만화애니메이션페스티벌(SICAF)에서 SICAF어워드를 수상했다. 이 상은 만화 애니메이션 분야의 상 중 최고 권위를 갖는 상이다. 만화 분야에서는 김동화 작가가 수상했고, 정욱 회장은 애니메이션 분야 수상자로 시상대에 올랐다.

박석환 휠체어를 타고 시상대에 올랐다. 지켜보던 이들이 걱정이 많았다.

정욱 그때는… 서서 올라가지 못하니까…. 기분이 좋지는 않았다.

박석환 SICAF어워드는 만화 애니메이션 업계의 전문가들이 그간의 업적을 평가해 최고의 선배에게 드리는 상이다. 청년 시절부터 꽤 오랫동안 현업에 종사한 후 받은 큰 상이다. 소회가 남달랐을 것 같다.

정욱 고맙게 생각했다. 하지만 몸이 갑자기 불편해져서 속이 많이 상했다.

정 회장의 답변이 단답형으로 이어지자 배석한 안현동 부회장이 거들었다.

안현동 옛날 같으면 좋아서 펄펄 나셨을 텐데…. 전에는 일본 친구들이 회장님을 마징가제트 같다고 할 정도로 건강하셨다. 그런데 갑작스레 병이 왔다. 풍이라고도 하는데 뇌경색으로 4년째 고생하고 계신다. 회장님은 50여 년간 일하시면서 수출탑을 포함해 많은 상을 받았다. 그런데 가장 의미 있는 상을 받을 때 이렇게 되어 많이 속상하셨을 것이다. 일주일에 세 번은 운동하면서 자기 관리를 해오셨고 술, 담배도 안 하셨는데…. 그래도 요즘은 좋아지고 계신다.

학이 많던 산골에서 태어나다

박석환　천천히 옛날이야기 좀 들려주시면 좋을 것 같다. 1946년 강릉에서 태어나셨다. 강릉 어느 동네인가?

정욱　'학산리'란 동네에서 태어났다. 조순[01] 박사와 이웃에 살았다.

박석환　학산문화사의 그 학산인가?

정욱　그렇다. 고향 이름에서 따온 것이다. 학이 많던 산골이었다.

정 회장은 대원동화(주)를 중심으로 1991년 만화잡지 〈소년챔프〉를 창간하면서 출판 사업을 시작했다. 1992년 만화출판 부분을 분리해 대원씨아이(주)를 설립했고 1996년 동일 업종의 만화출판사 (주)학산문화사

---

01) 전 서울시장, 대학 교수. 1928년 출생. 서울대 교수로 제17대 경제부총리, 제4대 민주당 총재, 제1대 한나라당 총재 등을 지냈다.

를 설립했다. 여기에 배석한 황민호 전무이사가 거들었다.

황민호   회장님 고향은 강원도 명주군 구정면 학산리였다. 지금
          은 명주군이 없어지고 강릉시가 됐다.

박석환   작은 부락이었겠다.

정욱   칠팔십 호 정도 사는 마을이었다.

박석환   그런 작은 마을에서 어떻게 만화나 애니메이션에 대한
          꿈을 키웠는지 궁금하다.

정욱   초등학교 3학년 때 처음 〈새벗〉이라는 잡지를 봤다.

짧은 답변을 계속하던 정 회장은 어린 시절을 회상하면서부터는 이야기
를 길게 이어갔다.

정욱   이 잡지에 「흑두건」이라는 만화 작품이 실렸었다. 영창대
          군 이야기였는데 세상에 이렇게 재미있는 것이 있나 싶
          었다. 너무 재미있어서 그 그림을 베껴 그리기 시작했다.
          그때부터 만화가가 되겠다고 생각했다.

박석환   일찍부터 그림에 소질을 보였나 보다. 중 · 고등학교 시
          절에는 어땠나?

정욱   중학교 때 극장에 단체관람을 가서 처음 본 영화가 「피

터팬」[02]이었다. 뭐 이런 게 다 있나 싶었다. 재밌는데 멋지기도 했다. 그곳이 강릉극장이었는데 강릉고등학교로 진학한 후에는 극장에서 간판 보조 일을 했다. 집안이 어려워서 한 일이었지만, 만화영화고 일반 영화고 볼 기회가 많았다.

박석환 일은 힘들었겠지만 즐거웠겠다.

정욱 신기하고 재밌고 그랬다. 극장에서 일하다 보니 잡지나 광고 포스터, 전단 같은 걸 볼 기회도 많았다. 졸업하면 만화나 만화영화 일을 해야겠다고 생각했다.

만화 『흑두건』, 애니메이션 「피터팬」 보고 신동헌 선생 문하로 입문하다

박석환 졸업 후 바로 상경했나?

정욱 집에서는 만화 그리면 뭐하냐, 춘천교대에 진학해서 선생을 하라고 했다. 그런데 시험 보러 안 가고 서울로 신동헌 선생님을 찾아갔다.

박석환 신동헌 선생님을 원래 알고 있었나?

정욱 강릉고에서 미술을 가르치던 장일섭[03] 선생님이 계셨다. 지역에서 유명한 화가였다. 신동헌 선생님과 같은 함경

---

02) 1953년 디즈니에서 제작한 만화영화로 1957년에 국내 개봉됐다.
03) 화가, 교사. 1927년 출생, 2000년 작고.

도 사람이었다. 장 선생님 소개로 서울에 가게 됐다. 강 릉고 동문이었던 김대중[04]도 장 선생님 제자였다.

박석환 함께 상경한 건가.

정욱 같이 상경했는데 김대중은 다른 선생님 댁에 들어갔다. 나는 신동헌 선생님 댁에 들어갔다. 아침이면 먹 갈고 청 소하는 것이 일이었다. 선생님이 버리는 원화나 동화지 를 집에 들고 가서 밤새도록 연습했다. 그러던 어느 날 선생님 댁에 누가 왔는데, 신동헌 선생님의 동생인 신동 우 선생님이었다. 신동우 선생님이 신문에 연재했던 만 화 「풍운아 홍길동」을 신동헌 선생님이 애니메이션으로 제작한다는 이야기였다. 원화를 신동우 선생님이 담당했 는데 동화(動畵) 인력이 필요하다고 하자 신동헌 선생님 이 나와 김대중을 추천했다.

서울 상경기를 이야기하던 정 회장의 음성이 처음과 다르게 분명해졌 다. 작은 목소리였지만 강단이 있었다.

박석환 문하생 신분이었는데 생활은 어떻게 했나?

정욱 문하생으로 한 3년 있었다. 대학 다니는 친구들 자취방에

---

04) 애니메이션 감독. 「2020년 우주의 원더키디」 등 다수의 애니메이션을 연출했고 「ANIMATION: 셀 애니메이션 제작의 이론과 실제」를 저술했다.

붙어서 밀가루 반죽으로 수제비를 끓여 먹으면서 다녔다. 그리고 전농동에서 약수동까지 걸어 다녔다. 어느 날부터인가 선생님이 월급을 줬다. 2,000원이면 당시에는 큰돈이었다. 그 돈으로 방을 얻어 김대중이랑 같이 지냈다. 작업은 단국대학교 건너편에 세기상사 촬영소가 있었는데 거기 반지하에서 「홍길동」 애니메이션 작업을 시작했다.

박석환 부모님께서 걱정이 많으셨겠다.

정욱 월급 받고서 연락을 드렸더니 서울에 오셨다. 방 구할 때 같이 다녔다.

박석환 곧 군대 갈 나이가 되었을 텐데.

정욱 「홍길동」 다음에 「호피와 차돌바위」까지 끝내고 군대에 갔다.

박석환 군대에 있는 동안 손이 많이 굳어버리거나 하지는 않았나?

정욱 그렇지는 않았다. 내가 운이 좋아서 청량리 TMO (장병여행안내소)에서 6개월만 군 생활을 했다. 그래서 스케치를 계속할 수 있었다.

박석환 군대 다녀와서는 무엇을 했나?

정욱 제대 후 신동헌 선생님이 CF 사무실을 차렸다고 오라고 해서 같이 CF를 했다.

집무실에서 인터뷰 중인 정욱 회장

국내 최초 장편 애니메이션 「홍길동」
흥행에 성공했지만…

박석환 앞서 제작한 애니메이션 두 편이 다 잘됐기 때문에 분위
기가 좋았겠다.

정욱 관객이 많이 들어서 돈을 좀 받을 줄 알았는데 그렇지 못
했다. 당시 세기상사가 투자회사였는데, 추석 때 개봉하
려 했던 애니메이션이 제작이 늦어져서 다음 해 1월에
하게 됐다며 선생님께 손해배상 청구소송을 걸었다. 이
익금은 물론이고 필름도 못 찾았다. 이후 「호피와 차돌바
위」를 다른 곳(대영동화촬영소)과 계약하면서 세기상사와는
남남이 됐다.

어려운 상황이었지만 국내 최초의 장편 만화영화를 작업했다는 것에 대
한 자부심이 큰 듯했다. 그리고 부당한 계약으로 창작자들을 힘들게 한
자본가에 대한 아쉬움과 분노도 엿보였다.

박석환 일은 이쪽에서 했는데 돈은 저쪽에서 번 격이다. 만화영
화 제작에 염증 같은 게 생겼을 수 있겠다. 그래서 1969
년 만화가로 데뷔한 것인가.

정욱 원래부터 만화를 하고 싶었다. 신동우 선생님 밑에 있을
때, 선생님이 신문에 연재했던 만화를 오려 붙여서 편집

하는 일을 했다. 이걸로 책을 냈는데 나도 내 작품을 하고 싶었다. 당시 한국전자라고 만화출판을 처음 시작하는 곳이 있었다. 일반 출판사에 가져가면 안 받아줄 것 같아서 그곳에서 작품을 냈다.

박석환 그때 작품이 「초립동자」인가?

정욱 그렇다.

박석환 이후 단행본 작업을 계속했을 텐데 몇 작품이나 했나?

정욱 그 당시엔 총량제 같은 것이 있었다. 만화가 한 사람이 한 달에 두 권까지만 낼 수 있었다. 나도 한 달에 두 권 그려서 냈고, 신문에 만화 연재를 했다.

박석환 당시에는 대본소용 단행본 작가와 신문이나 잡지에 연재하는 작가가 분리되어 있지 않았나.

정욱 나는 연재를 주로 했다. 〈소년한국일보〉에 많이 했는데 이때 이원복 씨를 만났다. 이원복 씨가 많이 도와줬다.

박석환 이원복 선생님이 〈소년한국일보〉에 연재할 당시에 같이 연재한 건가?

정욱 〈소년한국일보〉에서는 아동만화를 했다. 나와는 〈일간스포츠〉에 「이춘풍전」을 같이 연재했다. 이원복 씨가 스토리를 쓰고 내가 그림을 그렸다.

박석환 1969년 「초립동자」로 데뷔해서 1973년 「이춘풍전」 연재까지 5년여 동안 만화 작업을 하셨다. 만화영화 작업을 계속했는데 애니메이션이 더 맞았다고 봐야 하나?

정욱   그러나 기본은 만화였다.

박석환   만화 창작하면서 사무실을 내서 애니메이션 작업도 같이
        병행했다. 그러다가 만화를 접고 애니메이션만 했는데.

정욱   충무로 쪽에 있었는데 마침 일본에서 불교 만화영화를
        하자고 해서 하게 됐다. 그때 이원복 씨에게 회사 이름으
        로 뭐가 좋겠냐고 했더니 '원'이 좋겠다고 했다.

박석환   이원복 선생님의 함자 중 한 자 아닌가.

정욱   그렇기도 한데 뜻이 좋았다. '으뜸 원(元)' 자니까. 원나라
        가 세계를 평정하기도 했고, 원은 우주라서 트러블이 없
        다고 했다. 속된 말로 '원=돈'이기도 하고.

정 회장은 이원복의 의견을 물어 1973년 원프로덕션을 설립한다. 이후
1976년 '대원기획'으로 이름을 고쳤다가 1977년 대원동화(주)를 설립하
고 대표이사로 취임한다. 정 회장은 당시 인기 만화가였던 이원복과의
인연을 크게 생각했다. 소년한국일보사에서 맺은 인연이 지금의 대원을
일군 기초가 됐다고 생각하고 있었다.

만화가 이원복과 공동 작업하며
대원의 모체가 된 '원프로덕션' 설립

박석환   회장님의 부인도 〈소년한국일보〉에서 작품을 했었다.

정욱   신동헌 선생님 댁에 같이 있었는데 그 당시에는 소년한
　　　국일보사 편집부에 있었다. 편집부에 왕래하다가 이원복
　　　씨도 만나고 집사람도 만났다. 너무 귀여워서 「이춘풍전」
　　　연재할 때는 우리 사무실에서 일하라고 꾀었다. 〈소년한
　　　국일보〉에 '안정아'라는 필명으로 연재도 하고 책도 낸
　　　만화가였다.

박석환 생애 반려자가 되기 전에 동료 작가이자 동업자였던 셈
　　　인가?

안정교 여사는 정 회장의 옆자리에 앉아서 정 회장이 불편하지 않도록
소리 없이 챙기고 있었다. 갑작스럽게 등장한 자신의 이야기에 잠깐 놀
라는 듯했지만 이내 또랑또랑한 음성으로 답했다.

안정교 음…. 그런 셈이다. 처음에는 만화 작업을 같이 했는데
　　　이후에는 사업 운영을 돕게 됐다. 그러면서 화실 운영이
　　　나 제작 스튜디오 관리 등의 일을 맡게 됐다. 아무래도
　　　일이 늘어나면서 사람도 많아지고 하니까 자연스럽게 그
　　　쪽 일을 챙기게 됐다.

정욱   사업 초기에는 자금이 잘 안 돌았다. 집사람이 여기저기
　　　서 돈을 꾸어다 막는 일을 많이 했다.

안정교 그땐 컬러를 다 수작업으로 했는데 여자 스태프가 100명

인터뷰 자리에 함께한 안정교 여사

정도 있었다. 직원 관리도 적지 않은 일이었다.

정욱 　일주일 내내 철야하던 시절이니까. 집사람이 스태프들과 언니 동생처럼 지내면서 이야기도 많이 나누고 그랬다.

안정교 　그때는 일손도 모자라고 돈도 모자라고 정신없었다.

박석환 　한국 애니메이션계의 명가가 탄생한 건가. 김대중 감독과는 동문이자 오랜 동료이며 경쟁사 관계에 있기도 했다. 「로보트 태권V」의 김청기 감독과도 인연이 있는 걸로 안다.

정욱 　김청기 감독이 고모 딸의 남편이다. 고종사촌 관계다.

박석환 　서로 경쟁이 많았나?

정욱 　극장 잡느라 서로 싸우기도 하고, 시민회관을 잡겠다고 서로 난리였다.

안정교 여사는 지금 기준으로 봐도 젊고 건강해 보였다. 반려자 이상의 역할을 해냈다는 자신감도 있었다. 원프로덕션의 첫 극장용 장편 애니메이션 「철인 007」은 김청기 감독의 「로보트 태권V - 제2탄 우주작전」과 같은 시기에 개봉되어 관객 점유율 경쟁을 벌이기도 했다.

토에이동화의 모리시타 코조에게 많이 배우다

박석환 　극장용 애니메이션 「철인 007」 작업 이후부터 일본 애니메이션 제작을 주로 했다.

정욱 우리 손으로 애니메이션을 제작한다고 했지만 흉내 낸 것이다. 많이 부족했다. 그때 토에이동화(현 토에이애니메이션)의 모리시타 코조[05]가 한국에 와서 많은 것을 알려줬다. 지금은 토에이동화의 회장이 됐다. 그 사람이 한국 애니메이션 발전에 많은 도움을 줬다.

박석환 처음 파트너로 만난 계기가 있었을 것 같다.

정욱 일본 애니메이터가 한국에 온다는 정보가 있었다. 그래서 그쪽으로 가서 무작정 기다렸다가 우리 사무실이 있는 충무로 쪽으로 모셨다. 저녁을 먹으면서 애니메이션은 애니메이션을 아는 사람이 해야 한다고 했다. 그래야 사업이 성공한다고 했다. 그러자 얼마 후에 토에이에서 제작부장이 왔다. 그 사람에게 제작 샘플을 보여줬고, 샘플이 통과된 후부터 일이 오기 시작했다.

박석환 그러니까 일본 쪽에서 원프로덕션을 미리 알고 온 것이 아니라, 다른 OEM 파트너를 구하러 왔다가 만나게 된 것인가.

정욱 그때 일본쪽 일을 하던 세경동화라고 있었다. 세경동화 쪽과 관계를 정리하려고 들어온 사람을 우리가 만난 것이다.

---

05) 애니메이션 감독, 토에이애니메이션 회장. 1948년 출생. 1970년 토에이동화에 입사해 「타이거 마스크」,「비디오전사 레자리온」 등의 애니메이션을 연출했다.

안현동　토에이동화는 당시에도 세계적으로 큰 기업이었다. 5~6명의 연출자들이 한국에 상주하면서 제작 관리를 했었다. 용산 근처에 아파트를 얻어서 지내면서. 일본도 자기네 이익을 많이 챙겼지만 우리도 많이 배웠다. 「은하철도999」 같은 것도 후반 작업은 우리가 했다.

정 회장은 원프로덕션 이야기가 나오자 당시 상황을 상세하게 설명했다. 「철인 007」은 여러 편의 일본 애니메이션에 담긴 주요 설정을 차용한 작품으로, 애니메이션계에서는 '부끄러운 괴작'이라 평가하기도 한다. 하지만 정 회장은 아무것도 몰랐던 우리가 그런 것을 해냈다는 점이 중요한 것 같았다.

박석환　토에이와의 인연이 오래 지속됐다. OEM 제작을 하면서 창작 애니메이션에도 지속적으로 투자했다. 「우주대장 애꾸눈」 이후 제작한 「독고탁」 시리즈는 상당히 인기도 있었고 의미도 큰 작품이라 본다.

정욱　일본을 왕래하다 보니까 일본의 만화 애니메이션 시장이 너무 부러웠다. 그래서 우리도 이렇게 해야 되겠다고 생각했다. 회사를 법인화하고 다른 쪽에서 일하던 김대중 감독을 영입해왔다. 안현동 부회장도 그때 데려와서 회사 꼴을 갖췄다.

박석환   독고탁을 선택한 이유가 있었을 것 같다.

정욱   이상무[06] 씨 만화를 너무 좋아했다. 당시 인기도 가장 많
았다. 그리고 우리 만화를 원작으로 한 애니메이션을 만
들려고 했다. 극장용으로 매년 한 편씩 만들었는데 반응
도 좋았다.

박석환   개인적으로도 친했나?

정욱   이상무 씨에게 골프를 처음 배웠다. 골프 모임을 같이 하
기도 하고. 이상무 씨도 나랑 골프 칠 때 처음 언더파를
쳤다.

박석환   창작 애니메이션을 할 때와 OEM 작업을 할 때 다른 점
이 많았을 것 같다.

정욱   OEM을 할 때는 일본 사람들이 나와 있어서 그림 솜씨
가 좋다는 사람들 위주로 편성했다.

안현동   당시 일본은 리미티드 애니메이션이라고 해서 적은 셀을
그려놓고 다양한 연출과 촬영 방식으로 훌륭한 애니메이
션을 만들었다. 그 당시에 그런 것들을 보면서 많이 배우
고, 우리끼리도 많이 연구했다.

정욱   그렇게 배우면서 우리도 뭔가 만들어야 되겠다 싶었다.
그래서 「독고탁」 시리즈나 「버뮤다 5000년」 같은 애니메

---

06) 만화가. 1946년 출생. 1966년 「노미호와 주리혜」로 데뷔했다. 독고탁을 주인공으로 한 감동 스
포츠 만화로 1970~1980년대 최고의 명성을 쌓았다.

이션을 만들었다. 그때도 공부를 하면서 만들었다. 그러다 미국은 풀 애니메이션을 하니까 미국 쪽 일도 해보자고 했다.

박석환   미국 일을 할 때는 대원동화가 이미 입지를 굳히고 있을 때라 미국 쪽에서 오퍼가 왔을 수 있겠다.

정욱   토에이에서 샘플 요청이 왔다. 「지.아이.조(G.I.JOE)」와 「트랜스포머」였는데, 미국에서 일본에 준 일을 일본이 우리에게 넘긴 것이다.

안현동   그 사람들은 그냥 일을 주는 게 아니라 샘플을 보고 평가를 한 후에 통과해야만 일을 줬다. 그렇게 하나씩 경험을 쌓아갔다. 우리만의 노하우도 생기다 보니 미국의 디즈니나 마블과도 직접 계약을 할 수 있었다. 이때 참 많이 일했다.

정 회장과 토에이와의 인연은 오래 지속됐다. 「은하철도 999」, 「우주해적 캡틴 하록」, 「천년여왕」 등 토에이의 제작 관리 아래 다수의 걸작 TV 시리즈 애니메이션 작업에 참여했다.

OEM 제작이 안정적 성과를 내면서 정 회장은 대원기획을 법인화해 대원동화(주)를 설립했다. 안현동 부회장도 이 시기에 입사했다. 안 부회장은 안정교 여사의 친동생이다. 이후 대원은 일본 OEM을 중심으로 창작 애니메이션 제작과 미국 OEM으로 사업 분야를 확대하며 우수 수출 기업으로 정부 표창을 받기도 했다.

OEM을 하면서 욕도 많이 먹었지만
국산 만화 원작의 '창작 애니메이션' 만들어

박석환 미국 일을 늘리면서 수출 성과가 급성장한 것 같다. 수출
탑도 많이 받으셨다.

정욱 1986년 국무총리 표창과 대통령 수출탑을 같이 받았다.
해외 수출 시장 개척 공로로 표창, 이백만 달러 수출탑을
받았다. 그런데 일본을 보니까 한 분야만 하는 사람은 점
점 망하더라. 그때 제일 부러웠던 게 TV 방송이었다. 우
리는 외국 일은 TV 시리즈를 많이 했는데 국내에서는 극
장용만 했었다.

박석환 그래서 TV 시리즈 애니메이션을 제작하기 시작한 건가.

정욱 86아시안게임 할 때쯤부터 TV에서 국산 애니메이션을
방영해야 한다는 이야기가 많이 나왔다. 그러다 88올림
픽을 준비하면서 MBC가 올림픽 마스코트를 주인공으로
한 「달려라 호돌이」를 100부작 TV 애니메이션으로 제작
했다. 운 좋게 우리가 그걸 담당하게 됐다.

안현동 KBS에서도 우리에게 애니메이션을 하자고 했다. 그래서
「달려라 호돌이」에 앞서 이현세 원작의 「떠돌이 까치」가
1987년에 방영됐다. 이 작품이 국내 최초의 TV 애니메이

션 시리즈가 됐다.

박석환 「떠돌이 까치」도 좋았지만 올림픽 때 방영된 「달려라 하니」도 큰 인기를 끌었다.

정욱 그때는 KBS와 MBC밖에 없었다. TV에서 애니메이션을 방영하기가 하늘의 별 따기였다. 작품 하나 하려면 1억이 드는데 5,000만 원만 주면서 하라고 한다. 권리도 뺏어가고. 그래도 「달려라 하니」 하면서 머천다이징이라는 개념을 알았다. 샤니에서 이 캐릭터를 사용한 라면땅이 나왔는데 100원짜리가 단숨에 10만 개 나갔다.

안현동 KBS에서 「달려라 하니」를 방영했을 때 학생들이 회사 앞에 와서 데모를 하기도 했다. 워낙 재미있다 보니 후속타를 만들어내라고 난리를 피운 것이다. 그걸 또 KBS에서 막 찍어가고. 그래서 「천방지축 하니」를 또 만들게 됐다. 「달려라 하니」 붐이 일면서 이진주[07] 씨도 저작권료를 많이 받았다. 우리가 상품화 사업을 많이 해서 수입이 생기면 작가, KBS, 우리가 권리만큼 나눠 가졌다. 그때부터 상품화 사업이 시작된 것이다.

박석환 그런 경험을 하다 보니 원작 애니메이션과 캐릭터 비즈

---

07) 만화가, 대학 교수. 1952년 출생. 1979년 「어린이 1, 2 구조대」로 데뷔, 하니를 주인공으로 한 명랑 순정만화로 인기 작가가 됐다. 현재는 인덕대학교 만화영상애니메이션과 교수로 재직하고 있다.

니스 쪽에 좀 더 관심을 가질 수밖에 없었겠다.

정욱 그래서 배금택[08] 원작의 「영심이」도 했다. TV에 내보내고 우리가 영상권을 얻어서 비디오도 냈다. 비디오가 잘 나가서 그건 전부 흑자 냈다.

정 회장은 OEM을 하면서 번 돈을 국산 창작 애니메이션에 다 쓰고 빚까지 크게 졌다고 한다. 「달려라 호돌이」 「떠돌이 까치」 「달려라 하니」를 통해 회사는 유명해졌지만 제작비 부담이 커서 빚을 많이 졌다. 그런데 「영심이」 때부터는 어떻게 하면 된다는 걸 알게 됐다고 한다.

특히 출판만화를 원작으로 한 TV 시리즈 애니메이션을 제작하고, 이게 잘되면 상품화 사업을 하면서 극장용으로 확장해가야 한다고 힘주어 말했다. 지금은 교과서 같은 상품화 과정이지만 당시에는 누구도 알려주지 않는 노하우였다. 오로지 현장의 경험에서 비롯된 믿음이 있었기에 가능한 일이었다.

**특촬물 시장 클 것으로 기대,
운 좋게 개그맨 심형래와 계약**

박석환 애니메이션 외에 특촬 영화도 지속적으로 작업하셨다. 심형래와는 어떻게 일을 하게 됐나.

---

08) 만화가. 1949년 출생. 1967년 만화 「미스 도돔바」로 데뷔. 「영심이」, 「변금련」 등의 작품으로 인기 만화가가 됐다.

정욱	심형래는 당대 최고의 개그맨이었다. 서울동화에서 김청기 감독과 함께 「우뢰매」를 했었다. 그때 우리 영업이사가 심형래와 연결했다. 우리는 창작 애니메이션 한다고 돈을 많이 투자하다 보니 빚이 많은 상황이었다. 심형래가 영화 하자고 하는데 돈도 없고 할 입장이 아니었다. 집사람과 같이 나가서 이야기하는데 심형래가 얼마를 달라고 했다. 내가 주지 말라고 고개를 이래 하니까 집사람이 주라는 뜻인 줄 알고 즉석에서 돈을 건넸다. 그렇게 심형래와 계약을 하게 됐다.
박석환	처음 나온 작품은 1987년 작 「번개전사 스파크맨」이다.
정욱	그 시기에 청주대 연극영화과에 강의를 나가고 있었다. 원래 이쪽에 관심이 많아서 특촬물 강의를 했었다. 그런데 「번개전사 스파크맨」이 생각처럼 흥행이 안 됐다. 오기가 나서 심형래와 영구 시리즈를 4편 하기로 계약했다. 「영구와 땡칠이」가 잘되면서 빚을 다 갚았다. 그때까지만 해도 회사가 빚도 많고 문 닫을 형편까지 갔었다. 그런데 이 영화 한 편으로 회사가 살아났다.

정 회장은 이렇게 확보한 재원을 그냥 축적하지 않고, 자신이 구상한 만화 애니메이션 사업 모델을 본격화하는 데 재투자했다.

박석환 해외 애니메이션의 OEM 제작으로 시작된 사업 분야가 국산 TV 및 극장 애니메이션 제작, 특촬 영화 제작, 비디오물 제작, 머천다이징 사업까지 확장됐다.

정욱 아니다. 시작은 만화 창작이었다. 만화로 시작했고 만화를 잘하기 위해서 다른 분야로 확대해갔다. 만화가 바탕이었고 대원동화에서도 만화출판을 했었다. 원작 만화가 있는 애니메이션을 했지만 우리가 만든 만화를 원작으로 애니메이션을 만들고 캐릭터 비즈니스를 하고자 했다. 그게 우리가 생각했던 모델이다.

박석환 그런데 서울문화사가 1988년에 만화잡지 〈아이큐점프〉를 먼저 냈다. 더 늦으면 안 되겠다 싶었던 건가. 대원은 만화출판 사업을 준비하면서 서울문화사 직원을 스카우트했다.

정욱 황경태 씨라고 지금 (주)학산문화사 사장이다. 원래 육영재난에서 〈보물섬〉을 만들었는데 (주)서울문화사로 자리를 옮겨서 잡지를 만들고 있었다.

박석환 만화작가 출신이고 미술편집을 하시던 분인데 일이 맘에 들었던 모양이다.

정욱 그렇기도 한데…, 서울문화사의 〈아이큐점프〉가 큰 인기를 끈 이유 중 하나가 일본 만화 「드래곤볼」 때문이었다. 그런데 원래 이 애니메이션을 우리가 제작했고 국내 판권과 상품화권을 우리가 가지고 있었다. 이와 관련된 일로 황경태 사장이 찾아왔다. 그때 우리와 함께 만화잡지를 만들자고 했다.

우리 만화 원작으로 애니메이션을 하기 위해 출판만화 사업 진출

박석환 〈아이큐점프〉도 대단했지만 〈소년챔프〉도 매력 있는 잡지였다.

정욱 우리는 우리 만화를 애니메이션으로 제작하고 싶었다. 그래서 초기 기획 단계에서부터 애니메이션 제작과 MD 같은 걸 생각하면서 연재 작품을 선정했다. 일본 만화의 경우도 우리가 OEM 제작에 참여해서 비디오 판권을 확보한 작품 위주로 했다.

박석환 1991년 잡지를 내고 1992년 도서출판 대원(주)를 설립하면서 황민호 전무가 합류한 건가.

황민호 그렇다. 그해 12월에 〈소년챔프〉 창간호가 나왔고 1992년에 대원동화 출판사업부에서 분리되어 도서출판대원이 설립되었다.

박석환 당시 만화 시장이 아주 좋았다.

황민호 잘되던 때였다. 그러나 창간 초기엔 어려움도 많았다. 인기 작가 대부분이 〈아이큐점프〉에 연재하고 있어서 우리

인터뷰가 진행되면서 정욱 회장은 초반과 달리
강한 어조와 구제석 묘사로 의사 표현을 분명하게 했다.

에게 연재 기회가 없었다. 그래서 신인만화공모를 1년에
네 차례씩 대대적으로 시행했다. 다행히 신인 작가들이
많이 발굴되어 좋은 작품을 발표하면서 회사의 성장 속
도가 빨라졌다.

박석환 그전까지 다른 만화출판사들과 행보가 좀 달랐던 것도
사실이다.

황민호 애니메이션과 캐릭터 사업도 하니까 OSMU[09]를 중요하
게 생각했다. 무엇보다 여러 만화 매체를 보유하고 있었
고 젊은 작가들을 발굴할 수 있는 프로그램을 갖고 있었
다는 점이 돋보였다. 여러 가지 의견이 있을 수 있지만
많은 작가들이 〈소년챔프〉를 기반으로 성장했고 여기에
큰 보람을 느낀다.

박석환 만화출판 사업 부분이 한창 잘되던 때였는데 1995년 학
산문화사가 설립됐다. 대원그룹의 관계사 형식이었는데,
경쟁 사업 부분을 지닌 회사를 설립한 이유가 있는가?

정욱 당시 우리나라에서는 '대원'과 '서울'이 경쟁했다. 그런
데 일본을 보면 큰 회사 중에 슈에이샤가 있었다. 슈에이
샤는 쇼가쿠간에서 분리된 것이다. 그런데 나중에 슈에

---

09) One Source Multi Use. 하나의 원형 콘텐츠를 활용해 영화, 게임, 음반, 애니메이션, 캐릭터 상
품, 장난감, 출판 등 다양한 장르로 변용하여 판매해 부가가치를 극대화하는 문화 산업의 기본
전략.

이샤가 더 성장했다. 한 집안에서 아무리 커봐야 한계가 있다고 생각했다. 분리해서 경쟁시키면 더 커질 수 있다고 생각했다. 그래서 학산을 만든 것이다.

황민호 회장님은 늘 그런 말씀을 하셨다. 둘이 가면 안 되고 셋이 가야 안정적으로 성장할 수 있다. 일본에는 슈에이샤, 고단샤, 쇼가쿠간 이렇게 빅 3가 있으니 우리도 그렇게 가야 한다. 서울문화사와 대원이 경쟁하면서 만화출판 시장이 굉장히 커졌다. 그때 여기저기서 신규로 만화출판 시장에 진입했지만 빅 3로 성장할 만한 회사가 없었다. 그래서 이왕이면 우리가 하자고 하셨다.

정욱 사실 당시 도서출판대원 입장에서 보자면 매우 가슴이 아픈 일이다. 그동안 해왔던 것을 그냥 손대지 말고 학산에 주라고 했으니까. 대원의 고단샤 판권을 100퍼센트 학산에 줬다.

정 회장은 독점 체계로는 성장할 수 없다고 봤다. 경쟁 체제가 되어야 발전이 있고 시장 확대가 가능하다고 생각했다. 그리고 그런 생각을 구체화한 것이 학산문화사의 출발이었다.

박석환 계획대로 경쟁 체제가 이뤄졌다고 보는가.

황민호 학산문화사가 안정적으로 스타트하면서 빠른 시간 안에

경쟁력을 갖춘 출판사로 성장했다.

박석환 당시 국내 출판만화 분야는 빅 3가 경쟁하면서 한 번 더 외연 확대를 이룬 것 같다. 하지만 지금은 상황이 많이 달라졌다.

정욱 지금은 서울문화사가 많이 줄었다.

박석환 그러면 지금은 양대 체제 또는 단일 체제로 봐야 하나.

정욱 지금은 학산과 대원이 싸운다.

박석환 그래도 막 싸우지는 않을 것 아니냐. 한 식구, 이런 느낌 이 있을 텐데.

정욱 그렇게는 못 하지. 내가 중재를 많이 한다.

황민호 그 덕에 시장의 긴장이 강화됐고 회장님 전망대로 만화 시장도 커졌다.

박석환 대원이나 학산이나 잡지 연재 후 단행본 제작, 애니메이 션 제작, 캐릭터 비즈니스로 이어지는 사업 모델에 중점 을 둔 것 같다. 「붉은매」, 「두치와 뿌꾸」, 「녹색전차 해모 수」 같은 작품이 그런 사례가 아닐까 한다.

안현동 기대만큼 좋은 성과를 낸 작품도 있고 아쉬웠던 작품도 있다. 하지만 그런 부분이 계획에 그치지 않고 구체화됐 다는 점이 중요할 것 같다.

정욱 크게 보면 만화와 애니메이션 제작 분야가 완성되고 나 서 고민했던 게 방송이었다. 방송에 애니메이션이 편성되기도 어렵지만, 편성되고 나서도 가져가는 것이 너무 많았다. 그래서 케이블 채널이 시작될 때 우리도 애니메이션 방송 채널을 하나 받았다. 나름대로 만화부터 방송까지 꿈꾸던 그림이 만들어졌다.

2000년 이후 대원은 숨 돌릴 틈 없이 빠르게 변화했다. 모회사 격인 대원동화(주)는 대원C&A홀딩스(주)로 사명을 변경하고 2001년 코스닥 등록에 성공한다. 만화 애니메이션 분야 최초로 상장법인이 된 것이다. 출판만화 사업 부문을 전담한 도서출판대원(주)도 2000년 대원씨아이(주)로 사명을 변경했다.

만화애니메이션 사업 수직 계열화 완성,
국산 애니메이션 전용 방송 플랫폼 있어야

박석환　대원C&A홀딩스(주)의 코스닥 상장 후 2007년 대원미디어(주)로 한 번 더 사명을 변경했다. 여러 가지 부침도 있었지만 눈부신 변화다.

정욱　결과적으로 잘된 것도 있고 잘 못된 부분도 있다. 생각보다 잘된 일도 있었지만 마음처럼 되지 않는 일도 있었다. 그래서 많이 힘들기도 했다. 하지만 열정적으로 일했고 일한 만큼만 정직하게 얻으려 했다. 그러다 보니 이 판에 들어온 지 50년이 흘렀고 사업을 시작한 지도 40년이 넘었다. 그래도 아직 해야 할 일이 많다.

박석환 그룹사의 사업 구도와 분야가 좀 더 분명해졌다. 대원미디어(주)가 본사 개념으로 만화 애니메이션 엔터테인먼트 분야를 총괄하고, 출판업에서는 대원씨아이와 학산문화사, 방송 쪽으로는 대원방송과 챔프비전, 게임 쪽에서는 대원게임과 대원DST, 그리고 캐릭터 완구 분야에서는 대원캐릭터리까지. 만화 엔터테인먼트와 관련 포트폴리오가 완성된 것인가.

정욱 열심히 했는데 애쓰는 만큼 안 되는 것도 있다. 우리는 일본 쪽 일이 많다. 처음부터 그쪽 일을 했었고. 우리도 열심히 하는데 내가 생각했던 것보다 일본이 훨씬 잘한다. 너무 잘한다. 우리도 한번 이겨봐야지….

정 회장은 한국에서 일본 만화 애니메이션계와 가장 친한 파트너이면서도 내심 한 번쯤은 이겨보고 싶다고 말했다. 그것이 말처럼 간단하지 않은 일임을 아는 탓인지 말끝이 분명하지는 않았다.

박석환 일본과 경쟁할 수 있는 부분이 있나.

정욱 언젠가 공항 대합실에서 당시 문화부장관이었던 유인촌 씨와 이야기를 나눈 적이 있다. "한국 애니메이션이 어떻게 하면 잘되겠냐"고 묻더라. 그래서 2D는 일본이 너무 잘하니까 우리는 3D로 가야 한다고 말했다. 우리도 계속 3D로 하고 있다. 「아이언키드」, 「큐빅스」는 정말 열심히 했다. 제작비도 많이 들였고 제대로 만들었다. 「뚜바뚜바 눈보리」, 「곤」도 그랬다.

안현동 제작 기술이나 환경, 작품성 같은 건 이제 일본에 뒤지지 않는다. 다만 재미의 공감대라던가 이런 게 조금씩 부족한 것 같다.

박석환 회장님은 사업뿐만 아니라 산업 환경 측면에서도 여러 가지 역할을 하셨다. 한국애니메이션제작자협회를 설립해서 초대 회장을 하셨고, 한국만화출판협회에서도 초대 회장을 지내셨다. 만화 애니메이션 산업계가 많이 성장했고 발전했지만 여전히 아쉬운 부분이 있고 비판적인 시각도 많다. 뭘 좀 더 하시면 달라질 수 있을까.

정욱 한 가지 욕심나는 게 있다. 우리가 지금 상황에서 만화 애니메이션을 좀 더 발전시키려면 국산 애니메이션 전문 채널이 있어야 한다고 생각한다. 국산 전문 채널을 만들어서 24시간 틀려면 1년에 적어도 300편은 필요할 것이다. 그걸 소화하려면 애니메이션 프로덕션이 최소한 50개는 있어야 한다. 그러려면 인력도 많이 필요하다. 또, 애니메이션이 많이 만들어지려면 그만한 만화 원작이 있어야 한다. 그리고 애니메이션 방영만으로는 제작비 회

수가 어려우니까 게임이나 캐릭터 머천다이징 분야로도 자연스럽게 파생될 것이다. 이런 걸 하고 싶다.

박석환 대원방송이 있지 않은가.

정욱 대원방송 말고 국산 애니메이션만 트는 채널이 따로 있어야 한다.

박석환 포털사이트가 웹툰을 하면서 만화 플랫폼이 변화했다. 방송을 중심으로 국산 애니메이션 플랫폼을 구축하겠다는 건가.

정욱 그건 내가 꼭 한번 하고 싶은 의지가 있다. 정부나 관계 기관이 어려운 프로덕션을 좀 도와주고 우리가 국내 방송, 상품화나 해외 판매 같은 건 대행해주고. 그러면 모양을 갖출 수 있을 것이다.

박석환 큰 꿈이다. 가능한가.

정욱 가능성의 문제보다 의지의 문제가 더 크다. 가능한 일을 하는 게 아니라 하고 싶은 일, 이루어내고 싶은 일, 의지가 있는 일을 해야 한다. 그래도 힘들다. 우리가 일본과 붙어 보려면 이런 환경이 있어야 한다. 의지를 가지고 하면 된다. 요즘 사람들은 실력도 있고 다 좋은데 끈기가 부족하다. 안 된다고 돌아서거나 접어서는 곤란하다. 쉽든 어렵든 단념하면 거기서 끝이다. 끈질기게 견뎌내야 한다. 견뎌내야 이겨낼 수 있고, 그래야 이뤄낼 수 있다.

정 회장은 한국 만화 애니메이션 산업의 발전을 위해서는 방송을 기반으로 한 국산 애니메이션 채널이 신규 플랫폼이 되어야 한다고 믿었다. 그 무대가 있어야 한국의 만화가 더 많이 생산되고, 그중에 더 경쟁력 있는 작품이 애니메이션으로 제작되고, 다양한 머천다이징 상품이 만들어질 것이라고 생각했다. 그리고 '끈기'에 대해 이야기했다. 쉽든 어렵든 단념하지 말 것을 주문했고, 좋은 일이란 건 없다고 했다. 끈기 있게 하다보니 좋은 결과도 있었을 뿐이라고 했다.

▶ 글. 박석환 만화평론가, 한국영상대학교 교수

이대연 만화평론가, 한우리북스 이사

대원씨아이(주) 황민호 전무이사가 쓴
'대원의 성장과 정욱'

도전 정신으로 일군
콘텐츠
명가의 위상

2015년 대원미디어그룹 신년하례 자리에서 정욱 회장은 회사의 비전과 성장을 주로 강조하던 여느 해와는 사뭇 다른 신년사로 눈길을 끌었다. 차분한 어조로 개인사에 대해 소회를 밝히는 이례적인 모습을 보였는데, 바로 한국 애니메이션의 역사이자 스승인 신동헌 선생에 대한 언급이었다. 신동헌 선생을 스승으로 모신 지 50년이 되었으며 선생과의 만남을 통해 자신의 오늘이 가능했다는 감회를 밝혔고, 오래 병석에 계시는 선생이 오히려 제자의 건강을 걱정하며 위로하더라는 이야기에서는 눈시울을 붉히기도 했다.

올해가 정욱 회장 자신이 칠순을 맞는 해이기도 하지만 신동헌 선생과의 인연이 50성상을 훌쩍 넘긴 뜻깊은 해였기 때문이었을까? 몇 수 앞을 내다보는 통찰력과 불도저 같은 추진력으로 대원미디어그룹(이하 대원)의 성장을 일구어왔던 '철인 정욱'의 의지도 이날만큼은 세월의 무상을 절감하는 듯했다.

스무 살 나이에 맨손으로 상경한 '청년 정욱'은 50년 후 국내에서 애니메이션, 만화, 캐릭터, 방송, 게임 등 7개 관련 법인을 거느린 종합엔터테인먼트미디어 회사인 대원의 '회장 정욱'이 되었다. 그 모두가 한눈팔지 않고 자신이 좋아하고 잘하는 일에만 전념한 덕분이다.

그런 정욱 회장이 50년 전 신동헌 선생의 문하에서 처음 일을 시작한 이래 어떤 관련 분야에 관심을 갖고 관련 사업을 어떻게 확산, 발전시켜왔는가를 살펴보는 일은 곧 오늘의 대원이 어떻게 가능할 수 있었는가를 확인하는 작업이기도 하다. 정욱 회장의 관심과 선택을 따라가다 보면 자타가 공인하는 한국 굴지의 멀티미디어 그룹으로 우뚝 선 대원의 성장 과정이 한눈에 들어오기 때문이다.

신동헌 문하에서 애니메이션을 경험하다

정욱 회장의 50년 발자취를 얘기하는 자리에서 신동헌 선생을 언급하지 않을 수 없다. 어떤 의미에서 보면 애니메이터 정욱, 만화가 정욱, 기업가 정욱의 삶이 시작된 50년 전 그 출발점에서 그가 신동헌 선생을 만난 것은 그야말로 행운이었다. 자신의 기량을 알아주고 능력을 인정해주고 무한한 신뢰를 보여준 스승이야말로 청년 정욱이 앞으로 자신의 길을 열어나가는 데 필요한 가장 큰 자산이고 힘이었다.

1964년 강릉고등학교를 졸업한 정욱 회장은 재학 시절 그의 그림 그리는 재능을 아껴주던 미술교사 장일섭 선생으로부터 당대의 유명 작가인 신동헌 선생을 소개받고 신동헌 선생을 찾아가기로 결심한다. 고교 시절부터 극장의 간판을 그리는 일을 맡아서 할 정도로 발군의 그림 솜씨를 지니고 있던 정욱에게 신동헌 선생의 문하에 드는 것은 꿈같은 일이었다. 집안의 반대를 무릅쓰고 상경하여 우여곡절 끝에 신동헌 선생의 작업실에 둥지를 튼 정욱은 얼마 지나지 않아 신동헌 선생의 프로덕션에서 없어서는 안 될 귀중한 존재가 되었다.

당시 신동헌 선생은 진로소주 등의 CF 애니메이션을 만들면서 장안의 화제가 되었는데, 그런 애니메이션 제작 능력을 인정받아 영화사로부터 장편 만화영화 제작을 의뢰받을 정도였다. 그 작품이 바로 한국 최초의 총천연색 장편 만화영화가 될 「홍길동」이었다.

애니메이션 제작 준비에 한참 열을 올리고 있던 신동헌 선생에겐 유능한 애니메이터가 필요했고, 그림 솜씨가 뛰어난 정욱의 존재는 그야말로 가뭄의 단비였다. 정욱은 고교 후배였던 김대중

신동헌 선생의 스튜디오에서 애니메이션 「홍길동」을 제작할 무렵.
왼쪽에서 네 번째가 신동헌 선생. 두 사람 건너 신동철 기사. 두 사람 건너 정욱 회장

까지 신동헌 문하에 끌어들이는 열의를 보이며 「홍길동」의 중추
적 애니메이터 역할을 담당하게 된다.

그러나 당시 애니메이션 제작 환경이 열악해 정욱은 원화뿐
아니라 연출, 촬영 등 제작 전반에 자의 반, 타의 반으로 참여하
게 되었다. 특히 애니메이션 전용 촬영 장비들이 형편없이 빈약
하여 촬영이 난관에 부딪히자, 정욱은 촬영 담당이던 신동철(신동
헌 선생의 큰동생) 기사와 미군 부대를 드나들며 그들의 촬영 장비를
응용하여 촬영에 활용하는 재주를 보이기도 했다. 나중에 신동헌

선생이 정욱 회장을 두고 무척 똑똑하고 재능 있는 애니메이터였다고 회고한것도 이런 연유였다.

어느덧 애니메이션 제작의 핵심 스태프가 된 정욱은 타고난 성실성과 친화력을 바탕으로 프로덕션의 살림살이까지 꾸려나가는 기량을 과시하게 되었다. 그 당시의 총체적인 이런 경험들이 나중에 정욱 회장이 작은 사무실에서 시작한 원프로덕션을 대원이라는 큰 기업으로 키우는 원동력이 되었음은 두말할 필요도 없다.

만화가의 길을 함께 걷다

1967년 1월 7일, 마침내 「홍길동」이 개봉되었다. 이 작품은 나흘 만에 10만 관객을 동원하는 쾌거를 이룬다. 한국 장편 만화 영화의 역사를 개척한 「홍길동」의 원작은 신동우(신동헌 선생의 작은 동생) 선생이 1966년부터 〈소년조선일보〉에 연재한 「풍운아 홍길동」이었다. 이 작품을 신문에 연재할 당시 신동우 선생은 형의 사무실에서 자주 원고 작업을 했는데, 그림 솜씨가 좋았던 정욱은 현장에서 자연스럽게 펜터치 등 일련의 원고 제작 과정을 어시스트하게 된다.

이후 정욱은 신동헌 선생의 두 번째 애니메이션 「호피와 차돌바위」에서도 핵심 스태프로 참여하여 애니메이터로서 자신의 역량을 최고조로 올려놓는다. 그러나 「홍길동」의 제작 기간 연장에 대한 손해배상을 요구하는 영화배급업자와의 갈등에 환멸과 부담을 느낀 신동헌 선생은 「호피와 차돌바위」 이후 더 이상의 장편 만화영화 제작을 중단한다.

신동헌 선생이 CF와 문화영화, 홍보만화 제작에 주력하자 정욱은 스승을 도와 애니메이션과 만화 제작의 다양한 양상을 경험한다. 이 과정에서 「초립동자」(1969)라는 작품으로 만화가로 데뷔하게 되고 〈소년한국일보〉에 「아기유령」(1971), 일간스포츠에 「호질」(1972), 「이춘풍전」(1972) 등의 만화를 연재하며 만화가의 길을 걷게 된다.

이 시기에 정욱 회장은 자신의 인생에 결정적 역할을 해줄 든든한 후원자를 얻게 된다. 신동헌 선생 문하에서 애니메이션 제작에 함께 참여했으며 나중에 안정아라는 이름의 만화가로 데뷔하기도 하는 안정교 여사를 배우자로 맞게 된 것이다. 정욱 회장에게 안정교 여사는 단순히 아내 이상의 의미였다. 그는 중요한 사업 일정에 늘 안정교 여사를 동반했으며 여사는 열정적인 동업자이자 내조자로서 정욱 회장의 사업을 도왔다.

정욱 회장의 기발한 구상이 사업으로 현실화될 수 있도록 자금을 조달하고 기반 환경을 조성하는 것은 대부분 안정교 여사의 몫이었다. 전형적인 부창부수였고 호흡도 잘 맞아 사업이 벽에 부딪히거나 위기에 몰릴 때도 힘을 합해 돌파구를 찾아내곤 했다. 정욱 회장은 평소 사석에서 안정교 여사의 역할에 대해 감사하는 마음을 언급하기도 한다. 「영구와 땡칠이」 제작 계약 당시 여사의 뜻밖의 역할이 아니었다면 그런 성공을 이루지 못했을 것이란 얘기를 하는 등, 단순한 반려자가 아닌 동업자로 인식하고 있는 속내를 드러내기도 한다.

원프로덕션으로 독립하여 OEM을 시작하다

신동헌 선생의 프로덕션에서 일했던 경험과 노력을 바탕으로 애니메이터, 만화가, 사업가로서의 자질을 함께 키운 정욱은 1973년 마침내 독립하여 원프로덕션을 설립한다. 그리고 1975년 장편 애니메이션 「철인 007」을 기획, 연출한 데 이어 1976년에는

일본 애니메이션 OEM 제작하던 무렵, 왼쪽부터 토에이의 에토 부장, 김대중 감독, 정욱 회장

회사를 대원기획으로 키워 본격적인 애니메이션 제작을 위한 발걸음을 내딛는다. 시작은 일본 토에이영화(이하 토에이)의 애니메이션 OEM(주문자상표부착) 제작이었다. 이때부터 1984년까지 「은하철도 999」, 「우주해적 캡틴 하록」 등 매년 80편 이상의 작품들을 OEM 방식으로 수출하는 성과를 올렸다.

그러나 토에이와의 관계가 처음부터 순조로웠던 것은 아니다. 이미 한국의 여러 애니메이션 업체를 경험하여 업계의 사정을 잘 알고 있던 토에이는 정욱에게 쉽게 기회를 주지 않았다. 특히 토에이의 한국 담당이었던 에토 마사하루는 까다로운 인물이었다. 일할 기회는커녕 만나주지도 않았다. 그러나 이 일은 꼭 해야겠다고 마음먹으면 어떻게든 관철시키고야 마는 집념의 정욱 회장이 여기서 물러설 리 없었다.

마침 에토가 한국을 방문한다는 정보를 입수한 정욱은 어떻게든 에토를 직접 만나 일을 성사시키기로 결심했다. 그러나 문제는 빈약한 일본어였다. 지금이야 일본 사람들도 인정하는 유창한 일본어를 구사하지만 당시엔 상황이 달랐다. 정욱은 며칠 밤을 새워가며 대화를 위해 필요한 단어들을 속성으로 외워서 만반의 준비를 갖추었다.

마침내 에토를 만나게 된 당일, 정욱은 외우고 또 외운 대로 계약을 위해 필요한 얘기를 열과 성을 다해서 전달했다. 그의 남다른 열정과 의욕에 신뢰가 갔던지 에토는 '메이시(명함)'를 요구

본격적인 애니메이션 시작을 위해 1977년에 대원동화(주)를 설립했다.
왼쪽이 안정교 여사

했다. 그러나 필요한 단어만 머리에 넣고 온 정욱은 그걸 '메시
(밥)'로 이해했다. 승낙의 의미로 밥을 먹으러 가자는 이야기로 오
해하여 다짜고짜 에토를 식사 자리로 안내하는 촌극을 빚었지만,
저돌적이기까지 한 정욱의 열의는 에토에겐 충분히 인상적이었
다. 열심히 준비해서 의지를 보여주는 열정과 성실함에 마침내
마음을 연 토에이는 엄격한 샘플 테스트를 거쳐 마침내 대원에
일을 맡기기 시작했다.

일단 일이 주어지자 정욱은 기회를 놓칠 수 없다는 심정으로 최선을 다해 마감 기한과 퀄리티 확보에 신경 썼다. 토에이의 기술을 전수받았고 우수 인력을 끌어들여 그들의 요구를 충실히 맞춰주었다. 처음엔 단순히 인건비 절감을 위한 해외 하청의 수준에서 한국 업체에 일감을 맡겼던 토에이는 대원의 퀄리티를 믿을 수 있어서 일을 맡길 수 있다고 생각이 바뀔 정도였다. 단순한 하청 업체가 아니라 퀄리티 높은 파트너십이었다. 토에이와 거래 초창기에 많은 도움을 받은 모리시타 코조(현 토에이 회장)는 지금도 정욱 회장과 호형호제하는 사이일 만큼, 대원은 토에이가 가장 신뢰하는 파트너십을 유지하고 있다.

애니메이션 수준 향상 위해 연수 프로그램 시행하다

토에이를 통해 꾸준히 애니메이션 OEM 제작을 하는 동안, 직접 애니메이션을 제작해야겠다는 포부를 갖게 된 정욱 회장은 1977년 12월, 대원동화(주)를 설립하고 본격적인 애니메이션 제작을 위한 발걸음을 내디뎠다.

제작 초기엔 애니메이션 제작에 대한 의욕이 앞서서 작품의 선별보다는 제작 가능성을 시험하는 데 무게를 두었다. 본격적인 대원의 색깔이 입혀진 애니메이션이 만들어진 것은 1983년 이상무 만화를 원작으로 한 극장판 「태양을 향해 던져라」였다. 이후 「내 이름은 독고탁」(1984), 「다시 찾은 마운드」(1985)까지 「독고탁」

3부작을 제작했다.

한편으로는 축적된 기술을 바탕으로 자체 애니메이션을 제작하기도 했지만 회사의 주요 사업은 역시 OEM 제작이었다. 1985년부터는 토에이에 그치지 않고 미국의 마블프로덕션, 루비스피어, 해나바버라 등의 OEM 제작을 소화할 정도로 제작 수준이 향상되었다. 그러나 프리프로덕션 참여 없이 오직 프로덕션 단계의 납품 작업만 하게 되는 OEM 제작만 답습해서는 애니메이션 제작의 질적 향상을 도모할 수 없었다. 몇 편의 애니메이션 제작을 통해 수준 높은 작품을 제작하기 위해서는 연출과 기획 단계의 인력을 발굴하고 양성하는 것이 절대적으로 필요하다는 결론을 얻게 되었다.

이 시점에서 정욱 회장은 과감한 결단을 내린다. 하청이 들어오는 대로 OEM 제작만 할 게 아니라 제작 전 과정을 이해하고 우리 것으로 만들어야 하며, 그러기 위해 기획, 연출, 원화, 촬영 등 애니메이션 전 과정을 일본에서 배워오도록 인재들을 토에이로 연수 보내기 시작한 것이다.

1985년에 1차로 연출부의 염우태, 백승균(현 홍익대 애니메이션과 교수) 감독이 연수를 다녀왔다. 1986년엔 영화 관련 학과 출신들 가운데 공채를 통해 연출부를 선발, 김재호(현 백석대 교수), 민경조, 김승욱이 연수를 다녀왔고, 1987년엔 황정렬, 장요한, 안진모가 연출 연수를 다녀왔다. 이후 1993년 「벡터맨」 제작을 일본 레인보우로 특수분장 연수를 보낼 때까지 인재 양성을 위한 정욱 회장의 투자는 계속되었다.

정욱 회장을 도와 대원미디어의 성장을 주도한 안현동 부회장은 정욱 회장의 과감한 결단으로 성사된 애니메이션 제작 연수가 대원의 애니메이션 제작 역량을 향상시켰을 뿐만 아니라 나아가 한국 애니메이션 역사에 새로운 전기를 마련했다고 회고한다. 연수를 다녀온 인력들의 활약으로 대원은 극장판 애니메이션을 제작하던 틀에서 벗어나 TV 애니메이션을 제작할 수 있는 능력을 보유하게 되었던 것이다.

국내 최초로 TV 애니메이션 시리즈를 제작하다

1987년 「떠돌이 까치」(KBS)와 「달려라 호돌이」(MBC)를 제작하고 나자 대원의 애니메이션 제작 능력에 대한 방송국의 신뢰가 커졌다. 당시 방송사에서 방영하던 TV 애니메이션 시리즈는 일본 애니메이션이 점령하고 있었다. 일본 애니메이션이 어린이들의 정서에 맞지 않는다는 등 일본 애니메이션 방영에 따른 우려의 목소리가 높아지자, 방송사에서는 국산 애니메이션에 대해 생각하기 시작했다.

마침 두 작품으로 입증된 대원의 애니메이션 제작 능력을 확인한 KBS는 국산 TV 애니메이션 시리즈 제작을 정욱 회장에게 제안하기에 이른다. 그리고 마침내 대원은 애니메이션 제작에 총력을 기울여 1988년에 「달려라 하니」(KBS)와 「천방지축 하니」(KBS)를, 1990년에는 「영심이」(KBS)를 제작한다.

한국을 대표하는 애니메이션 업체로 많은 애니메이션을 제작한 대원의 역할은 단지 좋은 애니메이션을 제작했다는 사실에 그치는 것이 아니라 수준 높은 애니메이션 제작이 가능할 수 있는 인프라를 구축했다는 데 있다. 연출과 기획 인력이 절대적으로 부족하던 시절에 일본 연수 프로그램을 통해 한국 애니메이션의 질적 향상을 도모할 인적 자원을 양성했다는 점이 한국 애니메이션에서 대원이 차지하는 위상이다. 그리고 이는 당연히 정욱 회장의 깊이 있는 통찰력과 배포 큰 추진력이 있기에 가능한 일이었다.

애니메이션을 제작하는 과정에서 파생된 사업이 있다면 캐릭터 라이선스일 것이다. 확보된 콘텐츠의 캐릭터를 바탕으로 정욱 회장은 1990년 「영심이」를 제작, 방영하고 나자 문구류를 중심으로 라이선스 사업를 시작한다. 「세일러문」으로는 이불 및 의류의 라이선스로 영역을 넓혀나갔으며, 이후 2000년 「포켓몬스터」로 본격적인 캐릭터 라이선스를 시작하여 그해 200억 원에 이르는 로열티 수익을 올리게 된다.

심형래와의 만남, 「영구와 땡칠이」로 전설을 만들다

애니메이션 제작에 이어 대원이 추진해온 영화 제작도 정

심형래와 영화 「영구와 땡칠이」 제작을 논의하던 무렵. 오른쪽에서 두 번째가 심형래

욱 회장의 관심사였다. 1988년 일본 지방의 도깨비를 소재로 한 애니메이션 「게게게노 키타로」를 토에이를 통해 OEM 제작하면서, 정욱 회장은 당시 흥행에 성공한 미국의 고스트버스터, 홍콩의 강시, 서구의 드라큘라 같은 몬스터물이 대세인 것에 착안하여 국내에서도 몬스터 관련 영화를 제작할 계획을 세우고 있었다. 그런데 우연한 기회에 개그맨 심형래와 줄이 닿게 된다. 심형래는 당시 어린이들이 가장 좋아하는 스타였다.

정욱 회장은 남다른 사업 감각과 판단력으로, 어린이들이 좋아할 영화를 만들려면 반드시 심형래를 출연시켜야 한다는 결론을 내린 상태였다. 그래서 심형래와 만나 영화에 관한 논의를 진행했고 마침내 심형래가 출연하는 영화를 제작하기로 결정했다. 이렇게 만들어진 영화가 남기남 감독의 「영구와 땡칠이」(1989)였다.

이 영화에 관련된 일화도 유명하다. 막상 심형래와 계약 단계에서 정욱 회장은 망설이고 있었는데 안정교 여사가 회장의 사인을 잘못 알고 덥석 심형래에게 거액의 착수금을 건넨 것이다. 그 바람에 뜻하지 않게 영화 제작이 일사천리로 진행되었다. 심형래가 인기가 있다고 해도 역시 처음 하는 영화 제작이라 불안하고 걱정스러웠다. 그러나 주사위는 이미 던져졌고, 초조하게 진행 상황을 지켜볼 수밖에 없었다.

마침내 여름방학을 맞아 영화가 전국 동시 개봉되었다. 결과는 한마디로 빅히트였다. 「영구와 땡칠이」를 관람하기 위해 어린이들이 방학 중인데도 아침 일찍 일어나 극장 앞에 줄을 서는 진풍경이 벌어졌다. 전국의 극장들도 밀려드는 어린이 관객을 감당할 수 없어 본사에 지원 요청을 할 정도였다.

요즘 같은 공식 집계 시스템이 없던 시절이라 정확한 관객 수는 알 수 없지만 800만 이상의 관객 동원을 했을 것으로 추정된다. 무엇보다 판촉용으로 찍은 책받침 1,000만 장이 동이 났다는 사실이 반증이다. 요즘 영화판 추세로 보자면 천만 관객을 훌쩍 넘기고도 남았을 대기록이었다.

「영구와 땡칠이」에는 정욱 회장이 구상해왔던 몬스터물의 요소들이 고스란히 녹아 있다. 강시와 처녀귀신, 드라큘라와 프랑켄슈타인 같은 동서양의 몬스터들이 총출동하면서 여름방학용 납량특집과도 잘 매치되었다. 영화의 트렌드를 읽었던 정욱 회장의 감각이 빛을 발하는 순간이었다.

심형래 특유의 바보 연기도 인기 요인이었다. "영구 없~다"라는 심형래의 극중 대사가 유행어가 될 정도로 「영구와 땡칠이」의 인기는 절대적이었다. 정욱 회장은 「영구와 땡칠이」의 인기 여세를 몰아 「영구 소림사에 가다」(1989), 「영구 람보」(1990), 「홍콩 할매 귀신」(1991) 등 영구 시리즈를 계속 제작하며 한동안 영화 제작 사업에 대한 강한 자신감을 보이게 된다.

이후 대원의 필모그래피는 개그맨 이창훈의 인기 여세를 몰아 제작한 「맹구와 북두신권」(1992), 당대의 인기 개그맨들이 총출동한 「정신나간 유령」(1993), 「정신나간 유령2」(1993)로 이어지면서 어린이영화 제작의 선두 주자로 질주하게 된다.

반대를 무릅쓰고 강행한 비디오 사업, 대박 터뜨리다

애니메이션과 영화를 직접 제작하여 극장에서 상영하고 TV에서 방영하여 수익을 올리는 구조를 경험하고 나자, 정욱 회장은 콘텐츠의 2차 활용과 확대 재생산에 눈을 돌린다. 이때 정욱 회장의 시선에 포착된 것이 비디오 사업이었다. 더구나 일본 애

대원의 비디오 사업의 성공을 견인한 「드래곤볼」 시리즈와 「슬램덩크」 시리즈

니메이션을 수입할 수 있는 여러 가지 방법이 가능해지자 정욱 회장은 비디오 사업에 더욱 큰 확신을 갖게 되었다. 당시 비디오 시장은 이미 삼성, 대우, SK 등 대기업이 진출해 있어서 중소 업체들은 악전고투를 면치 못하고 있을 때였다. 거대한 자금력을 앞세운 대기업의 물량공세와 시장 장악에 중소 업체들은 부화뇌동하거나 결국 부도를 맞고 파산하는 수순을 밟고 있었다.

당연히 회사 내부의 반발이 거셌다. 남들 다 손해 보고 부도 나는 사업을 왜 시작하려느냐, 대기업과 경쟁이 되겠느냐는 반대 의견에 부딪혔다. 그러나 정욱 회장은 포기하지 않고 시간을 두고 비디오 사업 전개를 위한 면밀한 시장 조사와 출고 조건 시뮬레이션을 통해 충분한 논리를 마련한다. 당시 비디오 시장은 대기업에서 90~92퍼센트의 출고율로 출시하며 시장을 지배하고 있을 때였다. 기존 비디오 제작사를 거치지 않고 대원에서 직접 출시한다면 80퍼센트에 출시하더라도 충분히 승산이 있다는 결론이 나왔다.

비디오 시장에 뛰어들어도 충분히 경쟁력이 있다는 논리와 자신감을 근거로, 정욱 회장은 반대하는 회사 임원들을 설득시키는 불굴의 추진력을 과시한다. 무엇보다 「영구와 땡칠이」, 「영심이」 등 자체 콘텐츠는 물론 다양한 일본 애니메이션과 같은 여러 콘텐츠를 확보하고 있다는 사실이 비디오 사업에 대한 정욱 회장의 자신감을 부추겼다.

마침내 정욱 회장은 1989년에 비디오사업부를 출범시키고 1990년에 극장에서 큰 수익을 올린 「영구와 땡칠이」를 출시한다. 이어 심형래가 출연했던 영화들을 줄줄이 출시했고, 1991년까지 자체 애니메이션인 「영심이」와 일본 애니메이션 「베르사이유의 장미」, 「닥터 슬럼프」를 꾸준히 출시했다. 비교적 성공적인 출발이었다. 그러나 정욱 회장의 비디오 사업이 결과적으로 옳은 판단이었다는 결정적 증거는 1991년부터 시작된 「드래곤볼」 시리즈를 통해 나타난다.

이미 일본과 한국에서 만화 작품으로 엄청난 반향을 불러일으켰던 작품이라 비디오로 출시된 「드래곤볼」의 인기는 그야말로 대단했다. 「드래곤볼 Z」 시리즈까지 총 100편이 출시되었는데 편당 2만여 개의 판매고를 올릴 만큼 반응이 좋았고 덕분에 대원의 자금회전도 순조로웠다. 「드래곤볼」의 인기가 꺾이기도 전인 1994년부터는 인기 만화였던 「슬램덩크」가 애니메이션 비디오로 출시되면서 호황의 뒤를 이었다. 「슬램덩크」 역시 20편까지 편당 2만 5,000개의 판매고를 올리며 오랜 기간 대원의 자금줄이 되어주었다.

한편 비디오 사업으로 확보한 자금이 1991년 12월에 시작한 만화출판 사업으로 고스란히 투자되었다는 것은 회사 내의 정설이다. 만화잡지 〈소년챔프〉의 창간 초기라 막대한 자금이 소요되었고, 때문에 비디오 사업으로 확보한 자금이 우선 투입되는 순환 구조가 이루어졌다.

비디오 사업 강행으로 회사 내부의 반대 여론에 부딪혔을 당시, 정욱 회장의 밀명을 받아 비디오 사업의 밑그림을 그리고 추진했던 챔프영상의 정훈 사장은 이렇게 회고한다. "아마 정욱 회장이 비디오 사업을 밀어붙이지 않았다면「드래곤볼」시리즈로 수익을 올리고 그 수익으로 대원의 출판 사업들을 키우는 일은 불가능했을 것이다."

지금은 흔적도 없어진 비디오 시장. 유물처럼 잊혀져 아무도 언급하지 않는 대원의 비디오 사업은 그렇게 대원의 초석이 될 출판 콘텐츠들을 부양하는 역할을 해냈던 것이다. 비디오 시장이 충분히 사업성이 있고 경쟁력이 있다고 내다본 정욱 회장의 통찰력, 반대 여론에도 불구하고 끝까지 관철시킨 추진력이 있어서 가능했던 비디오 사업, 비디오 사업의 성공과 그 성공을 자양분으로 꾸준히 몸집을 키워 정상에 설 수 있었던 대원의 출판 사업. 대원의 비디오 사업은 고스톱을 즐기는 정욱 회장이 이뤄낸 일타 쌍피의 쾌거라 할 만하다.

만화출판 사업에 관심을 갖다

정욱 회장은 일본을 자주 드나들면서 토에이를 통해 일본의 애니메이션 판권이 어떻게 확보되는지, 제작된 애니메이션의 판권이 어떻게 관련 사업으로 연결되는지 일련의 과정들을 목격하게 된다. 이 과정에서 오직 애니메이션만 생각하던 그의 가슴속에 뜨거운 불꽃이 솟아오른다. 이 불꽃이 대원의 중흥을 이룰 새로운 사업의 도화선이 되는데, 그것은 바로 만화잡지를 통한 만화출판 사업이었다.

정욱 회장은 대부분의 일본 애니메이션이 만화를 원작으로 하고 있다는 사실을 알게 되면서 출판만화의 중요성을 절감한다. 애니메이션 제작과 이를 통한 관련 사업의 전개, 그리고 좋은 애니메이션을 만들기 위해서는 원작이 될 좋은 만화가 절대적이며 좋은 만화를 안정적으로 확보하기 위해서는 만화잡지가 반드시 필요하다는 사실도 깨닫게 된다. 더불어 만화잡지의 주류가 소년만화라는 사실도 알게 되었다.

무엇보다 일본의 만화출판 시장이 잡지를 통해 만화를 연재하고 그것을 묶어서 단행본을 발행하여 수익을 올리는 방식으로 이뤄진다는 점도 매력적이었다. 한번 마음먹은 일은 어떻게든 관철시키는 정욱 회장의 추진력은 그 순간부터 만화잡지 창간을 통한 출판 사업에 전력투구하기 시작했다.

때마침 한국에서는 1988년 12월에 서울문화사에서 〈아이큐점프〉가 창간되어 만화 시장에 새로운 붐을 일으키고 있었다. 정욱 회장은 대원에서도 하루빨리 출판을 시작해서 만화잡지를 창간해야 한다는 생각에 조바심이 나기 시작했다. 더구나 일본 만화 「드래곤볼」의 인기로 〈아이큐점프〉의 가치가 치솟자, 누구보다 일본 만화의 판권 확보에 자신 있었던 정욱 회장은 더욱 몸이 달았다. 그러나 당장 만화잡지를 시작할 만한 인프라가 없던 당시 대원으로서는 속수무책이었다.

출판에 대한 포부로 「베르사이유의 장미」 판권을 확보해두고 있었던 정욱 회장은 어문각에 출판 대행을 맡겨 국내 만화출판 시장을 경험하게 된다. 그러나 그런 방식의 출판만으로는 만화잡지 발행에 대한 그의 갈증을 충족시킬 수 없었다.

마침내 1991년, 정욱 회장에게 직접 만화출판을 시작할 수 있는 기회가 찾아왔다. 〈아이큐점프〉의 황경태 편집장(현 학산문화사 사장)을 우여곡절 끝에 영입한 것이다. 지금 돌아보면 당시 정욱 회장과 황경태 사장의 만남은 유방과 장량, 유비와 제갈량의 만남에 비견할 만한 큰 사건이었다. 두 사람의 만남으로 장차 20세기 한국 만화의 지형도가 새로 그려지게 되었으니 무리한 비유는 아니라고 하겠다.

〈소년챔프〉를 창간하고 신인 작가 발굴에 주력하다

일본 회사들과 다양한 인적 교류가 있었던 정욱 회장은 일본 만화의 수급에 강한 자신감이 있었다. 역시 만화가 출신으로 만화 편집자 경험이 풍부했던 황경태 편집장은 좋은 만화를 골라내고 작품을 기획하는 능력이 탁월했으니, 두 사람의 만남은 그야말로 환상 자체였다.

1991년 12월 5일 창간한 〈소년챔프〉.
출판만화의 메카 대원의 출발을 알린 신호탄이었다.

일단 황경태 편집장을 영입하고 나자 창간 작업에 속도가 붙었다. 정욱 회장의 가장 큰 성공 요인은 용인술에서 나온다. 새로 시작하는 사업이나 자신이 그만큼 경험이 없는 분야의 일은 영입한 전문가에게 전권을 주는 배포와 여유가 있다. 간섭하고 확인하는 대신 맡기고 밀어준다. 사람에 대한 믿음과 자신감, 이는 정욱 회장의 보이지 않는 카리스마다. 전권을 받은 황경태 편집장의 경우도 그랬다.

새로 창간할 잡지 제호는 '소년챔프'로 정했다. 경쟁지인 〈아이큐점프〉와 차별을 두기 위해 독자 연령대를 초등학교 고학년에서 중학생으로 상향 조정했다. 그리고 연재 작가 섭외를 위한 접촉이 시작되었지만 당시 독보적이던 〈아이큐점프〉에 연재 중이던 당대의 인기 작가들은 좀처럼 반응을 보이지 않았다. 출판을 처음 시작하는 회사라 못 미덥기도 했고 연재 중인 〈아이큐점프〉의 눈치를 보기도 했을 터였다.

황경태 편집장의 고군분투는 눈물겨웠다. 정욱 회장의 포부에 동조해 자리를 옮긴 만큼 새 잡지를 반드시 성공시켜야 하는 명분과 자존심이 있었다. 정해놓은 창간일자는 임박해오는데, 라인업엔 구멍이 많았다. 손꼽는 인기 작가는 이상무, 고행석, 김수정, 배금택, 김동화 정도였다. 스타 플레이어로 구성된 〈아이큐점프〉의 라인업과는 비교도 되지 않을 만큼 초라했다. 황경태 편집장은 허영만, 이현세, 황미나 중 한 사람만이라도 영입했으면 하는 심정으로 공을 들였지만 결국 누구로부터도 작품을 받지 못했다.

1991년 12월 격주간 〈소년챔프〉 창간호가 출범했다. 창간 준비도 짧았고 작품에서 경쟁지와 차이가 있다 보니 당연히 불안한 출발을 보였다. 좋은 원작 만화 양산이 목표였던 정욱 회장의 주문대로 좋은 만화를 위한 작가 영입이 계속되었으나 오히려 조기 하차하는 작가가 생겨날 뿐 큰 반향이 없었다.

〈소년챔프〉 창간 초기 만화 출판의 활로를 모색하던 무렵의 정욱-황경태 콤비

궁지에 몰리고 상황이 어려워지자 정욱-황경태의 콤비 플레이가 가동되었다. 인기 작가 영입에 연연하지 않고 그 자리를 신인 작가 발굴로 메꾸기로 한 것이다. 그렇게 거액의 상금이 걸린 '챔프신인만화대상'이 시작되었다. 신인 공모가 시작되자 강호의 영웅들이 자웅을 겨루기 위해 무술대회장으로 모여들 듯, 도처에 숨어 있던 재능 있는 신인들이 봇물처럼 터져나왔다. 1년에 네 차례씩 분기별로 공모하여 이명진, 이우영, 이태호, 양경일, 유현, 형민우, 조재호, 김병진 같은 신인들을 발굴했다.

신인 작가들에게 연재 기회가 주어지고 뜻밖에도 이들의 작품이 독자들에게 큰 호응을 얻으면서 〈소년챔프〉의 인기가 수직 상승했다. 발굴한 신인 가운데 이명진이나 유현의 경우는 분업화된 집단창작 체제를 경험하지도 않았으며 문하생 경험도 없는 고등학생이었다. 그들 스스로가 만화를 즐겨 보는 독자의 입장이라 또래 독자들의 만화 코드와 니즈를 기성작가들보다 훨씬 잘 알고 있었다. 당연히 독자들과 완벽한 공감대를 형성하며 어필할 수 있었고 독자들은 그런 또래 작가들에게 환호했다.

이제 경쟁지의 인기 작가가 전혀 부럽지 않게 된 것이다. 덕분에 〈소년챔프〉는 새로운 감각의 젊은 작가들을 정기적으로 발굴하고 다양한 장르 실험을 통해 만화의 외연을 넓힐 수 있었다.

챔프신인만화대상이 갖는 가장 큰 의미는 공모를 통해 발굴한 신인들을 사장시키지 않고 회사가 꾸준히 관리하고 독려하여 경쟁력 있는 작품을 생산해낸다는 것이었다. 황경태 편집장이 'PD 시스템'이라고 명명한 이런 방식은 일본에선 보편화되어 있었지만 당시 한국에서는 엄두도 못 낼 일이었다. 회사의 안정된 재원과 관리 능력이 있는 편집자들이 확보되어야 가능한 시스템이었다. 챔프신인만화대상의 성공은 이후 경쟁지는 물론 나중에 새로 창간된 모든 만화잡지들이 신인 공모를 표방했을 정도로 획기적인 사건이었다.

〈영챔프〉 창간으로 만화잡지의 정상에 서다

신인 작가들의 활약으로 잡지가 안정기로 접어들 무렵, 정

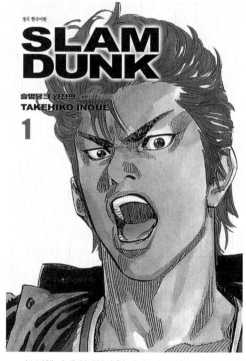

〈소년챔프〉에 연재했던 「슬램덩크」는 엄청난 인기몰이로
학생들 사이에서 농구 붐을 일으키며 사회 현상으로 자리 잡았다.

욱-황경태 콤비의 두 번째 활약이 이어졌다. 일본의 슈에이샤가
발행하는 〈소년점프〉의 인기 연재 만화 「슬램덩크」를 〈소년챔프〉
에 연재하기 시작한 것이다. 그러나 「슬램덩크」의 연재가 결코 순
조로웠던 것은 아니었다. 슈에이샤가 한국의 신생 만화잡지에 연
재를 허락한 것은 오직 정욱 회장이 쌓아온 신뢰 덕분이었다. 슈
에이샤와 관계를 시작할 때, 정욱 회장은 토리시마 카즈히코 편
집장(현 슈에이샤 전무)이 만나주지 않자 포기하지 않고 수차례 방문

하여 끈질기게 면담을 요청했다. 그 정성에 감탄하여 슈에이샤와의 면담이 성사되었다고 하니, 정욱 회장의 끈기와 추진력은 그야말로 대원의 성장에 중추적인 요소였다고 할 수 있다.

〈아이큐점프〉에 「드래곤볼」이 있다면 〈소년챔프〉엔 「슬램덩크」가 있다고 말할 정도로, 「슬램덩크」는 〈소년챔프〉를 반석 위에 올려놓았다. 「슬램덩크」의 인기는 상상을 초월했다. 사쿠라기 하나미치와 루카와 카에데 대신 강백호, 서태웅으로 불린 주인공들은 금세 독자들의 영웅이 되었고 강백호를 흉내 내면서 왼손으로 슛을 던지는 학생들이 늘어났다.* 「슬램덩크」는 서점과 독자 모두가 다음 권을 애타게 찾을 정도로 엄청난 판매고를 올리기도 했다.

〈월간챔프〉 창간 이후 대원은 또다시 새로운 잡지 창간으로 놀라운 경험을 하게 된다. 소년만화와 성인만화만 있던 당시 독자 행태에서 과감하게 중간 세대 독자층을 겨냥한 전무후무한 만화잡지 〈영챔프〉를 1994년에 창간한 것이다. 〈영챔프〉는 창간하자마자 격주간 잡지 판매부수 1위로 등극했다. 창간 초판 발행 10만 부가 금세 바닥나서 재판을 찍을 정도였다.

〈영챔프〉는 신인 발굴 프로그램을 통해 양성된 젊은 작가들

---

* 1992년 당시엔 일본 만화 수입이 개방되기 전이라 일본 이름을 표기할 수 없어서 한국식 이름으로 바꾸어야 했고, 제책 역시 일본식 우철 제본이 아니라 한국식 좌철 제본을 했기 때문에 일본 만화를 반전시킬 수밖에 없어서 왼손을 사용하는 형국이 되고 말았다.

1994년 5월 창간된 격주간 〈영챔프〉. 독자의 영역 확대와
한국 만화의 장르 확산을 주도했던 당대 최고의 인기 만화잡지였다.

과 〈소년챔프〉를 통해 만화의 안목을 키운 독자들이 합세해 만든
최우량 품종이었다. 여기에 연재된 만화들은 연일 화제가 되었
고 〈영챔프〉는 만화가들이 가장 연재하고 싶어 하는 최고의 만화
잡지가 되었다. 특히 창간호부터 연재한 「열혈강호」는 530만 부를
발행한 한국 최고의 만화로 사랑받고 있으며, 지난해엔 한국콘텐
츠대상을 수상하기도 했다.

　　만화 외 다양한 기사를 싣는 구성도 돋보였다. 당시 군인들

에게 최고 인기 품목이어서 휴가나 외출 나왔다가 귀대하는 군인들의 손에 〈영챔프〉가 들려 있는 걸 어렵지 않게 목격할 수 있었다. 군인들의 호응이 어느 정도였는가 하면, 일선 군부대 대대장이 〈영챔프〉 편집부로 전화를 걸어와 군기가 해이해진 장병들 관물대에서 잡지가 부지기수로 발견되고 있으니 발행을 자제해줄 수 없느냐는 어이없는 요청을 해올 정도였다.

만화잡지 메카로서 대원씨아이의 위상은 성인만화 잡지 〈투엔티세븐〉과 〈팡팡〉, 〈주니어챔프〉, 순정만화 〈이슈〉, 〈화이트〉, 〈해피〉를 발행한 데서 그치지 않고 1999년 일본 가토카와 쇼텐과 제휴하여 애니메이션 전문지 〈뉴타입〉을 발행하기도 했다.

이제 대원씨아이는 만화출판에만 국한하지 않고 사업을 다각화하고 있다. 어린이출판물 종합 브랜드인 대원키즈가 2000년부터 발행을 시작했으며 장르소설 브랜드인 NT노벨과 일반실용서 브랜드인 니들북, 하이퀄리티 코믹 브랜드인 미우 등을 보유하여 종합출판사의 위용을 갖춰가고 있다.

학산문화사의 설립으로 출판만화의 양대 산맥 구축

정욱 회장을 도와 대원의 만화 사업을 안정적으로 성공시킨 황경태 사장은 1996년 학산문화사의 사장으로 자리를 옮긴다. 학산문화사는 정욱 회장이 천하삼분법 논리에 따라 직접 출자해서 설립한 만화출판사다. 황경태 사장의 탁월한 리더십과 안정적으

한국 만화출판 시장의 새로운 강자로 부상한
학산문화사의 소년잡지 〈찬스〉

로 확보된 콘텐츠들을 바탕으로 학산문화사 역시 〈찬스〉, 〈부킹〉,
〈웁스〉, 〈파티〉, 〈쥬티〉 등 여러 장르를 아우르는 다양한 만화잡
지를 발행하여 만화출판의 강자로 부상한다. 이후 학산문화사는
장안에 화제가 되었던 「초밥왕」, 「신의 물방울」, 「진격의 거인」 같
은 인기 만화들을 연이어 발행하며 황경태 사장이 초석을 다져놓
은 대원씨아이와 더불어 정욱 회장이 의도했던 만화출판의 양대
산맥으로 우뚝 서게 되었다.

출판만화 사업을 해야겠다는 정욱 회장의 의지는 단순한 꿈으로 끝나지 않고 현실이 되었다. 대원씨아이와 학산문화사는 한국 출판만화를 양분한다고 말할 수 있을 만큼 오랜 기간 동안 꾸준히 축적된 콘텐츠로 시장을 장악하고 있다. 사업 초기에는 일본 만화를 수입해서 한국 만화를 고갈시킨다는 시선이 있었지만 이는 편견이고 오해일 뿐이다. 사실 노골적으로 말해서 정욱 회장은 일본 만화로 번 돈을 그대로 한국 만화에 쏟아부었다. 앞에서 말한 신인 발굴 시스템과 적자가 불 보듯 뻔한 숱한 만화잡지들의 창간을 보더라도 알 수 있다.

일본 애니메이션의 OEM 제작을 하면서 정욱 회장은 늘 남의 상표를 붙이는 것이 아니라 내 상표를 붙이는 내 것을 만들고 싶어 했다. 한국 만화를 일본 만화 못지않은 수준으로 끌어올리고 싶어 했다. 우리가 만든 만화를 일본에 소개하고 싶어 했다. 정욱 회장의 그런 열망과 열정이 오늘의 대원씨아이와 학산문화사를 가능하게 했다.

또한 정욱 회장은 만화출판을 통해 확보한 자체 작품들을 애니메이션화하는 소박한 꿈을 실현시켰다. 〈소년챔프〉에 연재했던 작품들 중에서는 「마법사의 아들 코리」(KBS, 1993)와 「붉은매」(극장판, 1994)를, 〈팡팡〉에 연재했던 「두치와 뿌꾸」(1995)를, 〈찬스〉에 연재했던 「녹색전차 해모수」(KBS, 1997)를 애니메이션으로 직접 제작했다. 일본의 애니메이션 제작 단계들을 알아가면서 만화출판 사업을 시작할 때 가졌던 구상을 구체화한 것이다.

4개의 채널을 보유한 애니메이션 채널의 강자가 되다

코스닥에 등록한 이후 정욱 회장은 대원의 다음 사업으로 방송을 생각했다. 제작하거나 권리를 확보한 애니메이션을 방영하기 위해 방송사와 줄다리기를 하는 과정에서 마음을 상하기도 했지만, 시장을 선점하고 있던 투니버스 같은 채널이 절대적으로 필요했다.

마침 애니메이션 방영권과 출판권 등 전체 사업권리를 확보하고 있었던 「포켓몬스터」가 계기를 만들어줬다. 당시 출판과 캐릭터 라이선스 등 대원의 사업 전반에 영향을 끼친 「포켓몬스터」의 인기는 대단했다. 만화책은 물론이고 캐릭터가 등장하는 각종 제품들이 날개 돋힌 듯 팔려나갔다. 포켓몬스터 스티커가 들어 있던 샤니빵은 스티커를 모으는 아이들의 극성 때문에 엄청난 매출을 올리면서 업계 2위에서 1위로 뛰어올랐다.

「포켓몬스터」 애니메이션이 최고 26퍼센트 시청률을 기록하면서 성공을 거두자 방영권을 가진 사업자의 권리와 방송국의 기득권이 상충하며 불편한 관계가 형성되었다. 이를 계기로 평소 애니메이션 채널의 필요성을 절감하고 있던 정욱 회장은 차제에 애니메이션 방송 채널을 확보해야겠다는 결심을 굳히게 된다. 때마침 시작한 위성방송 스카이라이프 채널사업자 공모에 참여, 마침내 2001년 12월 애니메이션 전문 채널인 애니원을 개국한다.

그러나 당시 가입자 150만의 위성 채널로는 애니메이션 방영 효과가 미약했다. 당연히 가입자 1,300만의 케이블 채널에 관심을 두게 되었으나 진입장벽이 높았다. 엎친 데 덮친 격으로 당시 투니버스를 보유한 온미디어와 경쟁 상태에 있던 케이블 채널의 강자 씨제이미디어가 일본 애니막스 채널과 조인트벤처로 투니버스에 대항할 애니메이션 채널을 준비 중이란 소식이 들려왔다.

정욱 회장은 빠른 판단력으로 전략을 바꾸어 씨제이미디어에 공동사업을 제안했다. 일본과 다양한 미디어를 통해 다양한 일본 콘텐츠를 확보하고 있는 대원의 영향력은 씨제이미디어에게 충분히 매력적으로 받아들여졌다. 결국 씨제이미디어는 애니막스 대신 대원의 손을 잡아주었다. 5 대 5 투자의 사업 파트너로 케이블 애니메이션 전문 채널 챔프를 출범시키면서 정욱 회장은 방송이라는 새로운 미디어까지 확보하게 되었다.

현재 대원방송은 위성 채널인 애니원을 비롯해 애니박스(디지털케이블/위성), 챔프(아날로그/디지털케이블) 등 3개의 애니메이션 채널을 보유하고 있다. 이 채널들은 그물망식의 강력한 노출력을 바탕으로 다양한 프로그램을 효과적으로 전개하여 애니메이션 방송계의 파워 채널로 군림하고 있다. 최근엔 일본의 드라마 다큐 뮤직 등 다양한 일본 문화를 소개하는 채널J를 인수하여 대원방송의 영향력을 키워가고 있다.

프로모션 활성화 전략으로 TCG 카드 사업을 성공시키다

방송 사업 출범 이후 정욱 회장은 TCG(Traiding Card Game) 카드 사업에 주력한다. 유희왕 카드는 최근 수년간 대원의 매출을 견인할 만큼 폭발적인 인기를 자랑했다. 유희왕 카드를 수입해서 사업에 성공하기 이전, 정욱 회장은 이미 2000년에 포켓몬스터 TCG 카드를 국내에 들여왔다. 당시만 해도 국내에는 TCG 카드의 개념조차 정립되어 있지 않았다. 누구도 수집과 게임을 동시에 할 수 있는 TCG 카드가 성공하리라고는 확신하지 못했기 때문이다.

사업 초기에 포켓몬스터 TCG는 큰 성공을 거두지 못했다, 그만큼 국내 시장에선 TCG 카드가 생소했고 시장도 형성되지 않았기 때문이다. 그러나 일본에서 TCG 카드의 인기를 체험하고 속성을 파악한 정욱 회장은 TCG 카드 사업의 성패는 프로모션이 좌우한다고 판단했다. 그리하여 요요 사업을 위해 구성했던 요요 프로모션팀을 TCG 카드 사업부에 배치하고 프로모션 위주로 TCG 카드 사업 전략을 바꾸었다. 결과는 유희왕 카드의 대성공으로 이어졌다. 마침 국내에 방영하게 된 「유희왕」 애니메이션의 인기가 시너지 효과를 내며 한동안 유희왕 TCG 카드의 인기는 식을 줄을 몰랐다.

대원에서 TCG 카드 사업을 시작한 이후 국내에서도 많은 업체들이 다양한 카드를 출시하면서 TCG 카드 시장을 뜨겁게 달구고 있다. 그러나 대원의 아성을 넘보기는 쉽지 않다. 정욱 회장은 단지 TCG 카드를 국내에 들여온 것에 만족하지 않고 다양한 프로모션을 통한 사업 활성화 방안까지 제시했다. 이로써 다시 한번 신규 사업 분야에 대한 수준 높은 안목과 깊이 있는 통찰력을 보여준 것이다.

비디오게임 유통과 게임기 운영정보표시장치 사업에 주력하다

21세기에 들어서면서 닌텐도의 비디오게임기인 '게임보이 컬러'가 일본에서 큰 인기를 끌자 정욱 회장은 한국에서 비디오게임기의 가능성에 주목했다. 그리고 마침내 2002년 게임보이 컬러를 국내에 발매하며 당시까지 불모지였던 비디오게임기 시장을 형성했다.

이후 닌텐도에서 출시한 게임큐브, 게임보이 어드밴스, 게임보이 어드밴스SP, 닌텐도DS, 닌텐도DSLite, 닌텐도Wii를 지속적으로 국내에 발매, 유통했다. 특히 닌텐도DSLite와 닌텐도Wii는 100만 대 판매 달성이라는 큰 성과를 올리기도 하며 한국 시장에서의 닌텐도 게임 붐을 주도했다.

각종 게임기가 높은 판매고를 올리기까지 정욱 회장은 몇 가지 획기적인 판매 부양책을 마련했다. 2008년에 비디오게임기 브랜드로는 최초로 백화점에 입점하도록 것이다. 그후 대형 서점과 대형 마트에서도 닌텐도 게임기를 만날 수 있게 되었으며, 국내 최대 규모의 닌텐도 체험관을 코엑스에 오픈하여 많은 방문객들이 닌텐도 비디오게임과 친숙해질 수 있는 계기를 만들었다.

한편 정욱 회장은 아케이드 게임에도 관심이 많았다. 일본을 자주 드나들면서 파친코 사업이 만화나 애니메이션 캐릭터를 활용한 제품 출시와 홍보가 가능한 사업이라는 점에 착안했다. 때마침 국내에서 붐이 일던 아케이드 게임을 통해 대원의 많은 콘텐츠를 활용할 수 있겠다는 사업적 구상을 시작했다.

그러나 노무현 정부 시절 '바다이야기'의 파행적 운영으로 아케이드 게임에 대한 사회적 비난 여론이 높아지자 아케이드 게임 관련 사업 구상을 과감하게 포기했다. 어린이를 대상으로 하는 사업을 전개하면서 무엇보다 사회적 문제가 되는 사업이라면 결코 할 수 없다는 것이 정욱 회장의 생각이었다.

대신 사업 방향을 수정하여 2008년 12월, 대원디에스티(주)를 설립하고, 게임물관리위원회로부터 아케이드 게임물에 의무 부착하는 운영정보표시장치의 제조 및 공급 사업을 시작했다. 아케이드 게임이 건전한 방향으로 양성화되고 활성화되면 운영정보표시장치 부착 또한 새로운 사업으로 정착할 수 있으리라고 판단한 것이다. 정욱 회장의 의도대로 대원디에스티는 2009년 게임물등급위원회와 협의하여 최초로 게임물 운영정보표시장치와 표준통신규격 매뉴얼을 개발하는 등 차세대 운영정보표시장치를 구현하기 위해 기술 개발에 주력하고 있다.

더 큰 활약 기대되는 문화 개척자, 문화 선구자 정욱 회장

앞서 거칠게 살펴본 것처럼 정욱 회장의 관련 사업 전개에는 대부분 '국내 최초', 혹은 '국내화' 라는 수식어가 따라다닌다. 최초의 TV 애니메이션 시리즈 제작, 최초의 TV SFX 특촬 드라마, 국산 애니메이션 최초 상품화 사업, TCG 카드 사업 국내화, 비디오게임기 소프트웨어 국산화 등. 만화 애니메이션 관련 사업을 전개해오면서 정욱 회장은 늘 선두에서 질주했다. 뛰어난 통찰력으로 트렌드를 읽어내며 좌고우면하지 않고 과감하게 추진한 결과였다.

사실 한 분야만 성공시키기도 쉽지 않은데 정욱 회장은 만화 애니메이션에만 그치지 않고 영화, 캐릭터, 방송, 게임으로 사업을 확산시키고 모두 성공적인 결과를 이뤄냈다. 어느 분야든 정욱 회장이 뛰어들면 업계의 주목을 받았고 정상에 올라섰다. 그래서 관련 업계에서 대원의 존재는 절대적이며 막강한 영향력을 행사한다. 높은 위상을 자랑하지만 그래서 가끔은 경계와 질시의 대상이 되기도 한다.

50년 전 단지 만화가 좋아서 상경한 청년 정욱은 오랜 시간 동안 만화 애니메이션에 대한 지칠 줄 모르는 에너지와 열정으로 자신의 일에 최선을 다했다. 어린이들을 위해, 만화를 좋아하고 애니메이션을 사랑하는 사람들을 위해 정욱 회장은 더 많은 작품, 더 좋은 콘텐츠를 보여주려고 애썼다. 사업 확장에만 욕심이 있었던 것이 아니라 한국에 없는 것들을 새롭게 시작하고 많은 사람들이 그것을 느끼고 즐길 수 있도록 하려 했던 개척 정신, 도전 정신이 충만했던 것이다.

50년의 발자취를 돌아보면 정욱 회장은 성공한 기업가이기 이전에 만화 애니메이션 관련 사업을 한국에 소개하고 발전시킨 문화 개척자, 문화 선구자에 더 가까운 인물이다. 늘 만화 애니메이션을 염두에 두고 있는 그에게 50년 세월은 아직 짧기만 하다. 앞으로 더 많은 시간이 정욱 회장의 도전 의식과 추진력 앞에 길을 내줄 것이다. 대원의 다음 사업 행보에 많은 사람들이 주목하고 있는 것도 그런 이유 때문이다.

▶ 글. 황민호 대원씨아이(주) 전무이사

104

정욱의
사업 전략과
대원의
주요 사업

For the No.1 Global Entertainment

애니메이션 제작회사로 시작해 한국을 대표하는 콘텐츠 기업으로 성장한 정욱의 대원그룹이 지향하는 목표는 바로 세계 제일의 엔터테인먼트 기업으로 우뚝 서는 것이다. 한국 만화와 애니메이션 업계의 맏형 역할을 맡고 있는 대원의 목표는 이제 세계다. 세계 속의 대원으로 우뚝 서기 위해 정욱은 관련 사업의 다양한 계열사를 설립해왔다. 이제 대원은 만화, 애니메이션 등 콘텐츠를 생산하는 데 멈추지 않고 유통, 방송, 디지털, 라이선스, 상품화 등 엔터테인먼트 산업 전 분야에서 성과를 내고 있다.

대원그룹의 모회사로 애니메이션 제작, 캐릭터 라이선스, 게

한국 애니메이션 산업을 이끌어온
대원미디어의 대표 캐릭터들

임과 카드게임 개발 유통, 영화, 전시 사업 등을 관장하는 대원미
디어(주)를 필두로, 출판 및 디지털 만화 제작유통 회사인 대원씨
아이(주)와 (주)학산문화사, 게임 운영정보표시장치 제조 및 문
화콘텐츠 기술사업 회사인 대원디에스티(주), 3개의 애니메이션
방송 채널과 1개의 일본 문화 전문 채널을 운영하고 있는 대원
방송(주), 게임 하드웨어 기기와 소프트웨어 유통회사 대원게임
(주), 캐릭터 상품 제조유통 전문회사 (주)대원캐릭터리 등의 계
열회사와 관계회사가 함께하고 있다.

만화 애니메이션 관련 엔터테인먼트 산업 전체를 아우르는
다양한 계열사, 관계사는 해당 각 분야를 리드하는 기업으로 자
리매김하고 있으며, 각 계열사 간의 사업 시너지로 그룹의 목표
인 세계 최고의 글로벌 엔터테인먼트 기업에 한 발 한 발 다가가

고 있다. 대원의 각 계열사들의 사업 현황을 살펴보면서 대원의 미래 모습을 예측해보고자 한다.

세계 애니메이션을 이끄는 그날까지

대원미디어

대원미디어(주)(이하 대원미디어)는 대한민국 최초의 애니메이션 제작배급 회사로, 대원미디어의 창립자이자 대표인 정욱 회장과 80여 명의 직원들이 함께하고 있다.

1977년 설립한 국내 대표 애니메이션 제작사인 대원미디어는 40여 편 이상의 창작 애니메이션 제작 사업을 중심으로 캐릭터 상품 및 완구, 게임 등 콘텐츠를 활용한 캐릭터 라이선스 사업, 카드에 콘텐츠를 접목시킨 트레이딩카드게임(TCG) 사업, 온라인 시상에 대한 미래의 성장성에 주목해 소비자와 커뮤니케이션을 할 수 있는 디지털 플랫폼 사업을 전개하면서 안정적인 사업 포트폴리오를 구축하고 있다.

한국 애니메이션의 기둥, 세계에 도전하다

대원미디어는 1970년대에 「은하철도 999」등 세계적 명작 애니메이션을 주문자상표부착방식(OEM)으로 제작하며 애니메이션 사업의 첫걸음을 뗀 이후, 1986년 「독고탁」 시리즈로 극장용 장편 애니메이션 시장을 개척하고, 1987년 우리나라 최초의 TV 애니메이션인 「떠돌이 까치」 등을 KBS에 방영하며 국내 애니메이션 산업의 발전을 주도하고 있다.

이와 더불어 영구, 독고탁, 영심이, 하니 등 애니메이션 캐릭터를 활용한 캐릭터 라이선스 사업에 본격적으로 진출했고, 1990년대 후반 「포켓몬스터」를 통해 캐릭터 라이선스 사업의 한 획을 그었다. 현재는 「곤」, 「뚜바뚜바 눈보리」, 「파워레인저」, 「도라에몽」 등의 라이선스 사업과 유희왕 트레이딩카드게임, 온라인게임, 콘솔게임, 모바일게임 영역까지 사업을 확대하여 사업 구조의 다변화와 수익 구조의 안정화를 견인하고 있다.

2001년 미국 시장에서 커다란 반응을 일으킨 3D 애니메이션 「큐빅스」를 시작으로, 2007년 3D 애니메이션 「아이언키드」와 2D 애니메이션 「마법의 별 매지네이션」이 미국에 방영되면서 대원미디어의 글로벌 진출 성장 스토리가 시작됐다. 또한 2009년에는 대원미디어가 기획한 창작 애니메이션 「뚜바뚜바 눈보리」가 애니메이션으로는 이례적으로 한국(EBS)과 미국(CBS 채널)에서 동시에 공중파 TV를 통해 방영됐다.

2012년부터는 다나카 마사시의 걸작 만화 「곤(GON)」을 TV 애니메이션으로 제작하여 방영했다. 「곤」은 EBS에서 12.37퍼센트라는 최고 시청률을 기록했고, 방송과 동시에 캐릭터 라이선싱 계약이 체결되어 순조로운 인기 상승세를 보였다.

출판, 완구, 비타민제, 음료에 이르기까지 다양한 종류의 상품에 「곤」의 캐릭터 라이선시 계약이 이루어졌고, 2013년 3월에는 '유럽의 디즈니'라 불리는 레인보우와 계약을 체결, 유럽 시장 진출의 발판을 마련했다.

2013년 5월에는 뮤지컬 「천방지축 곤」이 상연되었으며, 6월에는 대원미디어의 캐릭터인 곤과 눈보리, 처킹턴을 활용한 멀티 캐릭터 테마파크를 오픈했다. 그리고 2014년 9월부터 「곤」 시즌 2가 국내를 시작으로 방송 중에 있다.

이렇듯 국내 애니메이션 산업의 성과를 바탕으로 세계 시장에 입지를 확고히 한 노력을 인정받아 정욱 회장은 2013년 7월에 열린 제17회 서울국제만화애니메이션페스티벌 개막식에서 SICAF어워드를 수상했다.

라이선싱 대표 기업

대원미디어는 세계에서 인정받는 애니메이션 제작 기술을 바탕으로 최고의 애니메이션을 제작하는 회사로서, 자체 창작 애니메이션은 국내뿐만 아니라 해외 시장에서도 수많은 러브콜을 받고 있다. 대원미디어의 대표적인 창작 애니메이션 「곤」과 「빠뿌야 놀자」는 제작 단계부터 글로벌 시장을 공략하기 위해 만들어졌고, 국내 애니메이션 중 최초로 국내 방영을 거치지 않고 해외에 직접 수출되는 성과를 거두고 있다.

또 대원미디어는 국내 최고, 최다 콘텐츠를 보유하고 있는 만큼 다양한 라이선스 사업을 진행하고 있다. 2014년 하반기 완구 시장에서 품귀 현상까지 보이며 큰 인기를 끌고 있는 「파워레인저 다이노포스」는 출판, 완구, 문구 및 게임과 공연에 이르기까지 다양한 캐릭터 라이선스 사업으로 2015년에도 한 해를 대표하는 최고의 콘텐츠가 될 것으로 보인다.

애니메이션 기획 단계부터 블록완구를 염두에 두고 제작한 「텐카이 나이트」는 애니메이션 속 캐릭터를 현실에 구현하는 데 성공했다는 호평을 받으며 미국과 일본, 유럽에 이어 국내에서도 애니메이션과 더불어 블록완구 시장에서 새로운 바람을 일으키고 있는 중이다. 이 블록완구는 두뇌개발과 창의성 개발 등 무한의 확장성을 가지고 있다는 점에서 아이들뿐만 아니라 키덜트 소비자들에게도 어필하고 있다.

무한 경쟁 콘텐츠 비즈니스의 등대 역할을 자처하다

본업인 애니메이션 사업의 대표적 프로젝트인 「곤」 사업은 완결형이 아닌 현재진행형이다. 40년이 넘는 사업 경력을 바탕으로 대원미디어는 「곤」 사업을 장기 프로젝트에 따라 진행해나가고 있으며, 앞으로 중국, 유럽, 북미 등의 해외 시장을 무대로 더 큰 성공을 거둘 것으로 예상된다.

대원미디어는 애니메이션 사업의 경험을 바탕으로 최근 급격한 성장세를 보이는 모바일게임 업계와 공동 사업을 진행하기로 했다. NHN엔터테인먼트의 자회사인 NHN스튜디오629와 손잡고 다양한 모바일게임 콘텐츠를 활용한 OSMU 사업을 선보일 예정이다. 인기 모바일게임 '우파루 마운틴', '우파루 사가'의 캐릭터를 활용한 TCG 사업을 시작으로 게임 출판 등 캐릭터 라이선스 사업, 그리고 게임 속 캐릭터를 한 단계 업그레이드시키는 애니메이션 제작 및 방영으로 OSMU 사업을 성공시킨다는 계획이다. 이는 대원미디어가 국내뿐만 아니라 세계 전역에서 인기를 누리고 있는 모바일게임 콘텐츠를 글로벌 비즈니스의 주축으로 삼고 해외 시장으로 한 단계 더 도약하는 계기가 될 것이다.

만화가 있는 아름다운 세상
대원씨아이

1991년 정욱은 대원동화(현 대원미디어) 출판사업부를 통해 만화잡지 〈소년챔프〉(현 〈코믹챔프〉)를 창간하고 성공을 거둔 후, 이듬해인 1992년 본격적인 출판만화 사업에 진출하기 위해 대원씨아이(주)(이하 대원씨아이)를 설립했다.

현재 만화는 애니메이션은 물론 엔터테인먼트 산업 전반의 원천 콘텐츠로 평가받는 핵심 콘텐츠다. 정욱은 이미 25년 전에 원천 콘텐츠인 만화의 중요성을 인식하고, 계열사 확장의 첫발로 만화 전문회사를 설립한 셈이다. 회사 설립부터 정욱 회장이 대표이사를 맡아왔고, 현재는 안현동 부회장이 함께 대표이사를 맡고 있는 대원씨아이는 대원그룹의 핵심 계열사로, 70여 명의 임직원이 만화 콘텐츠 제작과 유통에서 업계 최고의 성적을 올리고 있다.

20여 년에 걸친 만화잡지와 단행본 등 출판만화 분야의 경험을 바탕으로 현재는 아동만화와 캐릭터 도서, 라이트노벨, 실용서, 장르소설 등으로 출판 영역을 확장했다. 최근에는 전통적인 종이 출판을 넘어 디지털 만화 사업으로 그 영역을 넓혀나가고 있다. 무료 웹툰이 대세이던 한국 디지털 만화 시장에 대원씨아이는 '돈을 내고 볼 만한' 유료 콘텐츠를 들고 나와 시장의 규모를 키우며 자타가 공인하는 유료 디지털 만화 시장의 선두 주자가 되었다.

사서 보는 만화 시대를 열다

대원씨아이는 창사 이래 만화출판 업계를 선도하고 있다. 과거 대여 단행본 위주의 만화출판 시장에 '잡지 연재 후 단행본 출간'이라는 사업 모델을 도입하면서 만화 판매 시장을 개척했다. 성별, 연령별로 다양한 만화잡지를 창간하고, 연재 만화 중 우수 작품들을 단행본으로 출간하는 이 비즈니스 모델은 한국 출판만화 시장에 최초로 만화가 빌려 보는 것이 아니라 구매해 보는 것이라는 인식을 심어놓는 계기가 됐다.

이 모델을 토대로「어쩐지 좋은 일이 생길 것 같은 저녁」,「협객 붉은매」,「열혈강호」,「짱」,「프린세스」,「반지의 얼렁뚱땅 비밀일기」시리즈 등 수많은 밀리언셀러가 탄생했다. 이 핵심 작품들은 게임, 애니메이션 등 관련 산업의 원천 콘텐츠로 사용되며 엔터테인먼트 비즈니스의 출발이자 원천이 만화라는 점을 다시 한 번 확인시켰다. 또한 대원씨아이는 국내 창작 만화 외에도「슬램덩크」,「원피스」,「나루토」,「유리가면」,「베르사이유의 장미」등 해외 우수 만화를 국내에 소개하며 만화 시장의 규모를 키우는 데도 일조했다.

1992년 창사 후 대원씨아이에서 만들어낸 핵심 콘텐츠들은 국내뿐 아니라 해외 시장에서도 큰 호응을 얻었다. 한국 콘텐츠의 해외 수출이란 말이 생소하던 1990년대 초반부터 만화 수출을 시작해 연간 최대 200만 달러의 수출 실적을 올리는 쾌거를 거뒀다. 현재까지 대원씨아이의 만화가 수출된 국가는 40여 개국이고, 번역된 언어만도 26개에 이른다. 수출 지역이 가까운 아시아는 물론, 콘텐츠 산업의 선진국인 북미와 유럽을 거쳐 남미와 아프리카에까지 이르고 있어, 대원씨아이의 만화 수출 역사가 한국의 만화 수출 역사라 해도 손색이 없을 수준이다. 대원씨아이는 현재 해외에서 붐을 이루고 있는 온라인게임, K-POP, 드라

대원씨아이의 대표 작품이자 한국 만화 최고의 히트작인 「열혈강호」는 연재 20주년을 맞은 2014년, 대한민국 콘텐츠 대상을 수상했다.

마 등의 한류 열풍 이전에 만화 한류가 있었다고 자부하고 있다.

출판 시장이 많이 위축된 현재에도 대원씨아이는 〈코믹챔프〉, 〈이슈〉, 〈뉴타입〉 등 만화 및 애니메이션 잡지와 디지털 전용 만화잡지 〈챔프D〉를 발간하고 있다. 그간의 사업 성과를 바탕으로 '대한민국 만화대상', '오늘의 우리만화상', '콘텐츠 수출공로상' 등을 여러 차례 수상했고, 연재 20주년을 맞은 「열혈강호」는 지난 2014년 12월 대한민국 콘텐츠 대상에서 최고상인 대통령상을 수상하면서 그간의 성과와 공로를 인정받았다.

출판만화의 경험을 새로운 시대로 확대하다

오랜 기간 쌓아온 출판만화 시장의 경험을 바탕으로 대원씨아이는 국내 최초 라이트노벨 브랜드인 NT노벨을 앞세워 라이트노벨 시장을 개척하면서 출판 부문의 영역을 넓혔다고 평가받고 있다. 대원씨아이가 홀로 시작한 라이트노벨 시장은 현재 다수의 출판사들이 경쟁하고 있는 가장 뜨거운 출판 영역 중 하나다. 현재는 대원키즈 브랜드로 학습만화와 어린이용 캐릭터 출판물 시장을 개척하고 있다. 「한국사 100장면」 등 출판만화의 노하우를 활용한 다양한 학습만화 시리즈를 선보이고 있으며, 디즈니의 「겨울왕국」, 마블의 「어벤져스」 시리즈와 함께 다수의 「파워레인서」 시리즈 관련 캐릭터 출판물을 출간해 좋은 반응을 얻고 있다. 또한 「쿠키런」, 「아이 러브 커피」 등 게임 캐릭터 관련 출판물도 함께 내놓고 있다.

라이트노벨과 어린이 출판물에 이어 최근에는 생활실용서 브랜드인 니들북과 로맨스소설 브랜드인 노블리타를 통해 출판 사업 영역을 지속적으로 늘려나가고 있다.

대원씨아이는 지난 20여 년간 제작해온 우수한 출판만화의 창작, 유통 경험을 바탕으로 디지털 전용 만화를 개발해 디지털 만화 시장의 확대에도 노력하고 있다. 스마트폰의 보급으로 활성화된 전자책 시장에서 만화가 차지하는 비중은 매우 높은 편이다. 디지털 만화 하면 무료 웹툰을 생각하는 경우가 많고, 공짜라는 장점 덕분에 웹툰이 가장 쉽게 접할 수 있는 디지털 만화라는 점도 사실이다. 하지만 대원씨아이는 출판만화 제작으로 쌓은 노하우를 바탕으로 유료로 구매해도 좋을 만한 디지털 전용 만화들을 창작해 시장에 내놓고 좋은 평가를 받고 있다.

또한 종이책을 만들고 디지털 서비스를 하던 기존의 사업 방식과는 반대로, 「나의 짐승남」, 「적의 심장, 그를 가지다」 등의 작품은 디지털 전용 만화로 만들어진 후 좋은 반응을 얻어 종이책으로 출간되기도 했다. 대원씨아이는 디지털 전용 연재 만화를 지속적으로 늘려 과거 '종이잡지 연재 ⋯ 단행본 출간 ⋯ 해외 수출, OSMU 활용'의 비즈니스 모델에 '디지털 유료 연재 후 후속 사업 진행'이라는 새로운 모델을 추가해나가는 과정에 있다.

출판만화 창작의 전통과 노하우가 디지털이라는 새로운 무기를 만나 변화하고 있는 상황에서, 대원씨아이는 이에 대한 적극적인 대응으로 '열혈강호 공식 디지털 코믹' 앱 개발, 디지털 전용 잡지 〈챔프D〉 서비스, 네이버북스, 카카오페이지, 리디북스 등 전자책 플랫폼을 통한 다양한 디지털 만화 콘텐츠를 제공하고 있다. 그 결과 2014년에는 디지털 사업 매출이 전체 회사 매출의

20퍼센트를 돌파하는 성과를 거두기도 했다.

꿈으로 그린 방송

대원방송

대원방송(주)(이하 대원방송)는 2001년에 국내 위성방송사업(SKYLIFE) 출범과 동시에 개국한 위성방송 최초의 애니메이션 전문 PP(방송 프로그램 제공사업자)로 현재 정욱, 곽영빈 대표이사 이하 40여 명의 임직원이 함께하고 있다. 대원방송은 2001년 위성방송 애니메이션 채널 '애니원' 개국으로 시작하여 2005년 케이블 전문 애니메이션 채널 '챔프' 개국, 2006년 OVA, 극장판 애니메이션 전문 채널 '애니박스' 개국, 2014년 일본 문화 전문 채널 '채널J'를 인수하여 현재 모두 4개의 전문 채널을 운영하고 있다.

개국 때부터 국내 최고의 애니메이션 채널이라는 목표를 향해 정욱, 곽영빈 대표이사 이하 임직원이 매진하고 있으며, 일본 문화 전문 채널 채널J를 인수함으로써 명실상부한 MPP(다채널 방송 프로그램 제공사업자)로서의 위용을 갖춰가고 있다.

4개 전문 채널로 5,000만 가시청 가구수 확보

대원방송은 2002년 3월 3일 애니원 첫 송출을 시작으로 투니버스가 독점하던 애니메이션 방송 시장을 양분했고, 개국 이래 국내외 유명 콘텐츠를 방송함으로써 애니메이션 산업의 견인차 역할을 해왔다.

2002~2005년까지는 국내 최고의 애니메이션 제작 배급사인 대원미디어가 제작하여 미국 시장에서 커다란 반향을 일으킨 3D 애니메이션 「큐빅스」를 시작으로 「녹색전차 해모수」, 「포트리스」, 「올림포스 가디언」, 「뽀롱뽀롱 뽀로로」, 「이누야샤」, 「건담 SEED」, 「바람의 검심」, 「환상마전 최유기」 등을 방송해 국내 애니메이션 캐릭터 산업 부흥의 한 축을 담당했다. 그리고 2005년 케이블 애니메이션 전문 채널 챔프를 개국함으로써 애니메이션 1,000만 시청 가구 시대를 열었다.

2006년 대원방송 채널 애니원과 챔프를 통해 방송된 「도라에몽」과 슈퍼전대물[01] 「파워레인저」, 「가면라이더」가 공전의 히트를 치면서 전국 방방곡곡에 「도라에몽」의 노래가 울려퍼졌고, 「파워레인저」는 어린이들이 가장 선호하는 완구 캐릭터로 자리 잡았다. 이러한 인기는 이후 유사한 캐릭터 작품을 양산시킴으로써 캐릭터 산업 발전에 큰 영향을 끼쳤으며, 지금도 대원방송의 메인 콘텐츠로 그 인기를 유지하고 있다.

또한 대원방송은 애니원과 챔프 채널에 만족하지 않고, 국내

---

01) 가면을 쓴 여러 명의 영웅들이 등장하는 시리즈물을 가리킨다.

애니메이션 제작을 활성화하고 다양한 장르의 애니메이션을 선보이기 위해 그 당시 어느 누구도 시도하지 못했던 OVA 및 극장판 전문 채널 애니박스를 2006년 개국하여 올 플랫폼(위성방송, 케이블TV, IPTV)에 론칭했다. 이로써 대원방송은 위성방송, IPTV 플랫폼의 애니원 채널, 케이블TV 플랫폼의 챔프 채널, 올 플랫폼의 애니박스 채널을 통해 5,000만 가시청 가구수를 확보한 국내 유일의 방송국으로 성장하게 되었다.

대원방송은 5,000만 가시청 가구수를 바탕으로 대원미디어가 제작한 국산 애니메이션 「곤」, 「뚜바뚜바 눈보리」, 「아이언키드」, 「마법의 별 매지네이션」을 비롯해 국내외의 우수한 콘텐츠인 「유희왕」, 「프리큐어」, 「짱구는 못말려」 극장판, 「소년탐정 김전일」, 「원피스」, 「또봇」, 「바비의 드림하우스」 등을 방송함으로써 명실상부한 콘텐츠 마케팅 리딩 채널로 우뚝 서게 되었다.

또한 대원방송은 어려운 방송 여건 속에서도 프로그램과 애니메이션 제작 및 투자를 통해 국내 콘텐츠 산업 발전에 기여해왔다. 2003년 「꿈을 만드는 사람들」, 2005년 「고추 먹고 맴맴」, 2008년 「뚜바뚜바 눈보리」, 「아토리의 미술여행」, 2010년 「지구생존, 사막에서 길을 찾다」, 2011년 「오달달, 오달몬」, 2012년 「꼬마농부 꼬비 1기」, 2013년 「꼬마농부 꼬비 2기」, 2014년 「꼬마농부 꼬비 3기」를 제작, 투자했다. 그중 「지구생존, 사막에서 길을 찾다」는 2011년 케이블TV 방송대상 교양/다큐 부문 우수상, 「꼬마농부 꼬비 1기」는 2013년 케이블TV 방송대상 PP작품상을 각각 수상했다.

주문형 비디오 사업 시장 주도

대원방송은 어린이, 애니메이션 전문 장르 방송사 중 유일하게 플랫폼별, 타깃별, 콘텐츠별로 수직 계열화된 3개 채널을 보유하고 있다. 바로 위성방송, IPTV 플랫폼 전용 및 유아동 애니메이션 채널 애니원, 케이블 플랫폼 전용 및 유아동 애니메이션 채널 챔프, 올 플랫폼 전용 및 청소년 애니메이션 채널 애니박스의 3개 채널이다. 이 채널들은 강력한 그물망식 대시청자 노출력을 바탕으로 경쟁 채널보다 더욱 체계적이고 효과적인, 다양한 프로모션을 전개할 수 있는 능력을 가지고 있다. 이러한 능력을 바탕으로 대원방송은 2006년 이래 「도라에몽」, 「파워레인저」, 「곤」, 「원피스」, 「기생수」, 「프리큐어」, 「페어리 테일」, 「드래곤볼 Z」, 「변신로봇 또봇」 등 다양한 콘텐츠들을 국내에서 성공시켰다.

또한 대원방송은 일찍이 2007년부터 미래성장 사업으로 VOD(주문형 비디오) 사업을 선정하여 꾸준한 투자를 진행해왔다. 그 결과 대원방송은 현재 애니메이션 VOD 분야에서 업계 1위를 차지하고 있으며, 이러한 VOD 사업의 전개는 온에어(ON AIR)를 통한 퍼블리싱의 한계를 넘어, 언제 어디서나 대원방송의 콘텐츠를 감상하고 즐길 수 있는 환경을 가능하게 했다. 이는 어느 경쟁

채널도 흉내 낼 수 없는 대원방송만의 강력한 힘의 원천이라 할
수 있다.

방송의 미래를 만들다

대원방송은 3개의 애니메이션 전문 채널 운영과 그와 연계
된 VOD 사업의 성공을 바탕으로 새로운 도전을 하고 있다. 바
로 일본 문화 전문 채널인 채널J의 인수와 자사 VOD 사이트
'JBOX.CO.KR'의 개발 및 운영, 그리고 POWER 콘텐츠의 앱 개
발 사업이다. 채널J는 국내 최고의 일본 문화 전문 채널로 드라
마, 다큐, 버라이어티, 음악, 영화 등 다양한 일본 실사 콘텐츠를
국내에 소개하고 있으며, 이와 연계된 일본 관련 사업을 추진 중
이다. 이는 채널J를 동종 장르 내 가장 경쟁력 있고 수익성이 높
은 채널로 만들 것이다.

또한 자사 VOD 사이트인 JBOX.CO.KR은 국내 최고의 일본
애니메이션 및 일본 드라마, 다큐 콘텐츠 사이트로 2015년 상반
기에 오픈할 예정이다. 약 7,000여 편에 달하는 애니메이션과 약
500여 편에 달하는 일본 드라마, 다큐 콘텐츠가 서비스될 예정이
며, 향후 지속적인 업그레이드를 통해 더 많고 다양한 콘텐츠를
제공할 계획이다.

POWER 콘텐츠 앱 개발 사업은 2014년 '기생수' 앱 개발을
시작으로 당사가 보유한 다양한 POWER 콘텐츠를 앱으로 개발,

유통시킴으로써 현재 급성장하고 있는 모바일 시장에서도 대원 방송의 영향력을 지속적으로 확대해갈 것이다.

이 모든 새로운 도전은 대원의 강점인 일본 콘텐츠 및 비즈니스 능력을 애니메이션에 국한시키지 않고 실사 콘텐츠로 확장시켜, 대원방송을 온에어, 온라인 상에 일본 문화 영상 콘텐츠를 유통하는 국내 유일의 PP이자 플랫폼으로 만들어줄 것이다.

재미있고 행복한 세상

학산문화사가 꿈꾸는 세상

대원그룹의 관계사로 국내 대표 만화출판사 중 하나인 (주)학산문화사(이하 학산문화사)가 있다. 학산문화사는 1995년 설립된 이래 황경태 대표이사와 60여 명의 직원들이 변화를 즐길 줄 아는 열정과 도전을 두려워하지 않는 젊은 감성을 바탕으로, 한국 만화의 대표 기업을 넘어 내실 있는 종합출판기업으로 성장하고 있다.

프리미엄 콘텐츠 제작의 길을 걷다

학산문화사는 종이책과 전자책이 융합하는 과도기적 시대에 크고 작은 위기를 극복하며 다양한 장르의 프리미엄 콘텐츠를 창작하는 데 노력해왔다. 1995년 소년매거진 〈찬스〉 창간으로 만화잡지 시장에 진출했으며, 단행본 시리즈 '찬스코믹스' 출시로 만화 단행본 시장에 성공적으로 진출해 젊은 기획력과 끊임없는 도전으로 한국 만화의 선진화를 주도해왔다.

소년만화, 순정만화, 판타지 등 다양한 시리즈의 출판만화 1만 3,000여 종을 출간했고, 작품성과 대중성을 겸비한 단행본 시리즈 발행으로 국내는 물론 유럽, 미국, 아시아 25개국에 120여 작품을 수출했다. 현재 〈찬스플러스〉와 〈파티〉 2종의 만화잡지를 발행하고 있고, 북홀릭, 익스트림노벨, 파우스트 등의 브랜드도 약 210여 종의 소설을 출판했다.

종합출판기업으로 성장하다

학산문화사는 출판문화뿐 아니라 어린이책 분야에서도 두각을 나타내고 있다. 창작 문고 및 과학, 역사 등의 순수 창작 아동도서 브랜드 '채우리'로 다양한 분야의 양서 200여 종을 발행한 바 있으며 국내외 방영 애니메이션, 게임, 캐릭터를 활용한 만화, 학습교양서, 놀이학습 워크북, 스티커북 등의 출판물을 1,000여 종 발행했다.

한편 1995년 설립 이후 학산문화사는 오늘의 우리만화상, 콘텐츠 수출대상을 다수 수상해왔다. 최근 작품으로는 2011년에 「셜록」이 대한민국 콘텐츠어워드 만화대상 우수상을 수상했고, 2013년 「안녕?! 자두야!!」는 대한민국 콘텐츠대상 애니메이션 부문 장관상을, 2014년에는 「하루꾼」이 대한민국 콘텐츠대상 만화 부문 장관상을 수상하면서 학산문화사의 콘텐츠 파워를 보여준 바 있다. 독자의 감성과 함께 호흡하는 만화잡지들과 세계로부터 인정받는 한국 만화 작품 개발, 최고의 출판만화 시장점유율을 자랑하는 학산문화사의 브랜드 파워는 이러한 노력의 성과라 할 수 있다.

끝나지 않는 도전 정신

학산문화사는 출판만화에 안주하지 않고 TV 애니메이션 시리즈의 원작 만화 기획과 멀티미디어와의 연동, 아동 기획출판, 캐릭터 사업, 온라인 만화 사업에 이르기까지 콘텐츠의 다양한 확장과 융합형 스마트 콘텐츠 개발로 '만화가 꿈꾸는 모든 것'을 현실화하는 데 최선을 다하고 있다. 또한 다음과 같은 캐치프레이즈 아래 매일 도전하는 마음으로 노력하고 있다.

학산문화사에 '만족'과 '안주'라는 단어는 어울리지 않습니다.
제자리걸음을 하지 않기 위해 항상 다짐할 것입니다.
저희는 '오래 팔리는 책'을 만들기 위해 실패를 두려워하지 않겠습니다.
저희는 '창작을 즐길 줄 아는 이'들의 소리에 귀 기울이겠습니다.
저희는 '창조의 날개짓'을 멈추지 않고 나아가겠습니다.

대원게임

게임으로 여는 아름다운 세상

비디오게임, 소프트웨어 유통 전문회사

2004년 4월에 설립된 대원게임(주)(이하 대원게임)는 닌텐도 비디오게임기의 가장 큰 국내 유통판매 회사로서, 대원그룹의 창립자 정욱 회장과 안현동 대표이사, 두 공동 대표를 주축으로 총 15명의 직원들이 게임 시장의 개척에 앞장서고 있다.

대원게임은 과거 닌텐도의 비디오게임기 '게임보이 컬러'를 국내에 정식 발매시키며 국내에 비디오게임기 시장이 정착되는 데 커다란 역할을 했다. 이 경험을 바탕으로, 대원게임은 이후 게임보이 최초의 한글화 소프트웨어인 '포켓몬스터 금', '포켓몬스터 은'의 퍼블리싱을 시작으로 '게임큐브' 및 '게임보이 어드밴스', '게임보이 어드밴스 SP', '닌텐도DS' 등 각종 닌텐도 제품을 잇달아 발매하면서 국내 비디오게임기 시상에서 그 위치를 확립했다.

대원게임은 한국 닌텐도와 '닌텐도DSLite' 한글판 유통계약 체결을 시작으로, 닌텐도 주변기기 제작 전문 업체인 호리사 외 다수의 일본 업체들과 계약을 체결, 닌텐도 및 닌텐도 관련 모든 상품을 국내 비디오게임기 시장에 선보인 바 있다. 그리고 코엑스몰에 국내 최대 규모의 닌텐도 체험관을 오픈했을 때는 연일 최다 방문객을 기록하며 닌텐도 비디오게임기 붐의 기폭제 역할을 하기도 했다.

2008년 대원게임은 비디오게임기 브랜드로는 최초로 백화점에 매장을 오픈했고, 이후 대형 서점, 대형 마트 등 차례차례 채널을 확대해 약 200여 곳에 이르는 매장에 비디오게임과 소프트웨어, 주변기기 등을 공급하고 있다. 또한 대다수의 대형 오픈마켓 및 인터넷 쇼핑몰에 입점하며 온라인 비디오게임 판매 시장의 약 90퍼센트 수준까지 점유율을 확보하면서 크게 성장한 경험을 갖고 있다.

2009년에는 닌텐도DSLite 100만 대 판매 달성, 2011년에는 닌텐도Wii 100만 대 판매 달성이라는 큰 성과를 거뒀고, 현재는 닌텐도3DS의 100만 대 판매 달성을 위해 임직원 모두가 전력투구하고 있다.

변화하는 시장 환경에 어떻게 대비할 것인가

대원게임은 단순 유통에만 그치지 않고, 교육 소프트웨어인 '한검DS', '알쏭달쏭 명화탐험DS' 등 닌텐도 플랫폼 전용 소프트웨어 개발 및 '목장이야기 시리즈', '러브레보DS' 등 해외 유명 게임을 국내에 퍼블리싱하며 게임 제작개발 회사로서의 능력도 함께 키워나가고 있다.

또한 현재 침체되어 있는 국내 비디오게임기 시장의 활성화를 위해 한국 닌텐도와 긴밀한 협업 체제를 구축하는 한편, 하루가 다르게 변화하는 소비 트렌드에 대응하기 위해 인기 게임 캐릭터를 이용한 상품화 사업과 팬시, 문구, 완구, 게임 서적 등 관련 사업으로 영역을 확대하는 노력을 꾀하고 있다.

새로운 영역으로의 도전
대원디에스티

아케이드 게임 시장의 동반자

대원디에스티(주)(이하 대원디에스티)는 2008년 12월에 설립돼, 문화체육관광부 산하기관인 게임물관리위원회로부터 게임산업진흥법에 의거, 성인용 아케이드 게임물과 경품 배출 전체이용가 게임물에 의무 부착하는 '운영정보표시장치'의 제조 및 공급을 맡고 있는 회사다.

2009년 대원디에스티는 게임물등급위원회와 협의하여 최초로 게임물 운영정보표시장치를 개발하고 '표준통신규격 매뉴얼 1.0'을 제작하여 설명회를 개최했다. 한국산업기술대와 KS규격 제정을 위한 연구와 함께 한국산업기술시험원으로부터 운영정보표시장치 K마크 인증서를 최초로 획득했다.

2010년에는 한국콘텐츠진흥원과 '뚜바뚜바 눈보리 다국어지원 음성인식 기술기반 스마트토이 개발 및 상품화'의 개발지원을 받아 스마트토이 개발 및 생산을 했고, 2012년에는 기업부설연구소를 설립해 운영정보표시장치 사업의 안정화와 기술 개발에 역량을 집중하고 있다.

콘텐츠와 테크놀로지의 결합

대원디에스티의 주력 사업인 운영정보표시장치 사업은 정부 공공기관의 공개입찰을 통해 사업자로 선정된 후 사업권을 부여받은 것이다. 이후 대원디에스티는 국내 아케이드 게임기 시장의 동반자로서 차세대 운영정보표시장치를 구현하기 위해 기술력 개발과 소비자의 요구 반영 등 꾸준한 기술 개발에 매진하고 있다.

현재 대원디에스티는 주 사업인 운영정보표시장치 사업 외에도 사업의 다각화를 모색하면서 신규 사업을 발굴하고 있다. 다양한 시장 환경을 분석해 현재의 비즈니스 역량을 활용할 여러 가지 사업을 추진하기 위해 준비 중이다. 온라인과 오프라인을 융합하는 스마트 모바일 기기 연계 모바일 POS 사업 진출을 위한 기술 개발이 한 축이고, 대원그룹 전체 계열사의 콘텐츠를 비롯해 국내 콘텐츠 업계와 연계를 통해 문화 콘텐츠 기술(CT) 사업 분야의 새로운 사업 모델을 개발하는 것이 또 다른 축이다.

현재 진행하고 있는 운영정보표시장치 사업의 노하우를 적극 활용해 기술 개발 중인 모바일 결제(Mobile Payment) 사업은 국내 시장뿐 아니라 해외 시장으로의 수출까지 염두에 둔 장기 프로젝트로, 대원디에스티의 미래를 이끌어줄 새로운 전략 사업이 될 것으로 기대된다.

캐릭터가 살아 숨 쉬는 곳
대원캐릭터리

캐릭터 상품 유통의 명가

2000년 2월 설립된 (주)대원캐릭터리(이하 대원캐릭터리, 황경렬 대표이사)는 캐릭터 브랜드 매장인 '애니랜드' 삼성동 코엑스 1호점을 시작으로 포켓몬스터 등 대원그룹의 콘텐츠를 중심으로 한 캐릭터 상품 유통망을 갖추기 시작했다. 그리고 '이웃집 토토로' 등 스튜디오 지브리 상품의 한국 시장 전개와 매장(SHOP) 운영, 지브리 공식 라이선시로서 상품 제조유통 사업을 전개하고 있다.

일본 내 판매만을 고수하던 스튜디오 지브리 상품에 대한 독점 판매권을 해외 업체로서는 최초로 획득한 이후 대원캐릭터리는 지브리 특유의 장기 마케팅 전략과 공조하며 매년 꾸준한 성장세를 유지하고 있다. 2006년에는 자체 쇼핑몰 애니랜드(www.ani-land.co.kr)를 통한 온라인 유통망 확충으로 전국 판매 네트워크를 형성했다.

지브리의 한국 사업 다각화 파트너

2013년 대원캐릭터리는 지브리의 한국 사업 다각화로 2013년 예술의전당에서 열린 '스튜디오 지브리 레이아웃전' MD관을 운영해 예상을 넘는 판매 실적을 기록했다. 2014년에 열린 '스튜디오 지브리 입체조형전' MD관도 좋은 성적을 올렸다. 또한 지브리 글로벌 체인 프로젝트의 일원으로 1호점인 동경스카이트리점, 2호 홍콩점에 이어 롯데월드몰에서 3호점인 '도토리숲'을 오픈, 운영하고 있다. 도토리숲은 애니메이션 속의 토토로, 고양이 버스, 메이와 키키의 집 등을 현실 세계에서 체험하고, 다양한 상품을 구매할 수 있는 새로운 개념의 매장으로서 주요 언론과 고객들의 많은 관심을 받으며 랜드마크로 자리매김했다.

기존 매장인 애니랜드는 대원그룹이 창작, 유통하는 콘텐츠 전체를 아우르는 쇼윈도 역할과 시대 트렌드에 맞는 키덜트 상품을 포함한 차별화된 편집숍으로 발전시키고, 새롭게 오픈한 도토리숲은 지브리 전용숍으로 운영하는 투 트랙 전략을 채택해 캐릭터 상품유통 사업의 확대를 모색하고 있다.

지브리의 최초 해외 라이선시로서 대원캐릭터리는 그간 약 80여 종의 한국 제조 상품을 개발해왔다. 이 성과를 토대로 앞으로는 「이웃집 토토로」, 「마녀배달부 키키」, 「센과 치히로의 행방불명」, 「하울의 움직이는 성」, 「벼랑 위의 포뇨」 등 5개 작품의 캐릭터를 중심으로 새로운 상품화 전략을 개발 중이다. 대원캐릭터리는 현재까지 조성된 기반과 경험을 자산으로 하여 2015년이 '제2의 창사' 원년이라는 각오 아래 아름답고 재미있는 비상을 꿈꾸고 있다.

대원그룹의 도전

지금까지 대원그룹의 주요 계열사와 관계사 7개의 사업 현황을 살펴보았다. 정욱과 대원그룹은 2020년까지 전 세계 애니메이션, 캐릭터, 만화 및 관련 분야를 선도하는 경쟁력 있는 엔터테인먼트 기업으로 성장하는 것을 목표로 하고 있다. 상상 속의 모든 것을 현실로 만들어 행복과 감동, 그리고 즐거움을 전 세계 고객에게 전달하고자 하는 그들의 꿈과 노력이 주요 계열사의 사업 현황에 녹아 있다.

정욱은 늘 일본과 미국의 세계 최고 엔터테인먼트 회사들을 부러워하고, 그들에게 다가가기 위해 노력해왔다. 만화가에서 애니메이션 제작자로 변신하고, 만화출판사를 설립하고, 애니메이션 방송국을 개국하고, 게임 사업과 캐릭터 사업을 진행했다. 이제 정욱의 꿈과 대원의 결승점에 다가가기 위해 계열사와 관계사 간의 시너지를 최대한 발휘해 마지막 도전을 펼칠 시기다.

▶ 글. 오태엽 대원씨아이(주) 이사

한국
애니메이션
생태계 구축한
정욱

현재도 발행되고 있는 일본의 최장수 애니메이션 잡지 〈아니메쥬〉 1979년 1월 신년 특별호에는 흥미로운 특집 기사가 6페이지에 걸쳐 실려 있다. 당시까지 일본의 시청자들은 TV에서 방영 중인 자국산 애니메이션들이 모두 일본 내에서 제작된 것으로 알고 있던 때였다.

그런데 잡지에 실린 특집 기사에 의하면 당시 최고의 인기를 누리고 있던 TV 애니메이션 「우주해적 캡틴 하록」과 「은하철도 999」가 한국에서 제작되고 있었다. 그리고 한국의 제작사 대원동화와 정욱 회장 이하 제작 스태프들의 면면이 상세하게 소개되었다. 원화에서 동화, 채화, 촬영 파트에 이르기까지 100여 명의 한

국내 인력들이 일본 스태프들과 협업하여 작품을 완성해가는 과정들이 사진 자료와 함께 실렸고, 이것을 본 일본의 애니메이션 팬들은 적지 않은 놀라움을 표했다고 한다.

그러나 아쉽게도, 당시 대원동화가 OEM 방식으로 제작하여 일본에 납품했던 애니메이션들이 불과 1~2년 사이의 시차를 두고 다시 국내에 수입되어 지상파에 방영되었음에도 불구하고, 오히려 국내에서는 이들 작품이 한국의 제작사에서 만들어졌다는 사실이 거의 알려지지 않았다.

물론 엄연히 따지면 한국 애니메이션이 아닌 일본 애니메이션이기 때문에 국내 제작사의 OEM 참여 이력에 큰 의미를 두기 어려운 부분은 있다. 하지만 오늘날 한국 애니메이션의 발전은 이처럼 누군가 알아주지 않아도 묵묵히 자리를 지켜온 애니메이션 제작사들의 '제작력'이 근간이 되었기에 가능했다는 사실을 알아둘 필요가 있다고 본다.

전 세계적으로 애니메이션이 방영되지 않거나, 개봉되지 않는 나라는 드물다. 하지만 상업용 애니메이션을 꾸준히 제작해오며 제작 인프라를 갖춘 나라는 아직까지도 손에 꼽을 만큼 얼마 되지 않는다. 한국은 바로 그 몇 안 되는 나라에 속해 있다. 그리고 그 중심에서 한국 애니메이션 산업을 지탱해온 곳이 바로 정욱 회장의 대원동화다.

「피터팬」에서 시작된 정욱의 애니메이션 인생

1990년대 중반, 한국 애니메이션계가 잠시 술렁였던 시기가 있었다. 1991년 겨울 국내에 개봉되었던 월트디즈니의 애니메이션 「인어공주」가 공개된 직후였다. 「인어공주」는 전 세계적인 흥행을 기록했고, 곧 애니메이션 산업은 황금알을 낳는 거위로 불리기 시작했다. 이는 곧 영화 한 편이 자동차 150만 대 판매와 비등한 경제 효과를 이룰 수 있다는, 일명 '쥬라기 신드롬'으로 이어지며 업계를 크게 고무시켰다.

물론 당시의 기대치에 준하는 양질의 국산 애니메이션은 나오지 못했다. 그러나 중요한 것은 이를 계기로 애니메이션에 대한 사회적 관심도가 상승하면서 애니메이션을 장래 희망으로 정하는 지망생들이 나오기 시작했고, 실제로 이들 세대가 현재 한국 애니메이션의 주력으로 성장했다는 사실이다.

그렇다면 계보를 거슬러 정욱 회장과 같은 한국 애니메이션의 1세대들은 과연 어떤 사건을 계기로 불모지와도 같았던 이 시장에 뛰어들었을까? 흥미롭게도 1990년대 상황과 유사한 점을 한 가지 발견할 수 있는데, 그것은 바로 1957년에 월트디즈니의 애니메이션 「피터팬」이 국내에 개봉되었다는 점이다.

많은 국내 애니메이션 원로들이 회고하고 있지만 「피터팬」의 국내 개봉은 실로 엄청난 문화적 충격을 가져왔다. 정지화면의 만화가 영화처럼 움직이는 만화영화^(漫畵映畵)와의 만남은 당시

1957년 6월 13일에 국내 개봉되었던 월트디즈니의 애니메이션 「피터팬」. 대한극장을 비롯하여 당시 국내 최대 극장 체인을 보유하고 있었던 세기상사가 배급한 작품으로, 이전까지 이런 영상물을 감상한 적이 없었던 국내 문화계에 엄청난 파급력을 불러왔다. 여러 가지 기념적 의의 때문에 1970년과 1992년에 재개봉되었을 정도로 세대를 초월하는 명작 애니메이션이다.

만화나 영화 등 관련 업계 진출을 준비 중이었던 많은 크리에이터들의 진로를 변경시켰고, 그중에는 고향 강원도에 있는 강릉 극장 한구석에서 이 작품을 감상했던 10대 소년 정욱도 포함되어 있었다.

「피터팬」에서 영감을 얻은 정욱은 이를 계기로 만화가의 꿈을 잠시 접고 애니메이션에 뜻을 품게 되었다. 당시 국내에서 유일하게 애니메이션을 만들고 있던 곳은 상품 홍보용 광고 영상을 제작하던 CF 프로덕션들이었다. HLKZ-TV[01] 미술부 소속이었던 문달부 선생이 제작한 한국 최초의 애니메이션 '럭키치약'의 CF를 시초로 '활명수' CF로 유명한 엄도식 감독, 그리고 특유의 리듬감 있는 연출로 각광을 받았던 신동헌 감독 등이 CF계에서 활약하며 한국 애니메이션의 창세기를 열었다.

특히 1960년에 신동헌 감독이 제작한 '진로소주'의 CF는 국내에서 최초로 시도된 프리스코링[02] 방식의 풀 애니메이션으로 너무나 놀라운 광고의 완성도에 상품 매출이 크게 상승한 바 있다. 극장에서 우연히 이 CF를 보게 된 정욱은 고교 졸업 후 상경하여 강릉고에서 미술을 가르치던 장일섭 선생의 소개로 신동헌 감독의 문하에 들어가게 된다.

---

01) 1956년 10월 개국한 우리나라 최초의 방송국. 그러나 1961년 화재가 발생해 방송을 중단했고 이후 KBS에 권리를 넘기게 된다.
02) prescoring. 선녹음 후작화.

이때 신동헌 감독에게 애니메이션을 배우고 싶어서 찾아온 인물들은 정욱 외에도 훗날 「머털도사」를 제작한 신원동화의 유성웅 대표, 「2020년 우주의 원더키디」를 제작한 세영동화의 김대중 감독, 「트랜스포머」 애니메이션을 제작한 에이콤프로덕션의 넬슨 신(신능균) 대표 등으로, 이들은 모두 한국 애니메이션의 대표 주자로 이후 큰 족적을 남기게 된다.

「홍길동」 탄생의 기적을 함께 이루다

신동헌 감독은 고 신동우 화백의 형으로 이들 형제는 오랜 시간에 걸쳐 한국 최초의 극장용 애니메이션을 제작하는 구상을 하고 있었다. 동생인 신동우 화백이 당시 〈소년조선일보〉에 연재하던 「풍운아홍길동」을 원작으로 디즈니 애니메이션 같은 장편 애니메이션에 도전해보고자 했던 것이었는데, 이는 일본의 토에이동화가 대규모 인력을 동원해 제작한 일본 최초의 극장용 장편 애니메이션 「백사전」(1958)이 나온 지 불과 몇 년 되지 않은 시점의 일이었다.

몇몇 CF 작업에 참여하면서 신동헌 감독의 총애를 받게 된 정욱은 애니메이션 「홍길동」 프로젝트의 핵심 인력으로 발탁된다. 그러나 극장용 애니메이션은 이전까지 국내에서 아무도 해보지 못한 미지의 영역이었기 때문에 제작 과정에서 수많은 고충과 시행착오들이 발생했다.

당시 촬영에 필요한 필름은 미 공군이 항공 촬영용으로 쓰고 버린 것을 가져다가 양잿물로 씻어서 사용했는데, 문제는 극장용 애니메이션에 맞는 애니메이션 카메라의 구조를 알 수 없었다는 것이다. 당시 「홍길동」의 제작은 이태원에 있는 세기상사 지하에서 진행되었다. 정욱을 비롯한 제작 스태프들이 한 명씩 용산 미군기지 공보실에 견학을 가서 그 안에 있는 애니메이션 카메라를 한 부분씩 눈으로 확인해본 뒤, 작업실로 돌아와서 '모조 카메라'를 만들어 촬영했다고 한다. 실로 전설 같은 이야기가 아닐 수 없다.

그러나 이런 초인적인 노력에도 불구하고 제작진의 발목을 잡는 큰 사고가 터졌다. 애니메이션의 필수 재료인 셀도 구할 수 없었기 때문에 미군 부대에서 사용하던 비닐을 얻어다가 사용했는데, 물감이 비닐에 붙어 있을 리가 없었다. 할 수 없이 제작진은 물감에 아교를 섞어서 비닐에 접착시키는 고육지책을 써야 했다. 그런데 추석 개봉을 앞두고 제작 막바지인 한여름이 되자 이것들이 모두 녹아서 터져버려 제작을 전부 다시 해야 하는 엄청난 난관에 봉착하게 되었다.

하지만 제작진은 이에 굴하지 않고, 극장용 애니메이션 한 편에 최소 200명 이상이 동원되어야 하는 현실 속에서 겨우 30여 명의 인력만으로 12만 5,300장의 동화(動畵)가 사용된 대작 애니메이션 「홍길동」을 재작업 6개월 만에 기적처럼 완성해냈다.

「피터팬」을 비롯한 월트디즈니 애니메이션들을 수입해 큰 성공을 거두었던 세기상사가 당시 한국 영화 최고 제작비인 5,400만 원을 투자해 제작한 한국 최초의 극장용 장편 애니메이션 「홍길동」. 한국 애니메이션 역사의 국보라고 할 수 있는 작품이지만 필름이 유실되어 그동안 작품의 완성도를 확인해볼 수 없었다. 그러다 지난 2008년 극적으로 일본에서 필름이 발견되어 한국영상자료원 개관기념 영화제 폐막작으로 복원 상영되었다.

1967년 1월 7일에 대한극장에서 개봉된 「홍길동」은 상영 4일 만에 10만 명의 관객을 동원하는 큰 성공을 거두게 된다. 예상 외의 흥행으로 당시 극장 측은 입장객 500명마다 3킬로그램들이 설탕을 한 푸대씩 주는 서비스까지 했다고 한다.

그러나 이러한 성공에도 배급사 측은 본래 예정된 1966년 추석 개봉에 맞추지 못해 자신들이 피해를 입었다며 신동헌 감독에게 법적인 책임을 추궁했다. 이에 환멸을 느낀 신동헌 감독은 후속작 「호피와 차돌바위」(1967)까지만 제작하고 극장용 애니메이션 제작에서 손을 떼게 된다.

이는 역사적인 한국 최초의 극장용 애니메이션의 핵심 스태프 제작을 주도했던 정욱에게도 큰 시련이 되었으며, 한편으로는 그가 앞으로 개척해나갈 애니메이션 사업의 새로운 모색을 위한 계기가 되었다.

삼성도 포기한 애니메이션 사업을 시작하다

정욱이 한국 최초의 극장용 애니메이션 「홍길동」과 후속편 「호피와 차돌바위」 제작에 참여하고 있을 당시, TV 시장에서도 애니메이션을 제작하기 위한 준비가 진행되고 있었다. 그중 대표적인 곳이 TBC 동양방송(현 jtbc)이었는데, 삼성그룹 계열의 TBC는 중구 태평로에 있던 삼성 본관 최상층에 애니메이션 제작부를 설치하는 한편 삼성물산 이사를 애니메이션 제작부장으로 발령하여 애니메이션 사업에 상당한 투자를 단행한다.

TBC는 일본의 후지 TV와 합작으로 TV 시리즈 애니메이션 「황금박쥐」(1967)와 「요괴인간」(1968)을 제작해 공전의 히트를 치게 된다. 특히 「황금박쥐」의 경우는 삼성그룹의 중앙일보사가 발행하는 소년교양지 〈소년중앙〉의 지면에 만화를 동시에 연재해 오히려 일본에서보다도 더 큰 이슈를 만들어내기도 했다.

하지만 삼성그룹의 애니메이션 사업은 너무나 의외의 사건에 의해 폐업된다. 1968년 일본 최대의 애니메이션 제작사 토에이동화에서 대규모의 노사분규가 발생했다. 이 소식을 접한 삼성

TBC 동양방송의 1호 애니메이션 「황금박쥐」. 삼성그룹 차원의 대대적인 지원 속에 제작된 작품으로, 고 이병철 회장의 지시에 따라 일본에서 모리카와 노부히데를 비롯한 베테랑 스태프들을 대거 초빙하여 합작을 통한 기술 이전에 총력을 다했다. 당시 TBC 전속 악단장이자 색소폰 연주자였던 고 이봉조가 만든 주제가가 장안에 화제가 되기도 했다.

그룹의 창업자 고 이병철 회장이 애니메이션은 인력 중심의 사업이라 같은 문제가 국내에서도 일어날 수 있다고 판단하고 사업 철수의 뜻을 비친 것이다.

아이러니한 사실은 당시 토에이동화의 노조를 주도했던 인물들이 다름 아닌 미야자키 하야오와 다카하타 이사오였다는 것이다. 의미 없는 가정일지 모르나 만일 저 무렵 토에이동화에서 노사분규가 발생하지 않고 삼성그룹이 애니메이션 사업을 조금만 더 끌고 갔더라면, 현재 한국의 애니메이션 산업 지형도가 어떤 식으로 바뀌었을지는 여러 가지 상상을 해볼 수 있을 것이다.

그러나 이런 가정과는 별개로 한국의 애니메이션 산업은 신동헌 감독의 은퇴와 TBC 동양방송의 애니메이션 사업 철수라는 현실에 직면하게 되었다. 때문에 이제 겨우 싹을 틔운 한국 애니메이션의 명맥이 어쩌면 끊길 수도 있는 위기에 놓이게 되었다.

정욱 회장이 대원동화의 전신인 원프로덕션을 설립한 것이 바로 이 무렵이다. 한국 애니메이션계가 가장 어려웠던 순간에 그는 극적으로 공백을 메웠다. 당시 TBC 애니메이션 제작부에는 일본에서 파견된 베테랑 스태프들이 다수 상주하고 있었다. 그런데 TBC 애니메이션 제작부가 문을 닫게 되자 방계되어 있는 외주 프로덕션들의 일본 제작진들도 모두 본국으로 돌아갈 채비를 하고 있었고, 이 소식을 정욱 회장이 들었던 것이다.

정욱 회장은 일본어를 단 한 마디도 할 수 없었지만, 과감히 연세대학교 일본어 교본 한 권을 달랑 들고 떠날 준비를 하는 일본 제작진을 찾아갔다. 그리고 말도 안 되는 단어들을 조합하여 본인이 한국 최초의 극장용 애니메이션「홍길동」의 핵심 제작진이었으며, 애니메이션을 살 알고 애니메이션에 열성이 있는 사람이 애니메이션을 만들어야 한다는 의지를 전달했다.

그런데 이것이 당시 일본 제작진들에게 상당히 진정성 있게 전달된 듯 싶다. 정욱 회장의 열의를 알게 된 일본 제작진은 당시 토에이동화의 제작부장이었던 에토 마사하루를 한국에 보내 샘플 테스트의 기회를 부여했다.

「황금박쥐」의 경우는 삼성(TBC)이 클라이언트였기 때문에 합작이라는 명목으로 좋든 싫든 한국과 공동 제작을 해야 했던 상황이었지만, 아무런 이해관계가 없는 정욱 회장의 원프로덕션은 그야말로 이 테스트를 통과해야만 일본과 파트너 관계가 성립되는 것이었다.

토에이동화 사장의 눈물

1948년 일본의 3대 영화 메이저 중 하나인 토에이(東映)가 동양의 디즈니 스튜디오라는 기치를 내걸고 설립한 토에이동화는 명실상부한 일본 최대의 애니메이션 제작 스튜디오다. 1960년대 후반 노사갈등으로 위기를 맞기도 했지만 신임 사장으로 부임한 이마다 치아키에 의해 체제 일신에 성공하며 세계적인 애니메이션 회사로 성장했다.

다만 노사분규의 후유증은 계속 남아 있었기 때문에 일본 애니메이션계는 높아져가는 일본 내 인건비 부담을 줄이기 위한 대안으로 해외 외주 시스템을 모색하게 되었다. 그리고 이러한 토에이동화의 플랜이 구체화되고 있던 시점에 정확히 맞추어 정욱 회장의 원프로덕션이 샘플 테스트의 기회를 잡은 것이었다.

너무나 중요한 토에이동화의 샘플 테스트에 통과하기 위해 정욱 회장은 강릉고 후배이자 「홍길동」 제작에 함께 참여했던 김대중 감독을 부른다. 김대중 감독은 자타가 공인하는 한국 최고의 실력파 애니메이터로 훗날 일본에서 그를 모셔가기 위해 끊임 없이 러브콜을 보냈을 정도로 대단한 인물이다. 특히 일본 내에서도 작화가 가능한 인물이 몇 없는 일명 카나다 버스 연출[03]을 완벽하게 구사해 일본 제작진을 깜짝 놀라게 하기도 했다.

처음에는 인건비 절감 차원에서 해외 하청을 주자는 의도로 한국에 온 것이었지만, 원프로덕션의 테스트 샘플을 본 토에이동화의 에토 제작부장은 단지 값이 싸기 때문이 아니라 퀄리티가 담보되기 때문에 한국에서 제작을 하기로 했다고 〈아니메쥬〉 1979년 1월호 특집 기사에서 밝혔다.

결국 정욱 회장과 김대중 감독 콤비는 까다로운 토에이동화의 테스트를 통과해 본격적인 OEM 제작 시스템을 국내에 정착시킨다. 그와 함께 1977년 12월, 사명을 원프로덕션에서 대원동화로 변경했는데 대원동화의 공식적인 첫 번째 OEM 타이틀이 바로 「우주해적 캡틴 하록」이었다.

다국적 온라인 백과사전 위키피디아에 수록되어 있는 정보를 검색해보면, 「우주해적 캡틴 하록」 제1화를 감상한 당시 토에이동화의 이마다 치아키 사장이 작품의 완성도에 너무나 감동을 받은 나머지 눈물을 흘렸다는 일화가 소개되어 있다. 애니메이션 제작 인프라가 거의 없었던 한국에 주력 타이틀의 외주를 주는 것은 큰 모험일 수 있었지만, 정욱 회장의 대원동화는 일본 측의

---

03) 화면 전체가 애니메이션되면서 역동적인 스피드로 돌파해가는 테크닉. 창시자인 명 애니메이터고 카나다 요시노리의 이름에서 유래

〈아니메쥬〉 1979년 1월호에 실린 대원동화 특집 기사. 애니메이션 OEM 제작 과정에 대한 상세한 소개는 물론 당시 32세의 정욱 회장을 필두로 김대중 감독, 문덕성 감독, 박설형 감독, 최안희 감사, 최용대 미술감독 등 대원동화 정예 멤버들의 모습이 프로필과 함께 자세히 기사화되었다.

우려를 불식시키며 클라이언트를 감동시킬 정도의 완성도로 답례를 한 것이었다.

이후 대원동화와 토에이동화의 파트너십은 급속도로 긴밀해졌다. 상당수의 일본 스태프들이 한국에 들어와 상주하며 공동 작업을 진행했고[04] 연간 80편 이상의 타이틀이 대원동화에서 제작되면서 한국의 애니메이션 산업은 양적으로 크게 팽창했다.

OEM과 창작의 기로

대원동화에 의해 한국의 애니메이션 산업은 양적 성장을 이루었지만 정욱 회장의 마음속에는 아직 이루지 못한 부채가 남아 있었다. 그것은 국산 창작 애니메이션에 대한 갈증이었다. 당시 국내 방송사들은 외국산(주로 일본) 애니메이션을 수입해서 우리말 더빙을 한 뒤 초저녁 시간대에 편성해 안정적인 시청률을 기록하고 있었다. 때문에 굳이 무리해서 국산 애니메이션을 제작할 의지를 갖고 있지 않았다.

따라서 국내 창작 애니메이션 시장은 제작사의 자발적 의지에 의해서만 제작을 추진할 수 있는 상황이었는데 결코 쉬운 문제가 아니었다. OEM 제작은 발주처가 이미 현지에서의 공개 일정을 픽스해두고 기일에 맞추어 납품을 요구하는 방식이다. 때

---

04) 참고로 이때 공동 작업을 하며 국내 제작진에게 선진 애니메이션 기술을 전수한 모리시타 코조는 현재 토에이애니메이션의 회장이 되어 있다.

문에 납기일을 맞추기 위해 24시간 철야로 스튜디오가 돌아간다. 살인적인 스케줄 속에서 자투리 시간을 빼서 창작 애니메이션을 제작한다는 것은 현실적으로 불가능에 가까웠다.

또 다른 문제는 오늘날까지 한국 애니메이션에 대한 비판의 대상이 되어오고 있는 기획력의 문제였다. OEM 작업의 특성상 프로덕션 베이스의 제작 파트만 계속해서 경험치를 쌓다 보니 막상 창작을 하려고 해도 무엇을 만들 것인가에 대한 보기는 없었던 것이다.

이는 당시 OEM 중심의 국내 애니메이션 제작사들이 갖고 있는 공통적인 문제이기도 했다. 하지만 독보적으로 대원동화만이 가장 오랜 기간 동안 지속적인 창작 애니메이션을 제작할 수 있었던 것은 정욱 회장의 한국 애니메이션에 대한 열정과 그것을 뒷받침하는 기획력 때문이었다.

정욱 회장은 과거 〈소년한국일보〉 등에 만화를 연재하면서 기획 창작의 개념을 이해하고 있었고, 그 과정에서 이원복을 비롯한 유수의 만화가들과 밀접한 교류를 해왔다. 그래서 일본에서도 가장 흥행성 높은 장르인 '만화 원작 애니메이션 기획'을 실행에 옮길 수 있는 유리한 제반 여건들을 확보하고 있었다.

이 무렵 국내 극장용 애니메이션의 제작 수준은 완구회사가 일본의 로봇 완구 금형을 불법으로 복제해와서 프라모델 등을 시판한 뒤, 해당 상품의 판촉을 위해 제작되는 표절 작품들이 주

1983년 1월 21일 어린이회관 무지개극장과 세종문화회관에서 동시 개봉된 대원동화 최초의 극장용 장편 애니메이션 「미래소년 쿤타 – 버뮤다 5000년」. 박설형 감독 이하 대원동화의 정예 제작진이 OEM 작업을 병행하며 완성해낸 역작이었다.

종을 이루고 있던 때였다. 대부분 급조된 타이틀들이라 완성도는 저급했고 무엇보다 작품 고유의 아이덴티티는 찾아볼 수 없었다.

그런데 대원동화의 창작 애니메이션 1호 「미래소년 쿤타 – 버뮤다 5000년」은 일련의 국산 애니메이션들과는 분명한 차별성을 보여주었다. 작품의 타이틀과 기초 설정에서는 당시 국내에서 상당한 인기를 누리던 미야자키 하야오 감독의 TV 애니메이션 「미래소년 코난」을 다분히 참고하고 있지만, 인기 만화가 한희작이 〈소년한국일보〉에 연재하던 동명의 만화를 원작으로 오리지널리티를 확보하고 있었다.

인기 만화가들과의 협업은 이후에도 이어지는데, 같은 해 여름에는 정욱 회장이 가장 좋아했던 만화가인 이상무의 대표작 「독고탁 – 태양을 향해 던져라」(1983)를 제작했다. 그리고 이 작품은 이례적으로 제2탄 「내 이름은 독고탁」(1984)과 제3탄 「다시 찾은 마운드」(1985)까지 이어지며 롱런하게 된다.

이러한 시도들은 OEM 체제에만 매몰되어 있었던 국내 제작진들에게 긍정적인 자극제가 되었다. 그 결과 1980년대 국산 극장용 애니메이션들 중에서 가장 인상적인 작품으로 평가되고 있는 홍상만 감독의 창작 애니메이션 「은하전설 테라」(1984) 같은 수작이 나오기도 했다. 이 작품은 정욱 회장이 자체 창작력을 키우기 위해 전작들과 달리 만화 원작에 근거하지 않은 오리지널 기

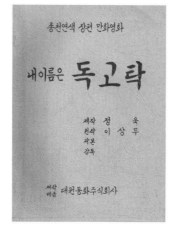

1980년대 제작된 만화 원작 극장용 애니메이션들 중에서는 단연 최고의 명작으로 손꼽히는 「독고탁」 시리즈 3부작의 대본. 정욱 회장이 그 어떤 애니메이션들보다 특별한 의지를 가지고 제작한 작품으로 1탄 박시옥 감독, 2탄 홍상만 감독, 3탄 문덕성 감독으로 이어지는 대원동화의 대표 감독들이 각기 한 편씩 연출했다.

역대 국내 극장용 애니메이션들 중에서 가장 이채로운 작품으로 회자되고 있는 대원동화의 세 번째 작품 「은하전설 테라」. OEM의 경험치를 바탕으로 자유로운 창작 의지에 의해 제작된 작품이었으며 동시대의 외국 애니메이션들과 비교해도 크게 떨어지지 않는 완성도를 보여주었다. 그러나 군사정권 시절에 제작된 작품이라 대본상에 검열의 흔적들도 남아 있다.

획에 도전했던 프로젝트로, OEM 체제 하에서도 충분히 경쟁력 있는 창작 애니메이션을 만들 수 있다는 가능성을 보여준 작품이었다.

정욱 회장은 OEM 스태프들의 창작 의지를 더욱 고양시키기 위해 캐나다에서 귀국한 스승 신동헌 감독을 고문으로 초빙해 제작진의 정신적 지주가 되어주길 청했다. 그리고 그와 함께 원화 감독들을 회사 비용으로 일본에 유학 보내 선진 애니메이션 기술을 배우도록 물심양면으로 지원하고 독려했다.

김대중을 필두로 문덕성, 박설형, 홍상만, 심상일, 박시옥, 오종환, 박치만 감독 등은 한국 최고의 실력파 애니메이터 계보에 이름을 남긴 명인들로 모두 정욱 회장의 창작 노선에 합류해 많은 작품들을 제작했다. 그 때문에 대원동화가 제작한 애니메이션들은 동시대의 다른 국산 애니메이션들과는 분명한 질적 차별화를 보여주었다.

물론 OEM과 창작을 병행하는 과정에서 「비디오 레인져 007」(1984)과 「무적철인 람보트」(1985) 같은 표절작이 나온 것은 오점이라 할 수 있다. 하지만 정욱 회장의 최우선 바람은 방학 시즌만이라도 아이들이 극장에서 국산 애니메이션을 관람할 수 있게 해주는 것이었다. 그의 이런 의지는 극장용 애니메이션이 경쟁력을 상실해 많은 제작사들이 제작을 포기한 이후에도 계속해서 이어졌다.

2012년 KBS에서 드라마로 제작되기도 했던 허영만 원작의 「각시탈」은 이미 1986년에 정욱
회장에 의해 극장용 애니메이션으로 제작된 바 있다. 이 밖에도 정욱 회장은 소주완, 지상월
원작의 「붉은매」(1995)와 윤인완, 양경일 원작의 「신암행어사」(2004) 등 만화 원작 극장용 애
니메이션들을 특별한 애착을 가지고 꾸준히 제작해 국내 애니메이션 산업의 침체기에도 시장
을 지켜냈다.

TV 애니메이션 시대를 연 개척자

1987년 한국은 동서 화합의 무대가 되는 세계 최대의 스포츠 대제전 제24회 서울올림픽 개최를 위해 전 국민이 힘을 모으고 있었다. 그러나 준비 과정에서 스포츠 산업에 비해 낙후되어 있었던 국내 문화 예술 분야의 취약점을 보완할 필요성이 있다는 지적들이 나오게 된다.

그중에서도 가장 시급한 과제로 국산 TV 애니메이션의 필요성이 지목되었다. 당시 국내 지상파에서 방영 중이던 TV 애니메이션의 100퍼센트가 외국산이었기 때문이다. 문제는 이 짧은 기간 동안 자체 제작 애니메이션을 만들어낼 수 있는 제작력을 우리가 가지고 있는가 하는 것이었다.

이에 대해 당시 〈소년한국일보〉의 고 김수남 사장이 정욱 회장을 추천했다. 올림픽이라는 국가 대사에 참여하는 구성원들은 모두 한국 최고의 정예들이어야 하는데, 그렇다면 애니메이션 분야에서는 정욱 회장의 대원동화가 국내 최고라는 이유에서였다.

1987년 5월 5일 어린이날 KBS에서 방영된 이현세 원작의 「떠돌이 까치」는 문달부 선생의 럭키치약 CF로부터 30년, 신동헌 감독의 「홍길동」으로부터는 정확히 20년 만에 탄생한 한국 최초의 자체 제작 TV 애니메이션으로, 대원동화가 제작한 작품이다. 과거 정욱 회장과 「홍길동」을 함께 만들었던 유성웅 대표의 신원동화, 그리고 김대중 감독의 세영동화가 협력하여 공동 제작했다.

일각에서는 과거 한국의 OEM 제작 이력들이 창작 애니메이션 산업에 장애가 되었다는 비판을 가하고 있지만, 만일 OEM 작업을 통한 제작 인프라가 없었다면 「떠돌이 까치」의 제작은 그로부터 한참 뒤에나 가능했거나 아니면 시도 자체가 불가능했을지도 모른다.

「떠돌이 까치」의 제작으로 자신감을 얻은 정욱 회장은 이어서 MBC 문화방송의 1호 창작 애니메이션 「달려라 호돌이」를 대원동화 단독으로 제작한다. 이 작품 역시 올림픽 캠페인을 위한 기획 의도에서 시작되었지만, 정욱 회장이 일본에 보냈던 유학파 1세대인 심상일 감독이 연출을 맡아 기대 이상의 다이내믹한 액션들이 가미되어 시선을 모으기도 했다.

1988년 서울올림픽을 앞두고 KBS가 창사 60주년 기념으로 제작한 한국 최초의 TV 애니메이션 「떠돌이 까치」의 대본. OEM 작업과 극장용 창작을 병행하며 제작 인프라를 구축해놓은 정욱 회장의 준비가 있었기에 실현될 수 있었던 소중한 결과물이다.

그리고 마침내 올림픽이 열리는 1988년에 정욱 회장은 또 하나의 '최초' 이정표를 세우게 된다. 이진주 원작의 한국 최초 TV 시리즈 애니메이션 「달려라 하니」를 제작한 것이다. 앞서 「떠돌이 까치」와 「달려라 호돌이」가 특별편 형태의 단막극이거나 5분 이하의 캠페인 애니메이션이었다면, 「달려라 하니」는 해외에 시리즈 포맷으로 수출할 수 있는 최초의 TV용 연속 규격 애니메이션이었다.

이는 매주 25분 분량의 애니메이션을 최소 13편 이상 만들어야 하는 규격으로, 당시 기준에서는 미국이나 일본처럼 대규모의 프로덕션을 운영할 수 있는 시스템을 갖춰야만 제작이 가능했다. 그런데 이것을 「떠돌이 까치」로부터 1년이 채 되지 않은 시간 안에 실현시킨 것이었다.

나는 아직도 「달려라 하니」 제1화가 방영되었던 당시의 감동을 잊지 못한다. 오프닝에서 가수 이선희가 부른 주제가가 힘차게 울려 퍼지며 하니가 걸어오는데, 그 뒤로 63빌딩이 보이는 것이다.

이 단순한 장면이 왜 그렇게 감동을 자아냈을까. 「달려라 하니」 이전 한국에서 방영된 모든 애니메이션 속 배경은 한국으로 위장된 일본이 배경이었거나, 아니면 어디인지 알 수 없는 무국적의 공간이었다. 그런데 난생처음 TV로 시청 중인 애니메이션 속 배경에서 시청자들은 '한국'을 발견한 것이다. 너무나 익숙한 우리의 자연과 도심이 애니메이션 속에 펼쳐졌고 작품의 주제의식이나 내러티브를 떠나서 그 자체가 '한국'이었다.

「달려라 하니」 이전의 한국 애니메이션과 이후의 한국 애니메이션은 바로 이 지점에서 큰 분기를 형성한다. 과거 1960년대부터 본격적으로 수입, 방영되기 시작한 외국산 애니메이션들에 의해서 한국 어린이들의 정서는 우리들이 모르는 사이 해당 애니메이션을 제작한 국가(주로 일본)의 정서로 물들여졌다. 더욱 심각한 것은 대부분의 시청자들이 그것이 외국산 애니메이션인 줄 모르고 보며 자랐다는 것이다.

하지만 「달려라 하니」와 후속 시리즈로 제작된 「천방지축 하니」(1989)가 매주 방영되면서 드디어 시청자들은 어떤 것이 한국 애니메이션인지 분별할 수 있게 된 것이다. 그리고 그것이 정욱 회장이 한국 애니메이션계에 공헌한 가장 큰 업적이라고 나는 생각한다.

정욱과 김청기

만화가 이현세에게 허영만이라는 당대의 라이벌이 있었다면, 정욱 회장의 라이벌은 바로 김청기 감독이었다. 김청기 감독과 정욱 회장의 관계에 대해서는 표면적으로 알려져 있지 않은 부분들이 많은데, 정확히 따져서 두 사람은 가족 관계(김청기 감독이 정욱 회장의 고종사촌 매제)다.

정욱 회장이 신동헌 감독 문하에서 한국 최초의 극장용 애니메이션 「홍길동」을 제작하고 있던 무렵, 김청기 감독은 TBC 동양방송의 애니메이션 제작부에서 한일 합작 애니메이션 「황금박쥐」 제작에 참여하며 본격적인 애니메이터의 길을 걷기 시작한다.

그런데 운명의 장난처럼 신동헌 감독의 은퇴와 TBC 애니메이션 제작부 폐쇄로 두 사람은 같은 시기에 애니메이션 제작 경력이 단절된다. 그러나 두 사람은 이에 굴하지 않고 각기 대원동화와 서울동화를 설립해 마치 평행이론 같은 애니메이션 인생을 이어가게 된다.

먼저 선수를 친 것은 김청기 감독이었다. 당시 국내 극장용 애니메이션 시장은 한국 애니메이션의 선구자 신동헌 감독이 떠난 후 「홍길동」만 한 흥행 카드를 배출하지 못하고 있었다. 게다가 1972년에 개봉된 용유수 감독의 「괴수 대전쟁」 이후로는 4년간 단 한 작품도 극장에 개봉되지 못하고 있었다.

이 공백을 깨고 혜성처럼 등장한 인물이 있었으니, 바로 「로보트 태권V」의 김청기 감독이었다. 1976년 7월 24일 대한극장과 세기극장에서 동시 개봉된 「로보트 태권V」는 놀라운 흥행 신드롬을 일으키며 개봉관에서만 무려 18만 명의 관객을 동원한다.

흥미로운 사실은 불과 6개월의 시차를 두고 정욱 회장이 기획한 극장용 애니메이션 「철인 007」이 1976년 12월 13일에 개봉

1976년 12월 13일에 동시 개봉되어 정면 승부를 펼친 김청기 감독의 「로보트 태권V – 제2탄 우주작전」과 정욱 회장이 기획한 「철인 007」의 당시 신문 광고. 국내 메이저 상영 극장들 간의 자존심 문제까지 더해져 어린이 관객들을 위한 선물 공세가 이어지는 등 한국 극장 애니메이션 역사상 유례를 찾아보기 힘든 뜨거운 흥행 대결이 펼쳐졌다.

되었다는 사실이다. 그것도 같은 날 개봉된 「로보트 태권V – 제2탄 우주작전」이 중앙극장으로 밀려나고 본래 「로보트 태권V」의 개봉관이었던 대한극장과 세기극장을 차지하는 놀라운 수완까지 보여줬다.

그러나 「로보트 태권V」와의 흥행 대결에서 「철인 007」은 패배했다. 이후 김청기 감독의 서울동화가 국내 애니메이션 시장의 절대자로 승승장구하며 명성을 쌓는 동안, 정욱 회장의 대원동화는 해외 OEM 제작에 주력하며 묵묵히 제작력을 키워갔다.

그런데 이렇게 각자의 길로 나아갈 줄 알았던 이 둘의 운명은 대원동화가 삼각지에서 용산으로 사옥을 이전하면서 운명처럼 다시 만나게 된다. 공교롭게도 대원동화가 새롭게 터를 잡은 용산구 한강로에 골목 하나를 두고 김청기 감독의 서울동화가 자리하고 있었던 것이다.

이때부터 용산구 한강로는 한국 애니메이션의 신흥 메카로 떠올랐다. 그리고 업계는 국산 극장용 애니메이션의 최고 흥행작들을 배출하고 있던 김청기 감독의 서울동화와 최고의 OEM 제작력으로 수출 1,000만 달러 탑을 달성한 정욱 회장의 대원동화가 양립하는 체제로 경쟁이 이어졌다.

다만 정욱 회장의 입장에서는 상당한 OEM 실적에도 불구하고, 창작 애니메이션을 제작해 흥행에 성공하고 명성도 얻고 있던 김청기 감독이 일편 부러운 부분도 있었다고 한다. 어떻게 보면 그것이 동기가 되었는지 모른다. 다른 OEM 제작사들과 달리 대원동화는 창작 애니메이션 제작을 꾸준히 병행했기 때문이다.

대원동화와 서울동화가 펼친 선의의 경쟁은 1980년대 후반 김청기 감독이 「외계에서 온 우뢰매」 시리즈를 끝으로 최고 흥행사 자리에서 내려오게 되면서 막을 내린다. 물론 정욱 회장과 김청기 감독의 대결 구도도 그렇게 끝나버린 것으로 볼 수 있으나, 너무나 강력했던 그 시절의 잔상은 쉽게 지워지지 않을 것이다. 만일 이 둘의 라이벌 관계가 없었다면 한국 애니메이션의 1980년대는 너무도 공허했을 것이라 생각된다.

정욱과 심형래

김청기 감독이 뭔가 새로운 시도를 해서 시장을 개척해내는 스타일이었다면, 정욱 회장은 개척된 시장에 들어가 사업적으로 파이를 키우는 재주가 남다른 인물이었다. 그리고 대표적인 장르가 바로 어린이용 영화였다.

「로보트 태권V」의 흥행 대성공 이후 너무나 비슷한 포맷의 로봇 애니메이션들이 범람하는 사태가 발생했다. 이후 극장용 애니메이션들이 점차 흥행력을 잃어가게 되자 김청기 감독은 특수촬영(特殊撮影) 기법의 어린이영화 「외계에서 온 우뢰매」(1986)를 기획하게 된다.

특촬물은 일본에서는 이미 1970년대부터 「가면라이더」나 「파워레인저」 시리즈에 의해 대중화되어 있던 장르로, 애니메이션보다 더 많은 노하우와 기술을 필요로 했다. 이 어려운 장벽을 김청기 감독은 국내에서 최초로 뛰어넘었고, 그 결과 전국적으로 엄청난 붐을 몰고 왔다.

「외계에서 온 우뢰매」의 흥행 성공은 「로보트 태권V」를 연출한 김청기 감독의 작품이라는 사실과 함께, 당시 국내 최고 인기 개그맨이었던 심형래를 에스퍼맨으로 캐스팅했던 것이 주요했다. 아이들은 TV에서 바보 이미지의 영구로 출연했던 심형래가 멋진 에스퍼맨으로 변신해 거대 로봇을 조종하는 광경을 보며 열광했다. 그 후 「외계에서 온 우뢰매」는 2탄(1986년 겨울), 3탄 「전격

3작전」(1987년 여름), 4탄 「썬더 V 출동」(1987년 겨울), 5탄 「뉴머신 우뢰매」(1988년 여름)까지 흥행 여세를 이어갔다.

정욱 회장 역시 오랜 기간 일본의 콘텐츠 산업을 주시하면서 어린이용 특촬영화 시장의 가능성을 확인했다. 비록 김청기 감독에게 선수는 빼앗겼지만 만일 본인이 제작한다면 완성도 면에서 더 나은 영화를 만들 수 있을 것이라는 확신을 가지고 있었다.

다만 정욱 회장 입장에서도 국내 어린이영화 시장에서 심형래만 한 흥행 아이콘이 없다는 것에 대해서는 김청기 감독과 생각을 같이하고 있었고, 그 결과 본의 아니게 김청기 감독과 정욱 회장 사이에서 심형래 쟁탈전이 벌어지게 되었다.

당시 심형래는 「외계에서 온 우뢰매」로 어린이들의 절대적인 우상으로 군림하고 있었는데, 한편으론 동일한 시리즈에 5편이나 연속으로 출연하다 보니 조금씩 권태감을 느끼기 시작한 것으로 보인다. 「외계에서 온 우뢰매」 제6탄을 앞두고 심형래가 잠시 출연을 망설이던 시기에, 절묘하게도 대원동화가 전격적으로 그와 계약을 체결했던 것이다.

극적으로 심형래 스카우트에 성공한 대원동화는 1988년 겨울, 자사의 첫 번째 특촬 어린이영화 「번개전사 스파크맨」을 선보였다. 당시는 국내 전문 인력이 절대적으로 부족했던 시절이라 로봇의 디자인이나 코스튬 등은 어쩔 수 없이 일본의 것을 차용할 수밖에 없었다. 그래서 「번개전사 스파크맨」의 경우도 전년도에 일본에 방영된 메탈 히어로 드라마 「시공전사 스필반」의 이미지가 상당 부분 잔존해 있다.

하지만 그럼에도 이 작품은 정욱 회장의 의지대로, 이전까지 국내에서 제작되었던 어린이용 특촬영화들 중에서는 최고의 완성도를 보여주었다. 일본의 특촬물을 단순히 보고 따라 만드는 수준이 아닌 독자적인 콘텐츠로 나아가기 위한 노력의 흔적들이 작품 곳곳에서 보이기 때문이다. 디테일한 특수분장, 놀라운 특수효과, 그리고 일본의 특촬물에서 찾아볼 수 없는 「번개전사 스파크맨」만의 스토리텔링이 부여되어 있었다.

다만 작품이 지나치게 진지한 콘셉트로 기획되어 주연인 심형래조차도 기존의 영구 이미지를 탈피하여 거의 정극에 가까운

정욱 회장이 제작한 최초의 어린이영화 「번개전사 스파크맨」. 김청기 감독의 「외계에서 온 우뢰매」를 뛰어넘으려면 오로지 영화의 완성도에 집중해야 한다는 전제 아래. 한국보다 월등히 앞선 일본의 특촬물 수준을 목표로 제작되었다. 당시로서는 파격적인 4억 5,000만 원의 제작비가 투입되었으며 특촬 전문 감독을 기용해 비주얼의 퀄리티를 상당히 끌어올린 역작이었다.

연기를 시도했는데, 이것은 완성도 면에서는 분명히 작품의 기획 의도에 부합되었지만 흥행적으로는 마이너스가 되었다.

이에 정욱 회장은 심형래의 대표 이미지인 영구를 메인 콘셉트로 한 어린이영화를 구상한다. 바로 20세기 한국 영화 흥행사의 한 페이지를 장식한 「영구와 땡칠이」였다.

일화에 따르면 당시 심형래와 직접 출연료 협상을 한 것은 정욱 회장의 아내 안정교 여사였다. 심형래는 영화의 출연 조건으로 최고 대우를 요청했고, 무리한 요구라 수용할 수 없다는 뜻으로 정욱 회장은 고개를 흔들었다. 그런데 여사가 이것을 수용의 뜻으로 잘못 이해하고 계약을 해버린 것이다.

이제는 추억의 해프닝 정도로 회고되지만 만일 저런 비화가 없었더라면 「영구와 땡칠이」의 대기록은 나올 수 없었을 것이다. 1989년 7월 29일에 개봉된 「영구와 땡칠이」는 그야말로 흥행 광풍을 몰고 왔다. 이전까지 국내에서 개봉된 그 어떤 영화들보다 압도적인 기세로 전국의 상영관을 점령해버린 것이었다.

당시까지 국내에서 개봉되었던 모든 영화들을 통틀어 역대 흥행 1위의 영화는 1985년에 대한극장에서 개봉된 롤랑 조페 감독의 〈킬링필드〉로 전국에서 약 250만 명의 관객을 동원한 바 있다. 그러나 이 기록은 당시 군사정권이 반공 사상 고취를 위해 중·고등학교 의무 관람으로 수립한 기록이라 공정한 흥행 수치인가에 대해서는 문제의 소지가 남아 있다. 그리고 무엇보다 당시 한국 영화 시장의 규모가 이런 식의 의무 관람을 조장하지 않고는 절대로 250만 명 이상의 관객을 동원할 수 없다고 보는 시절이었다.

그런데 1980년대의 마지막 여름 시즌에 개봉된 「영구와 땡칠이」는 무려 270만 명의 관객을 동원하는 초대박 흥행 기록을 수립했다. 게다가 일련의 정식 배급 영화들과는 달리 관객 수가 공식 집계되지 않는 지역 구민회관 등지에서 더 많이 상영되었기 때문에 실질적인 추정 관람객은 1,000만 명이 넘을 것이라는 설이 여러 포털사이트 지식 검색란에 올라와 있다.

그리고 굳이 이런 수치 통계에 근거하지 않더라도, 1970년대 후반에서 1980년대 초반에 태어난 한국인들을 상대로 설문 조사를 해보면 「영구와 땡칠이」의 존재감은 더 명확해진다. 「영구와 땡칠이」를 본 사람보다 보지 않은 사람의 수를 파악하는 것이 더 빠르다고 할 정도니, 도대체 얼마나 많은 사람들이 이 한 편의 영화를 보았다는 것인가.

「영구와 땡칠이」의 흥행 기록은 결코 우연히 나온 수치가 아니라고 생각한다. 정욱 회장의 기획력과 심형래의 엔터테이너 기질이 어우러져 탄생한 정교한 합작품이었다. 그리고 이 두 사람의 최고 흥행 콤비는 1990년대에도 계속 이어지면서 국내 가족영화 시장을 지켜냈다.

바보만 다 바보냐
바보도 급수가 있다
땡칠이 바보9단
영구는 바보10단

1990년대 이전 비공인 한국 영화 역대 흥행 기록을 보유하고 있는 영화로 많은 매체에서 거론하고 있는 「영구와 땡칠이」. 당시 대원동화는 OEM 수주 물량의 감소와 관련 사업 실적 부진에 따른 재정 악화로 어려움을 겪고 있었는데, 이 한 편의 영화 수익으로 모든 문제를 해결했다. 나아가 이는 대원씨아이 같은 신규 사업 진출의 기틀을 마련하는 반등을 가져왔다.

정욱과 한국 영화의 장인들

천문학적인 흥행 성공을 거둔 「영구와 땡칠이」 시리즈는 곧 2탄 「영구와 땡칠이 소림사 가다」(1989년 겨울), 3탄 「영구 람보」(1990년 여름), 4탄 「홍콩 할매 귀신」(1991년 여름)까지 이어지며 「외계에서 온 우뢰매」 시리즈 이후 방학 시즌의 킬러 콘텐츠로 자리를 확고히 한다.

물론 일각에서는 「영구와 땡칠이」의 엄청난 흥행 성공에 대해 부정적인 시각을 드러내기도 한다. 이는 열악한 시절에 만들어진 이들 작품의 태생적인 한계를 고려하지 못하고, 여기에 어린이용 콘텐츠는 일단 저급하게 바라보고 시작하는 선입견(일명 코묻은 돈!)이 더해져 부정적인 낙인을 찍어버린 탓이다.

하지만 당시 정욱 회장이 제작했던 작품들을 단순히 싸구려 어린이영화로만 치부해버리고 한국 영화사에 아무런 가치도 없다며 천대하는 것에 대해서는 아쉬움이 남는다. 오히려 조금만 관심을 가지고 하나의 콘텐츠로서 이들 작품을 들여다보면 너무나 의미 있는 흔적들을 찾아낼 수 있기 때문이다.

먼저 「영구와 땡칠이」를 연출한 남기남 감독에 대해서 살펴볼 필요가 있다. 그는 자타가 공인하는, 한국에서 영화를 가장 싸고 빠르게 찍을 수 있는 감독이다. 이와 관련된 신기에 가까운 제작 일화들이 지금도 웹상에는 전설처럼 구전되고 있다. 하지만 이러한 표면적인 외형만을 보고 그를 B급 영화의 대가로 평가하는 시각에는 문제가 있다. 「영구와 땡칠이」 이전 남기남 감독의 주요 장르는 〈내 딸아 울지 마라〉 같은 정극 드라마와 〈정무문〉 시리즈 같은 정통 무술 영화였다.

그런데 정욱 대표의 혜안은 이처럼 어린이 영화와는 전혀 관련이 없어 보이는 남기남을 〈영구와 땡칠이〉의 감독으로 낙점했고, 그 결과 아무도 예상하지 못했던 초유의 어린이용 흥행 대작이 완성된 것이었다.

남기남 감독은 「영구와 땡칠이」 3탄을 제외한 모든 시리즈를 연출하며 독보적인 행보를 이어가게 되는데, 그러자 이를 벤치마킹한 어린이영화 시장이 급속도로 성장하게 된다. 그리고 이렇게 어린이영화 시장이 커지면서 기존 한국 영화계에서는 시도되지 못했던 실험적인 시도들이 단행된다.

현재 한국 영화계 특수효과 부문의 자타공인 1인자인 정도안 데몰리션 대표(「도둑들」, 「마이웨이」, 「고지전」, 「최종병기 활」, 「좋은놈 나쁜놈 이상한놈」 등)와 특수분장의 장인 신재호 특수분장 감독(「명량」, 「이끼」, 「전우치」, 「태극기 휘날리며」 등) 등이 정욱 회장이 제작을 주도한 어린이 영화들을 통해서 배출되었기 때문이다.

그는 어린이 영화만 100편 이상 했고, 거기서 거의 모든 특수 효과를 배웠다. "어린이물은 대부분 SF이고 성인들이 보는 영화처럼 리얼리티가 중요하지 않기 때문에 스크린 안에서 온갖 실험을 다 해볼 수 있었어요." 같은 폭파 장면이라고 해도 상황에 따라 필요한 규모나 효과는 천차만별이었기 때문에 그는 화약 배합을 조금씩 바꿔가며 매일 실험을 했다. 네 번이나 껍질이 홀랑 벗겨진 오른손과 흉터투성이의 두 다리는 충무로 특수효과 1인자 정도안을 있게 한 학습의 기록물이다.

– '전쟁을 꿈꾸는 폭파의 제왕 정도안 특수효과맨' 편 중에서 발췌, 〈한겨레21〉, 2003.

어쩌면 매우 당연한 일이겠지만 1980년대 한국 영화에서는 특수 기술이 들어가는 영화들이 거의 없었다. 때문에 정욱 회장이 제작한 어린이영화들이 트렌드를 만들어내지 못했다면 정도안 특수효과 감독이나 신재호 특수분장 감독 같은 장인들의 영화계 진입은 1990년대 이후 혹은 더 먼 미래의 이야기가 될 수도 있었을 것이다. 그리고 만일 그랬다면 지금 한국 영화의 제작력은 어떤 수준에 위치해 있을지 다시 생각해봐야 할 것이다.

심형래의 영화감독 데뷔도 같은 맥락으로 볼 수 있다. 그는 1980년대 국내 최고 인기 개그맨 자리를 과감히 버리고 「티라노의 발톱」(1994), 「파워 킹」(1995), 「드래곤 투카」(1996) 등 실패를 불사하며 계속 도전해 「용가리」(1999)와 「디워」(2007) 같은 특수효과 부문에 있어서는 국내 최고 수준에 도달했다. 그런 심형래 감독의 영화 인생 역시 정욱 회장과 어린이영화들을 함께 제작하며 영감을 얻은 것이다.

누군가는 코 묻은 싸구려 영화들이라고 비하했지만, 한국 영화의 미래를 다지기 위한 초석들은 정욱 회장이 제작한 어린이영화들에 숨겨져 있었던 것이다.

한국의 반다이를 꿈꾸다

일본의 애니메이션 관련 기업으로는 스튜디오 지브리나 토에이애니메이션 같은 곳을 먼저 떠올리는 이들이 많지만, 실질적으로 애니메이션을 포함한 일본의 미디어 산업을 거머쥐고 있는 대표적 기업은 반다이(현 반다이남코그룹)다.

중소 완구회사였던 반다이의 성공 신화는 철저하게 방송과 연계한 콘텐츠 비즈니스를 통해 이루어졌다. 단순히 완구 판촉을 위한 TV 광고를 제작할 경우 고작 10초에서 15초짜리 스폿을 방송사에 광고비까지 지불하며 내보내야 하지만, 만일 해당 완구가 등장하는 TV 시리즈물을 제작할 경우 하루에 25분씩, 그것도 방송사로부터 방영료까지 받아가며 내보낼 수 있기 때문이다.

반다이는 이 시스템을 정착시키며 「가면라이더」와 「파워레인저」 시리즈와 같은 어린이용 TV 특촬물을 제작해 40년 이상 시장을 주도해오고 있다. 그리고 그 과정에서 게임 제작사 남코와 애니메이션 제작사 선라이즈 등을 인수 합병하며 일본 최대의 미디어 그룹으로 성장했다.

일찍이 일본의 성공 사례들을 벤치마킹하는 것에 큰 관심을 가지고 있었던 정욱 회장은 심형래를 캐스팅해 제작했던 「번개전사 스파크맨」 때부터 이미 특촬물에 대한 장기적인 포석을 두고 있었다. 하지만 일본의 사례들을 면밀히 연구하는 과정에서, 반다이 시스템을 적용하기 위해서는 극장용 영화가 아닌 TV 시리즈의 제작이 전제되어야 한다는 사실을 알게 된다.

극장용 영화의 경우 길어야 4주 이상 상영하기가 힘들기 때문에 관련 MD 상품을 제작해 시장에서 판매할 수 있는 시간이 제한된다. 그러나 TV 시리즈의 경우는 최소 13주에서 후속 시즌 및 재방영까지 포함하면 최대 1년 이상 노출이 가능하고 그만큼 비즈니스의 기회가 늘어난다.

다만 TV 시리즈의 경우는 방송사의 편성을 받아야 한다는 관문이 존재하는데, 문제는 애니메이션도 아니고 드라마도 아닌 이 특이한 방송 포맷의 특촬물을 국내에서 어떤 장르로 정의하느냐는 것이었다.

물론 1980년대 KBS는 「정의의 황금가면」과 「소년탐정 이지돌과 루팡」 같은 특촬 콘셉트의 어린이 드라마들을 잠시 제작한 적은 있었다. 그러나 당시는 방송국 자체 제작 시스템으로 프로그램들이 제작되던 때라 KBS라는 국영방송의 규제 하에서 자유롭지 못한 부분(부가사업 진행 등)들이 있었고, 그나마도 KBS 파업 사태 당시 제작비가 많이 든다는 이유로 조기 종영된 바 있어서 좋은 인상을 남기지는 못했다.

제작 여건은 더욱 열악하여 그나마 애니메이션의 경우는 OEM 체제 하에서 제작력을 축적해올 수 있었지만, 특촬 드라마는 거의 아무도 해본 이가 없는 영역이라 제작팀을 꾸리는 문제부터 하나하나가 모두 난관의 연속일 수밖에 없었다.

하지만 정욱 회장은 여기서도 특유의 추진력으로 이 또 하나의 불모지를 개척해낸다. 가장 먼저 실행에 옮긴 것은 특촬 어린이 드라마를 연출할 수 있는 감독을 찾아내는 것이었다. 물론 기존 드라마 PD나 영화감독 등을 섭외해 연출을 맡길 수도 있었으나, 정욱 회장은 일본의 특촬물이 어린이들에게 큰 인기를 누리는 이유가 실사영화 방식의 영상 문법이 아닌 마치 애니메이션을 보는 것 같은 과장과 속도감 있는 커트 편집에 있다고 판단했다. 그리고 제작 인프라가 없는 국내 상황에서 이러한 연출 방식에 가장 빨리 접근할 수 있는 것은 CF감독이라고 보았다.

마침 대원동화는 광고기획사 금강기획과 TV 애니메이션 「녹색전차 해모수」(1997)를 공동 제작한 인연으로 자사 콘텐츠들의 광고 제작을 의뢰하고 있었는데, 그 과정에서 정욱 회장은 최성덕이라는 CF감독을 발견한다. 그는 초단위 영상물인 CF 연출자임에도 스토리텔링 능력이 있었고 무엇보다 감독 본인이 무술에 조예가 깊어서 어린이 특촬물의 필수 요소인 무술 스태프 통제가 가능하다는 장점이 있었다.

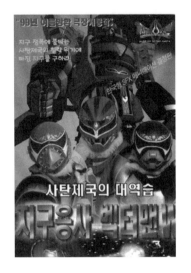

불모지였던 국내 TV 특촬 드라마 시장을 개척해낸 최초의 작품 「지구용사 벡터맨」. 아무도 해내지 못한 도전을 정욱 회장 특유의 추진력으로 실행에 옮겨, 최초의 시도임에도 시즌 2와 극장판까지 제작되는 실적을 남겼다. 이 작품의 성공 이후 유수의 방송 외주 프로덕션들이 유사 특촬 시리즈 제작에 도전했지만 모두 실패했다. 이를 보면 「지구용사 벡터맨」의 독보적 존재감을 확실히 인정할 수밖에 없다.

정욱 회장의 혜안은 이번에도 적중하여 국내에서 아무도 해내지 못한 연속 어린이 특촬 드라마가 마침내 등장했다. 1998년 10월 30일부터 KBS 제2TV 매주 금요일 저녁 6시에 편성되었던 「지구용사 벡터맨」이다. 이 작품을 세상에 내놓기 위해 정욱 회장은 특촬물에 대해 부정적인 선입견을 가지고 있는 방송국 관계자들을 설득하는 한편, 최성덕 감독 이하 제작진을 적극적으로 독려하여 13부작 시리즈를 무사히 완성해낸다.

반응은 폭발적이었다. 「외계에서 온 우뢰매」의 에스퍼맨 이후 국산 히어로에 목이 말라 있었던 어린이들은 매주 금요일 TV 앞에 모여 앉았고 시청률 22퍼센트라는 경이적인 기록을 세우게

된다.[05]

기대 이상의 빅 히트로 「지구용사 벡터맨」은 시즌제 드라마라는 것이 현재까지도 실현되지 못하고 있는 국내 방송계에서 매우 이례적으로 7개월 뒤인 1999년 8월 27일부터 시즌 2가 절찬리에 방영되었다. 그리고 시즌 1과 시즌 2 사이에 극장판 「지구용사 벡터맨 W - 사탄제국의 대역습」을 개봉해 적어도 외형적으로는 일본의 「파워레인저」 흥행 시스템을 완벽히 벤치마킹해낸다.

더구나 훗날 「지구용사 벡터맨」을 거쳐 간 기태영(1기 이글 역), 김성수(2기 이글 역), 엄지원(라디아 공주 역) 등이 모두 스타 연기자로 성공하면서 현재까지도 계속해서 회자되고 있는데, 이 정도로 강력한 잔상을 남긴 TV용 어린이 콘텐츠는 한국 방송사에 몇 편 없다고 해도 과언이 아니라고 본다.

정욱 회장이 지향하는 콘텐츠 생태계

「지구용사 벡터맨」은 여러 가지 의미 있는 기록들을 남기며 한국의 어린이용 콘텐츠 시장에 새로운 패러다임을 몰고 왔지만, 그와 함께 아쉬움도 남긴 작품이었다. 어린이용 특촬 콘텐츠는 부가사업을 전제로 하는 프로젝트다. 애초에 기획된 상품의 매출 증대를 위해 제작되는 TV 시리즈이기 때문에 상품이 먼저 출고

---

05) 이 기록은 당시 기준으로 국산 어린이 프로그램 사상 역대 2위를 기록했다.

준비를 마친 뒤 방영 스케줄을 잡아야 한다.

일본의 경우는 방송사와 제작사, 사업자가 긴밀하게 공조하며 이 같은 시스템을 완벽하게 정착시켰지만 국내에서는 「지구용사 벡터맨」이 첫 시도였기 때문에 부족한 부분들이 많았다. 무엇보다 완구 개발이 완료되지 못한 시점에서 편성이 먼저 잡히는 바람에 높은 시청률에도 불구하고 사업적 성과들이 목표치에 도달하지 못하는 안타까운 결과를 초래했다.

후속작으로 제작한 「수호전사 맥스맨」은 더 아쉬운 작품이었다. 2004년 KBS 가을 편성에 맞추어 제작된 이 작품은 전작의 시행착오를 토대로 기획 단계에서 제작사인 대원동화와 완구 사업자인 한빛소프트가 긴밀하게 공조하여 프로젝트를 준비했다.

그러나 이 무렵 시행되고 있었던 애니메이션 의무편성제도[06]가 본의 아니게 작품의 변질을 불러왔다. 전술한 바와 같이 특촬물은 엄격히 따져서 애니메이션적인 요소와 실사 드라마적인 요소가 복합되어 있는 콘텐츠인데, 방송사의 입장에서는 이것이 애니메이션으로 인정되어야 쿼터를 채우는 메리트를 얻게 된다.

하지만 그럴 경우 기존 애니메이션 업계의 반발이 있을 수 있기 때문에 매우 민감한 사안이 될 수 있다. 결국 특촬물을 어떤 방송 분류에 넣을지에 대한 토의가 진행되었고, 최종적으로 CG

---

06) 애니메이션 쿼터제, 2005년 이후부터는 애니메이션 총량제로 변경됐다.

국내 방송 관련법의 맹점 때문에 피해를 입었던 대원동화 특촬 어린이 드라마 2탄 「수호전사 맥스맨」. 「지구용사 벡터맨」을 연출했던 최성덕 감독의 축적된 노하우가 이 같은 이유로 발휘되지 못해 더 안타까운 작품이기도 했다. 참고로 최성덕 감독은 자신의 세 번째 창작 특촬 시리즈 「슈퍼 파워 X」를 기획 중이다.

를 포함한 애니메이션의 삽입 비율이 50퍼센트를 초과하면 애니메이션 쿼터에 포함할 수 있다는 결론이 내려졌다.

이는 방송사의 편성 시간을 확보하는 것에는 큰 도움이 되었지만 작품을 제작하는 입장에서는 굳이 넣지 않아도 되는 CG 효과를 단지 애니메이션 인정 비율을 채우기 위해 삽입시켜야 하는 상황이 발생하여, 작품의 완성도에 치명적인 타격을 입히고 말았다.

정욱 회장이 애니메이션 전문 방송사를 설립하려는 의지를 갖게 되었던 것은 이러한 일련의 불합리한 사태들을 겪으며 콘텐츠의 제작 의도가 훼손되지 않기를 바랐기 때문이다. 그는 일본처럼 제작사와 방송사 사이의 완벽한 전략적 제휴가 힘들다면 방송까지도 본인이 직접 주도하여 콘텐츠 생태계를 순환시키고자 했다.

정욱 회장의 이 특별한 의지에 의해 시작된 대원의 방송 사업은 현재 챔프TV와 애니원TV, 애니박스까지 총 3개로 국내 애니메이션 관련 채널로는 단연 최다라 할 수 있다. 방송 채널을 확보하게 되자 과거처럼 지상파 방송사들에만 의존하지 않고 자체적으로 제작과 사업을 연계시킬 수 있는 시스템을 확보하게 된 것이다.

그와 함께 본래 벤치마킹의 대상이었던 반다이의 한국법인 반다이코리아 설립에 참여하여, 「파워레인저」 시리즈를 비롯한 반다이 콘텐츠를 국내 로컬라이징하여 사업을 전개하는 동시에 자사의 방송 채널에 편성해 시너지 효과를 극대화하고 있다. 나아가 정욱 회장은 국내 특촬 어린이 드라마 시장을 키우기 위해 양수리 종합촬영소 같은 특촬 전문 세트장을 건립해 지속석으로 관련 콘텐츠가 창작될 수 있도록 지원하겠다는 뜻을 밝혔다.

하지만 정욱 회장이 지향하는 궁극적인 콘텐츠 생태계가 완성되기 위해서는 하나의 꼭짓점이 남는다. 바로 이들 콘텐츠의 가치를 극대화할 수 있는 캐릭터 라이선스 사업이다. 오랜 기간 애니메이션 OEM 제작을 해왔던 정욱 회장은 작품을 만들기만 해서는 수익 증대에 한계가 있다는 것을 누구보다 먼저 인지했다. 그보다 더 중요한 것이 콘텐츠의 부가가치를 창출해내는 것이라고 보고 캐릭터 라이선스 사업에 뛰어든 것이다.

1988년 국내 최초의 주 1회 방영 TV 시리즈 애니메이션 「달려라 하니」를 제작했을 당시부터 정욱 회장은 이미 캐릭터 라이선스 사업을 시작했으며, 이후 「포켓몬스터」, 「도라에몽」, 「이웃집 토토로」 등 빅 콘텐츠들을 수입해 국내 캐릭터 라이선스 사업의 시장 규모를 확장시켰다.

일각에서는 일본 캐릭터들로 한국 시장이 채워지는 것에 대해 우려하는 이들도 있지만, 콘텐츠 생태계 차원에서 보자면 시장이 있어야 관련 사업들이 활성화될 수 있다. 이는 과거 일본의 대중문화가 완전히 차단되어 있던 시절 국내 산업이 보호된 측면보다 시장이 형성되지 않아 관련 산업의 기반 자체가 만들어지지 못하고 OEM에만 집중하게 되었던 원인이기도 했다.

때문에 정욱 회장은 우수한 해외 캐릭터를 수입해 국내 부가사업 시장의 규모를 넓히는 것이 전제되어야 진정한 의미의 OSMU가 실현될 수 있다고 본 것이다. 나아가 이것이 장래 국산 창작 캐릭터들의 터전이 될 수 있다고 확신했다. 그리고 그 확신은 현실이 되어 「뽀롱뽀롱 뽀로로」, 「로보카 폴리」, 「냉장고 나라 코코몽」, 「변신자동차 또봇」 등과 같은 우리의 캐릭터들이 대활약할 수 있는 무대가 정말로 만들어졌으며, 한국의 콘텐츠 생태계가 무럭무럭 커갈 수 있는 인프라가 되었다.

정욱 회장은 애니메이션 전문 방송 개국과 함께 양질의 애니메이션들을
수입해 국내에 소개하려는 노력들도 계속 해오고 있다. 일본의 관련사
들과 오랜 기간 콘텐츠 비즈니스를 해온 업력을 토대로 다양한 작품들
을 극장, 비디오, 방송 등의 여러 플랫폼으로 선보이고 있는데, 그중에서
도 가장 대표적인 것이 스튜디오 지브리의 작품들이다. 스튜디오 지브
리의 작품들은 일본 내에서도 워낙 까다로운 절차에 따라 유통되며, 해
외 공개 시에도 수차례 본사 컨펌을 거쳐 개봉 타이틀부터 상영 프린트
의 상태까지 하나하나 검수된다. 스튜디오 지브리 작품의 북미 배급을
월트디즈니에서 맡고 있는 것만 봐도 그 비중을 짐작해볼 수 있다. 한국
에서는 대원미디어가 10년 넘게 전담해오고 있으며, 특히 2004년에 개
봉된 「하울의 움직이는 성」의 경우는 무려 300만 명의 관객을 동원하는
흥행 기록을 세우기도 했다.

미국의 애니메이션 산업은 월트디즈니가 주도했으며, 일본의 애니메이션 산업은 토에이애니메이션이 이끌어왔다. 그리고 이들 두 기업에 우리는 자연스레 붙이는 수식어가 있다. 바로 '메이저(MAJOR)'라는 단어다.

그렇다면 메이저의 역할은 무엇일까? 여러 가지 의미에서 해석될 수 있겠지만 나는 자국의 관련 산업을 지켜내는 것이 메이저의 역할이라고 생각한다. 과거 미국의 애니메이션 산업은 SFX 영화들이 대거 등장했던 1980년대에 심각한 침체기를 겪었으며, 일본의 애니메이션 산업은 버블 경제가 무너진 1990년대에 동반 폭락했다.

애니메이션 산업이 저점까지 떨어졌던 위기의 시기였고 수많은 제작사들이 문을 닫으며 미래가 불투명한 상황이었다. 하지만 이 불황의 시기에도 월트디즈니와 토에이애니메이션은 멈추지 않았고 언제나 그래왔던 것처럼 애니메이션 제작을 계속했다. 그 결과 미국의 애니메이션은 1989년에 개봉된 「인어공주」를 기폭제로 다시 회생했고, 일본의 애니메이션 역시 토에이 아니메 페어를 통해 상영된 만화 원작 애니메이션들(「드래곤볼」,「원피스」등)이 시장을 유지하여 1990년대 후반부터 반등하게 되었다.

만일 이들 메이저마저 버티지 못하고 무너졌다면 세계 애니메이션 산업은 어떻게 되었을지 생각만 해도 아찔하다. 그렇다면 한국의 애니메이션 산업은 어떤 이들에 의해 지탱되어왔을까. 한국 애니메이션의 메이저는 누구인가.

물론 수많은 제작사, 제작 스태프, 그리고 업계 관련자들이 힘을 모아 한국의 애니메이션 산업을 지켜냈다. 그러나 그중에서도 정욱 회장과 대원미디어의 역할이 매우 큰 비중을 차지했다고 본다. 정욱 회장은 역사적인 한국 최초의 극장용 장편 애니메이션 「홍길동」의 핵심 스태프로 한국 애니메이션의 여명을 알렸으며, 대기업이 포기한 애니메이션 사업을 가져와 본인이 스스로 메이저가 되기를 자처했다.

그는 단순히 메이저라는 지위를 얻으려 했던 것이 아니라, 그에 따르는 사회적 책임과 임무까지도 본인이 수행해야 하는 과업이라 생각했다. 때문에 OEM 작업을 통해 한국 애니메이션의 제작력을 상승시키는 한편으로, 월트디즈니와 토에이애니메이션이 그랬던 것처럼 불황의 시기에도 끊임 없이 한국 애니메이션을 제작해왔다.

나아가 「큐빅스」(2001)와 「곤」(2010)과 같은 국제 공동 제작 프로젝트들을 통해 한국 애니메이션이 세계와 교류하며 글로벌 시대의 주역이 되기를 희망했으며, 한국의 애니메이션 산업이 더욱 안정된 토양에서 성장할 수 있도록 애니메이션 전문 방송을 비롯하여 각종 부가사업 시장의 파이를 키우는 것에 평생을 바쳤다.

그렇게 본인의 인생이 한국 애니메이션의 역사 그 자체인 정욱 회장에게 남겨진 임무가 있다면 무엇일까. 이에 대해 정욱 회장은 한국 애니메이션 전문 방송 채널에 대한 의지를 밝혔다. 케이블TV와 위성TV, DMB, VOD 등 애니메이션을 볼 수 있는 경로는 과거에는 상상도 할 수 없을 만큼 다채널화되었지만, 늘어난 채널 수에 반해 한국 애니메이션을 볼 수 있는 방법은 오히려 더 줄어들었기 때문이다.

따라서 정욱 회장은 시청자의 기호와 판단에 의해 특정 국가의 애니메이션에 집중될 수는 있어도 채널 공급자들 중에 누군가는 시청자에게 한국 애니메이션을 선택할 수 있는 최소한의 기회를 주어야 한다고 말한다. 선택의 기회가 늘어나는 만큼 한국 애니메이션에 대한 인식의 전환이 이루어져 이를 보고 즐기는 문화가 정착될 수 있고, 나아가 더 좋은 국산 애니메이션 콘텐츠들이 창작되는 기반이 마련될 수 있다는 것이다.

한국 애니메이션의 산증인이며, 메이저로서의 역할과 책임을 수행해온 정욱 회장의 또 하나의 꿈이 과연 어떤 모습으로 실현될지 기대와 응원을 보낸다.

▶ 글. 송락현 애니메이션 프로듀서

2015 . 2 . 15
이서영

내 만화를 애니메이션으로 만들어주기도 했지만 오랜 골프 친구였지. 나도 요즘은 텃밭 가꾸는 재미에 빠져서 운동은 잘 안 나가는데 정회장은 공치러 다니고 싶어서라도 그냥 앉아 있을 사람이 아니야. 건강해야지. 예전처럼 많이 작업 할 수는 없겠지만 우리 나이 되어야 할 수 있는 일들도 있으니까. 많은 역할을 했지만 이제 그런 역할도 해야지. 나도 타블렛에 만화 그리는 연습을 한다니까. 이제 익숙해져서 한 달에 한 편씩은 할 수 있어. 정회장 기운 냅시다.

이상무 (만화가, 극장용 애니메이션 「똑고탁」 3부작 원작자)

2015.

책 속에 앉아있던 '까치'가 뛰어다니는 걸 보니까 기분이 묘했습니다. '까치'는 내 캐릭터지만 한 번도 목소리를 들어보지 못했는데. 이런 저런 대사를 하는데 신기하기도 하고 어색하기도 했어요. 그 작품이 세상에 나왔었기 때문에 제가 「아마게돈」 작업에 욕심을 냈던 것 같습니다. 그 때 좀 더 물어보고 했더라면 안 하지 않았을까 싶기도 하고…. 오랜 시간 큰 힘으로 한국의 만화와 애니메이션을 위해 일해 오셨습니다. 감사드립니다. 늘 건강 하셔야죠.

이현세(만화가, 세종대학교 교수, TV애니메이션 「떠돌이까치」 시리즈 원작자)

대원들과
함께 할 수 있어서
기쁩니다

10/53

2015. 2. 3.

1992년 갓 데뷔한 선배를 따라 도서출판 대원에 구경을 갔던 22살 청년이 있었습니다. 막연하게 애니메이터를 꿈꾸던 그 청년은 편집부의 권유로 만화에 입문합니다.

만화는 그려본 적도 없었던 그 청년은 만화를 어떻게 만들어야 하는지도 모른 채 무작정 로트링펜과 켄트지를 사들고 만화를 시작합니다. 운이 좋았는지 선배 작가의 펑크로 단편「몽몽정녀유혼」으로 데뷔를 합니다. 그리고 1년간의「외로운 검객」연재와 6개월간의「코인캅」연재를 거쳐「열혈강호」를 20년 넘게 지금껏 그리는 중견작가가 돼버립니다.

생각해보면 너무나도 운좋고 철없는 작가의 성장이 대원과 함께 있었습니다. 당시 대원에 놀러가지 않았다면 지금의 열혈강호는 없었겠지요.

그래서인지 웹툰이 지배하는 현재 만화판에서도 대원을 떠나지 못하는 작가로 남아있습니다. 항상 대원의 발전을 염원하며 대원의 변화와 성장에 기여하고픈 마음으로 오늘도 밤샘 마감을 하는 작가로 남아있습니다.

그게 저 '양재현'입니다.

대원은 저에게 있어 언제까지라도 지키고 싶은 저의 또 다른 이름입니다. 대원이 이끌어온 만화의 역사는 개혁이었고 혁명이었고 전설이 되었습니다. 앞으로도 만화의 상징으로 대원이 군건하게 자리 잡고 있기를 기원합니다.

'대원'이여 영원하길!

P.S.

정욱 회장님과의 에피소드.

1995년쯤인가 회장님이 일본여행을 시켜준 적이 있습니다.

첨 가보는 해외여행이었고 더구나 만화가들에겐 꿈의 나라였던 일본이라 무척 설렜는데요... 회장님 취향을 적극 반영하여 비싼 돼지갈비, 소갈비, 산낙지와 소주 등등 한국요리를 정말 많이 먹었습니다. 이제야 말할 수 있습니다.

"회장님... 일본까지 가서 한국음식 먹고 싶지 않았습니다... 심지어 너무 비쌌습니다... 어흑～"

양재현 (만화가, 대한민국 콘텐츠 대상을 수상작 「열혈강호」의 작가)

만화가로 데뷔했던 잡지가 6개월 만에 폐간하고 다른 출판사에 연재했던 두 번째 작품은 독자의 호응을 받지 못한 채 10회 만에 막을 내렸다.

세 번째로 준비한 작품이 「짱」이었다. 편집부에서는 연령층이 맞지 않는다며 새 작품을 구상해보라 했다.

이건 연령층의 문제가 아니라 작품 자체가 재미없다고 판단했던 거라 생각했다. 어찌해야 하나 고민 중에 함께 일하던 손태규 작가가 대원으로 가보자고 손을 끌었다. 반신반의했지만 손해 볼 것 없다는 생각에 〈소년챔프〉 편집부의 문을 열었다.

그런데 놀라운 일이 벌어졌다.

대원에서는 「짱」을 보고 나더니 바로 다음 주부터 연재를 시작하자고 했다. 게다가 첫 연재부터 준비했던 2주 분을 모두 실었다.

한 주의 여유도 없이 바로 마감이 시작되었고 그 정신없는 연재마감생활이 18년6개월간 지속되었다.

"대원이 없었다면 지금의 내가 있었을까?"

대원은 「짱」과 함께 내 인생의 동반자였다. 그리고 영원한 나의 고향이다.

임재원(만화가, 〈코믹챔프〉 대표작품이었던 「짱」의 작가)

60년대 만화가,
90년대 만화 산업을
완성하다

얼마 전 한국 만화의 지난 100년을 정리하는 글에서 나는 그 궤적을 단절과 교체의 연속으로 규정한 바 있다. 1950년대의 스타 작가들은 1960년대의 만화방 체제에서 교체되었고, 1970년대의 새로운 문고 만화, 1980년대의 만화 전용 잡지와 대본소 극화 붐을 거쳐 1990년대에 다시금 일본 만화의 취향과 제작 체계를 직접적으로 흡수한 새로운 주류가 만들어졌다.

그런데 이렇듯 만화의 주류가 바뀌어온 과정에서 오히려 뚜렷한 연속성을 지니고, 상황에 적응하는 것을 넘어 변화를 이끌어낸 대표적인 인물이 바로 정욱 대원미디어그룹 회장이다. 60년대의 한 만화가가 90년대식 코믹스 만화가 만들어지는 방식과 취

OEM 제작을 통해 애니메이션 제작의 꿈을 키우던 무렵의 정욱 회장(오른쪽)

향의 틀을 완성하고, 지금까지도 업계 최전선에서 만화 중심 서브컬처 트렌드의 핵심 인물 중 하나로 활동하게 된 발자취를 되짚어보고자 한다.

만화가가 되다

정욱 회장은 고등학교 졸업 후 곧바로 만화가가 되기 위해 서울로 상경했다. 그가 만화 분야와 맺은 첫 직업적 인연은 한국 애니메이션의 선구자인 신동헌 화백의 장편 작업에 원화가로 참여하며, 동시에 그의 형제이자 동료인 만화가 신동우 화백의 화실에서 신문 연재 형식에 맞춰진 만화를 단행본으로 재편집하는 작업을 담당한 것이었다. 그리고 1969년, 그는 만화출판에 새로 발을 디딘 한국전자출판사에서 「초립동자」라는 작품으로 정식 데뷔를 했다.

1960년대 말에서 1970년대 초로 넘어오는 시점은 한국 만화사에서 몇 가지 큰 변동이 이뤄지던 시기였다. 하나는 군부독재 정권의 문화정책 일환으로 만화에 가해진 출판 규제였고, 다른 하나는 대본소 만화 위축에 대한 대안으로 한국일보를 필두로 한 언론사의 만화에 대한 관심이었다. 전자의 결과로 만화의 편수를 획일화하고 개별 작가의 출판량을 제한하는 만화총량제가 등장했고, 후자로 인해 만화의 신문 연재 기회가 늘어났다.

이런 환경 속에서 정욱은 애니메이션 작업과 병행하여 한 달에 두 권씩 단행본을, 그리고 신문에 연재물을 진행하는 높은 활동력을 발휘했다. 그중에는 이후 「먼나라 이웃나라」로 유명세를 얻게 된 이원복 작가와의 협업도 있었고, 한국일보 출판국에서 근무하고 있다가 화실에서 동료로 인연이 닿아 부부가 된 안정아 작가의 이름을 함께 사용한 경우도 있었다. 당시 정욱은 「호질」, 「이춘풍전」 등 전통 민담을 바탕으로 한 만화를 〈일간스포츠〉에서, 「아기유령」, 「숨은 그림 찾기」(삽화) 등을 〈소년한국일보〉에서 연재했다.

그러나 1973년 원프로덕션 설립 및 1976년 대원기획, 1977년 주식회사 대원동화로 애니메이션 사업이 점차 불어나면서, 만화가로서의 개별 창작은 후순위로 미뤄지게 되었다. 다만 그 과정에서 만화 작가를 넘어 종합적으로 만화의 판을 가꿔내는 방향으로 목표는 한층 더 커졌다.

도서출판 대원과 〈소년챔프〉의 탄생

대원동화의 대표이사로서 재직하며 정욱은 일본 토에이영화의 하청 작업을 하는 동시에, 한편으로는 한국 만화의 애니메이션화에 눈길을 돌렸다. 1981년에 첫 테이프를 끊은 「독고탁」 시리즈부터 공전의 히트를 기록한 1988년의 「달려라 하니」와 1990년의 「영심이」 등이 대표적이다.

만화가를 첫 목표로 시작하고 애니메이션을 섭렵하게 된 초기 경력의 연장선상에서, 그는 일본에서 만화와 애니메이션이 서로 긴밀하게 연결되어 움직이는 모습을 긍정적으로 보고 이를 재현하고자 했던 것이다. 먼저 자신이 가장 좋아했던 「독고탁」 시리즈로 시작했고, 이후에도 모델을 점차 지속시켜나갔다.

애니메이션 회사로서 만화에 대한 애정을 유지하는 선을 넘어 다시 만화 자체를 본격적으로 다루게 된 것은, 사업 과정에서 겪은 두 가지의 관계에서 기인하는 것으로 정욱 회장은 자평하고 있다. 하나는 일본 제작사의 하청 작업을 하면서 노동에 비하여 제대로 크레디트 표기조차 되지 않는 당시 제작 관행에 대한 불만이었고, 다른 하나는 그런 일본 제작사들조차도 작품의 기본 판권을 소유하고 있는 만화출판사에 대해서는 눈치를 보는 모습이었다.

실제로 1980년대의 토에이영화는 「드래곤볼」부터 「북두의 권」까지 슈에이샤의 〈소년점프〉 등 인기 잡지에 연재된 만화를 바탕으로 장편 TV 시리즈를 제작하는 프로젝트가 많았고, 연재 중인 작품 특성상 원작과 긴밀하게 협력하지 않으면 성립할 수 없었던 상황이었다. 이런 모습들을 보며 정욱 회장은 가장 확실하게 권한을 누리며 인정받고 일을 할 수 있는 것은 자신의 출판사에서 만든 만화가 있고 그것을 애니메이션으로도 제작하는 방식이라고 판단한 것이었다(오늘날에는 이런 방식을 흔히 수직적 통합이라고 부르고 있다).

그런데 당시에 일본 주류 만화의 전형적인 자사 작품 생산 체계는 바로 인기 소년만화잡지를 통한 연재, 그것을 묶어낸 단행본 판매로 인기와 수익을 올리는 방식이었다. 즉, 자사 만화 콘텐츠의 왕도는 만화잡지였던 것이다. 한편 한국에서는 1988년에 서울문화사가 만화잡지인 〈아이큐점프〉를 창간해서 높은 호응을 거두었다.

기존 만화잡지들이 저연령층을 기본 눈높이로 상정했다면, 〈아이큐점프〉는 작품의 표현 수위나 주제에서 연령대를 좀 더 끌어올린 청소년 취향을 담아냈다. 즉, 어린이만화와 성인극화 사이에 이미 형성되어 있던 높은 잠재수요를 제대로 맞추어냈던 것이다. 만화잡지에 대한 필요성을 절실하게 느낀 상황에서 성공 모델마저 미리 등장했던 셈으로, 이는 정욱 회장이 잡지 창간에 뛰어드는 충분한 동기가 되어주었다.

출판사의 첫걸음은 1991년 대원동화 안에 출판사업부를 만든 것이었다. 처음에는 단행본의 수입 배급으로 기반을 다지고자 「베르사이유의 장미」 등 애니메이션으로도 함께 수입하는 작품을 들여오기 시작했다. 하지만 본격적인 사업은 1991년 12월 소년만화잡지 〈소년챔프〉를 창간하며 급물살을 탔다. 이전에 〈아이큐점프〉가 그랬듯, 〈소년챔프〉 역시 격주간으로 시작하여 높은 호응 속에 주간지로 바뀌었다.

〈소년챔프〉의 창간을 위해, 정욱 회장은 긴 설득 끝에 〈아이큐점프〉에서 창간 아트디렉터로 시작하여 편집장을 역임했던 황경태 씨를 영입했다. 인기 경쟁지의 수장을 영입한 초유의 거래에는, 한편으로는 좀 더 본격적인 새로운 도전에 나서고자 했던 당사자의 의지, 그리고 인기 만화 「드래곤볼」의 판권을 둘러싼 논란의 원만한 합의 과정이 작용했다(요약하자면 일본 측 업체와 가까운 관계에 있던 대원동화가 먼저 권리를 확보하고 있었는데, 서울문화사 측이 온전히 계약이 되지 않은 상태에서 잡지에 별책부록의 형식으로 연재를 내버린 상황이었다). 이 외에도 당시 여성지에 있었던 황민호 씨 등 이후 오랫동안 한국 주류 만화계의 핵심 제작 인력이 된 다수의 인재들을 집중적으로 끌어들였다.

정욱 회장과 황경태 편집장이 선택한 〈소년챔프〉의 창간 전략은 〈아이큐점프〉의 성공 공식을 한층 더 과감하게 밀어붙인 방식이었다. 〈아이큐점프〉가 당대 어린이 성향의 만화잡지들에서 소년 취향에 집중하고 대상 연령층을 청소년으로 살짝 끌어올렸다면, 〈소년챔프〉는 〈아이큐점프〉보다 더 소년 취향을 강화하고 대상 연령 범위를 약간 더 올렸다.

구체적으로 말하자면 당시 〈아이큐점프〉는 미성년 잡지로서 여성 가슴 노출 같은 자극성을 도입했다면, 〈소년챔프〉는 아예 일본에서 '영 어덜트', 즉 조숙한 고등학생부터 20대 초의 연령대를 타깃으로 하는 범주의 잡지에 연재되던 타카다 유조의 「3×3 EYES」를 별책부록으로 내세웠다. 그 외에도 고행석의 「마법사의 아들 코리」, 이상무의 「젓가락 행진곡」, 김수정의 「천둥번개」 등 당대 인기 작가들의 신작이 다수 배합되었다.

〈소년챔프〉의 창간호는 인기 작가들의 한층 새롭고 재미있는 작품 색을 선보인다는 측면에서 보자면 이현세의 「아마게돈」, 김형배의 「헬로 팝」 등이 포진했던 〈아이큐점프〉의 창간호보다 파격성이 떨어졌다. 나아가 전체 잡지에서 기존 유명 작가들이 차지하는 비중도 상대적으로 낮았다.

하지만 〈소년챔프〉가 확고한 장점을 보인 것은 바로 신인 작가들의 등용이었다. 여기에는 크게 두 가지 이유가 있다. 하나는 유명 작가들이 잡지 연재로서는 이미 〈아이큐점프〉에 매진하고 있었기 때문이라는, 궁여지책에 가까운 현실적인 문제가 있었다. 다른 하나는 새로운 감각을 지니고 있는 작가들을 정기적으로 발굴해서 확보하는 체계적인 등용 방식이 개별적으로 작가를 소개받거나 발굴하는 것보다 훨씬 우수한 방식이라는 것이었다(실제로 큰 성공을 거두며 몸집을 불려나가던 일본의 주류 소년만화잡지들이 바로 그런 체계를 택하고 있었다).

나아가 잡지의 색을 조율하기 위해 개별 작품들의 방향성에 편집부가 적극적 기획 작업을 하기에도 신인 작가가 더 유리했다. 여기에 맞물려, 국내에서는 한층 개방적이 된 사회문화 분위기 속에서 고등학교 만화동아리들이 한창 부흥하고 있었으며 마니아들 사이에서 일본 만화 원서의 수입 보급 또한 늘어나고 있었다.

이런 환경에서 〈소년챔프〉는 대대적인 신인 공모를 처음부터 내걸었다. 우선 공모전을 통해 「어쩐지 좋은 일이 생길 것 같은 저녁」의 이명진, 「검정고무신」의 이우영 등이 발굴되었다. 그리고 대상 입상이 아니었지만 「소마신화전기」의 양경일, 「블랙코브라」의 이태호 등 1990년대를 수놓은 소년만화계의 스타 작가들이 등장했다.

그중에서도 새로운 작가 발굴 방식의 효과를 가장 극명하게 드러낸 것은 이명진의 사례였는데, 그는 기존 유명 작가 화실의 문하생 출신이 아닌 현역 고등학생이었다. 그럼에도 불구하고 그는 일본 소년만화의 소란스럽고도 발랄한 연출 화법, 록음악이나 오토바이 등 새로운 동시대적 코드를 녹여내는 작품 색을 선보였다.

정욱-황경태 콤비의 〈소년챔프〉는 공모전 중심의 과감한 신인 등용으로 새로운 작가 세대의 등장을 적극 끌어내며 소년만화의 중흥기를 만들어냈다. 이들은 기존의 작가 화실의 도제 시스템을 거치지 않아서 기존 창작 문법에 얽매이기보다는 자신들이 보고 자란 만화잡지 및 일본 인기 소년만화의 해적판에서 배운 코드들을 자연스럽게 구사했다. 또한 자신과 비슷한 연령대에 있는 '신세대' 소비자들의 취향을 그대로 공유했다.

사회 전반적으로 문화 개방이 두드러지는 상황에서 마치 가요계의 서태지와 아이들이 그랬듯, 해당 문화 분야가 먼저 세련화되었던 곳(만화의 경우 두말할 나위 없이 일본 주류 만화계다)의 재미 규칙과 연출법들을 빠르게 도입하되 자체적으로 소화해낸 것이 큰 인기의 비결이었다. 또다른 대형 인기작인 「협객 붉은매」 역시 「드래곤볼」 이후 일본 소년만화의 격투형 대결 구조를 무협 장르의 틀에 맞추어 넣었던 것이었다.

이렇게 공모전을 통해 등장한 작가들은 종종 출신 동아리를 통해서 다른 유능한 작가들을 끌어들이는 연결망이 되어주었는데, 스튜디오 그래피티(「어쩐지 좋은 일이 생길 것 같은 저녁」의 이명진, 「먹통-X」의 고병규, 「개미맨」의 김태형 등 배출), 해오름(「굿모닝 티처」의 서영웅, 「행복은 선착순이 아니잖아요」의 박상용, 「리틀 하이랜더」의 손희준 등), AAW(「열혈강호」의 전극진, 양재현 등)이 대표적이었다.

그럭저럭 성공적으로 시작된 〈아이큐점프〉가 대중적 호응 기반을 새로운 취향의 기획만으로 다시 살려내고 여기에 「드래곤볼」이 대폭발을 일으켰듯이, 〈소년챔프〉 또한 「슬램덩크」의 연재와 함께 새로운 확장을 맞이했다.

초기 〈소년챔프〉의 작품 색은 〈아이큐점프〉와 크게 다를 바 없는 모험물이나 격투물(초기의 대형 히트작인 「협객 붉은매」, 캐릭터 저작권 측면에 매우 안일했던 시대의 유산인 「스트리트 파이터 Ⅲ」 등이 대표적이다)이 주류를 이루고 있었다. 하지만 새로운 방식으로 등단시킨 작가들의 만화

감각은 같은 모험물에서조차 한층 트렌디한 전개 방식을 보여주었고, 특히 학원물 같은 장르에서 빛을 발했다.

그렇게 점차 차별화에 성공하던 흐름 속에서 「슬램덩크」가 등장했고, 이는 청소년들을 대상으로 확고한 주류 대중문화를 형성했다. 농구가 미국 NBA, 농구대잔치 등으로 주류화되어가던 1990년대 초의 청소년 문화 속에서, 처절한 헝그리정신의 1980년대 스포츠극화와는 달리 농구를 소재로 열정과 우정을 전개하는 깔끔하고 멋진 이야기를 들여왔던 것이다. 단지 「슬램덩크」라는 작품이 매력적이었다는 점 이상으로, 이는 〈소년챔프〉의 이미지로 녹아들면서 자연스럽게 잡지 전체를 견인해갔다.

인기에 힘입어 1992년 봄부터 주간으로 바뀐 〈소년챔프〉는 대원동화 출판사업부에서 아예 도서출판 대원(현 대원씨아이)이라는 독립 법인을 출범시키는 계기가 되었다. 하지만 사업의 연결성은 오히려 강화되어, 튼튼한 원작 생산소를 확보하겠다는 당초 정욱 회장의 목표대로 「스트리트 파이터 Ⅲ」, 「붉은매」, 「마법사의 아들 코리」 등의 연재작들이 대원에서 애니메이션으로 제작되기도 했다.

하지만 작품 선정에서 볼 수 있듯이, 잡지를 돋보이게 만들어주었던 「어쩐지 좋은 일이 생길 것 같은 저녁」이나 「소마신화전기」 같은 젊고 파격적인 감각의 인기작보다는 다소 전통적인 방식의 활극이 미디어믹스에서 우대되는 한계를 보였다. 뒤집어 보자면, 정욱 회장은 원작 만화를 애니메이션 사업으로 연결하는 부분에 있어서는 아직 과도기적 선정을 보였을 정도로 전통적 작품 취향을 간직하고 있었다. 그러나 〈소년챔프〉라는 잡지를 운영하는 데서는 기존의 주류 한국 만화와 단절에 가까울 정도의 빠른 혁신을 받아들이고 장려했던 것이다.

잡지 왕국의 확장

정욱 회장의 도서출판 대원은 〈소년챔프〉로 만화잡지 분야에서 자리를 잡음과 동시에, 한층 공격적으로 판을 키워나갔다. 1990년대 중반 내내 독자 타깃을 세분화하여 각자의 취향에 최적화된 작품들을 묶어내는 시도가 이어졌고, 이는 라이벌 관계로 매사에서 부딪힌 서울문화사보다 늘 한 발짝씩 빨랐다. 우선 대원은 소녀층을 노린 순정만화잡지로 1993년에 〈터치〉를 발간했다. 그리고 1994년에는 일본 잡지 시장의 '영 어덜트' 잡지에 해당하는 〈영챔프〉를 시작했다.

〈영챔프〉가 약간 더 늦게 창간된 서울문화사의 〈영점프〉와의 경쟁에서 보여준 차이점은, 정욱 회장의 애니메이션 사업을 확장시키고 새로운 시대의 젊은 코드를 대거 수용한 대원의 만화관의 장점이 어디에 있는지를 극명하게 보여주었다. 〈영점프〉가 허영만의 「샐러리맨」, 「독신자 기숙사」 등의 작품을 배치하며 젊은 직장인 수준의 생활 정서와 판타지를 동시에 공략하여 초점도

잡지 색도 흐릿한 모습을 보였다면, 〈영챔프〉는 〈소년챔프〉의 기본 색에서 표현 수위와 소재를 3~4년 정도 올리는 체계적인 상향을 보여주었다.

청소년부터 청년기 초기의 반항적 정서를 그려낸 「비트」, 무협물의 전형적인 틀에 다소 엉큼한 유머를 녹여내며 수위를 올린 「열혈강호」, 좀 더 스케일이 크고 비장한 판타지 활극으로 이끌어낸 「레드 블러드」 등이 이런 지점을 잘 보여준다. 그 결과 〈영챔프〉는 실험적인 시도보다는 안정적이고 확실한 장르적 재미를 보여주어 확실하게 소년만화 취향 문화의 확고한 대중적 강자로 자리 잡을 수 있었다.

남성향 만화의 다음 점진적 연령 확장은 위로는 아예 성인을 대상으로 하는 〈투엔티세븐〉과 아래로는 저연령층을 대상으로 하는 〈팡팡〉으로 이어졌다. 전자는 「기생 이야기」 등 고급스러운 성인극화 취향을 선보이며 가능성을 보여주었으나, 안타깝게도 확실한 구심점이 되어주는 대중적 히트작을 재빨리 발견하지 못했다. 그 와중에 1997년 일진회 사건과 청소년보호법 철퇴의 혼란스러운 환경 속에서 성인만화의 서점 판매가 급격하게 위축되자 휴간을 맞이했다.

반면 정욱 회장이 만화 및 애니메이션에서의 오랜 경력을 통해 대중적 취향의 추구에서는 잔뼈가 굵었던 소년만화와 달리, 대원의 순정만화잡지는 그런 대중 소구적인 만화관과 정반대의 길을 걸었다. 〈터치〉는 「열왕대전기」 등의 대작과 「아기와 나」 같은 탄탄한 스토리의 가족물을 포진시켰음에도 불구하고, 당대 여학생들의 취향과 작가 충성도를 직격하지 못하고 2년 만에 사업을 접어야 했다.

이에 절치부심하여 1995년에는 〈이슈〉가 새로 창간되었는데, 〈터치〉의 몇몇 인기작들을 다시 이어간 것에 더하여 「다정다감」, 「모델」 등의 작품들이 이 잡지를 통해 발표되었다. 하지만 순정만화 고급화의 기치 아래 시도된 여러 실험적 소재들(동성애 등)

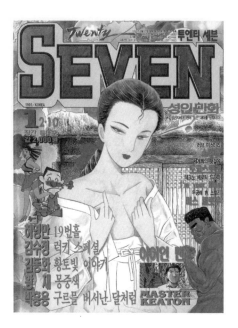

은 대중적 기반을 얻을 만한 포괄적 재미 코드에도, 성숙한 마니아 취향으로 과시할 만한 세련성에도 다소 미치지 못했다.

순정만화에서의 이런 상대적 약세는 서울문화사가 2000년대 초반까지 강인선 편집장을 중심으로 대중적 히트는 물론이고 다양한 타깃의 잡지들을 성공시킨 움직임과 대비되며 더욱 도드라졌다.

결국 정욱 회장은 소년만화잡지를 중심으로, 공모전을 통한 신인 등용, 작품 내용과 연출에 대한 편집부의 강력한 개입 등 일본식 만화잡지 시스템을 단시간 내에 한국 현장에 정착시켰다. 수익 모델 또한 일본식 시스템을 십분 벤치마킹하여, 잡지 연재분이 모이면 곧바로 단행본으로 묶어내 단행본 판매가 주요 수익원이 되어주는 방식이 갖춰졌다. 잡지는 더 이상 개별 창작물들의 모음인 최종 상품이 아니라, 작품으로 체계적 수익을 올리기 위한 체계의 허브가 되었다. 1990년대 주류 만화 산업 구조가 확립된 것이다.

더 커지는 판을 위해, 하나 더 만들다 – 학산의 설립

1990년대 초반 내내 사설 도서대여점들이 빠르게 증가하며 서가의 상당 부분이 만화책 단행본으로 채워지기 시작했다. 즉, 대본소형 만화방에 납품하는 형식이 아닌, 일반 서점의 소매용 만화 단행본에 대한 수요가 본격적으로 커지던 시기였다.

이런 수요에 더욱 적극적으로 대응하기 위해 〈소년챔프〉와 〈아이큐점프〉 같은 인기 잡지의 출판사들이 취한 첫 번째 전략은 당연하게도 연재작을 더욱 활발하게 단행본으로 묶어 출간하는 것이었고, 일부 인기작들이 '밀리언셀러 클럽'의 전설을 써나갔다. 그다음 전략은 잡지를 늘리는 행보였고, 다음은 자사의 잡지를 거치지 않은 국내 혹은 해외 작품이라고 해도 따로 단행본으로 출간하는 선택이었다. 그리고 이런 흐름이 도달한 논리적인 귀결은, 아예 출판사를 새로 만들어 더욱 판을 키우는 것이었다. 그렇게 서울문화사는 서울미디어랜드를, 대원은 학산문화사를 만들었다.

하지만 학산은 일반적으로 생각할 만한 종속적 개념의 자회사와 달리, 시작부터 거의 완전히 독립적인 경쟁 회사처럼 만들어졌다. 정욱 회장의 회고에 따르면 학산이라는 이름은 그가 어릴 적 살던 고향 동네인 명주군 구정면 학산리에서 따온 것으로, 1995년 5월 대원의 출자에 의하여 출범했다.

학산이 하위 브랜드가 아니라 대등한 경쟁자의 형식을 취하게 된 배경에는, 당대 일본 메이저 만화출판사들의 구조에 대한 정욱 회장의 남다른 인식이 있었다. 그는 일본이 〈소년선데이〉의 쇼가쿠간, 〈소년점프〉의 슈에이샤, 〈소년매거진〉의 고단샤가 3강 구도를 이루고 있고, 그 안에서 치열한 경쟁 속에 판이 급격히 커졌다고 파악했다. 그런데 슈에이샤는 쇼가쿠간에서 분리된 회사

였고, 나중에 슈에이샤가 잡지 전략의 성공적 운용으로 쇼가쿠간을 압도하게 되었던 현실을 본 것이다. 그래서 한국에서도 비슷하게 셋이 안정적으로 경쟁과 성장을 하는 구도를 정착시키고자 "한 집 안에서 아무리 커봐야 이것밖에 안 되는" 하위 브랜드 방식보다는 아예 분리 경쟁을 결정했다.

정욱 회장이 이런 구도에 진지하게 열성을 다했다는 사실은, 당시 대원을 일궈낸 일등 공신이었던 황경태 편집장을 학산의 대표로 보냈다는 점에서 뚜렷하게 드러났다. 황 대표 또한 1990년대 주류 소년만화 시스템에서 거의 모든 단계의 일을 해본 상황이었고, 다시금 새로운 일에 도전하고자 하는 동기가 있었다. 그런데 정욱 회장과 농담 반 진담 반으로 새 출판사 설립 이야기를 나누다가 갑자기 일사천리로 학산을 만들게 되었다고 회고하고 있다.

나아가 정욱 회장은 대원이 한국어판 판권 확보 경쟁에서 유리한 위치에 있었던 일본 만화 작품들의 상당 부분을 학산에 양보했다. 바로 일본 고단샤의 작품 전체를 신생 기업인 학산문화사가 확보하도록 밀어주었던 것이다. 1997년 말부터 시작된 IMF 구제금융 국면에서 여타 사업체들이 규모를 줄일 때조차, 정욱 회장은 학산에 대하여 오히려 공격적 확장을 선택했다. 이로써 학산은 풍부한 경험을 지닌 경영진과 단행본 물량을 위한 판권 확보 등을 갖춘 채 안정적인 출범을 할 수 있었다.

이런 기반 위에 학산은 소년만화잡지 〈찬스〉, 영(young)지 〈부킹〉 등을 성공적으로 내놓으며 1990년대 후반을 정말 3강 구도로 만들어냈다. 학산이 내는 잡지와 한국 만화 작품의 전반적 수준이나 숫자는 대원이나 서울문화사에 전혀 모자람이 없었다. 정욱 회장의 바람대로 3강 구도가 곧 경쟁을 통한 시장 발전에 직접적으로 기여했는지는 물론 단언할 수 없다. 국내 창작 작품의 질적 경쟁보다는 라이선스를 통한 단행본 종수 확대가 더 효율적으로 보일 만큼 1990년대 말 만화 산업 구조는 서서히 왜곡되어가고 있었기 때문이다. 하지만 창작 작품을 선보일 수 있는 창구를 과감하게 늘려놓는 것에 성공했다는 점만은 확실하다.

2010년대에 들어서는 서울문화사의 만화 출판량이 줄어들어 사실상 2강1중 구도에 가까워졌다. 대원과 학산의 경쟁이 더욱 심화되었지만 지금까지도 결정적 갈등은 정욱 회장이 중재를 하고 있다는 것이 양 출판사 경영진의 공통된 인식이다.

대원씨아이의 성장과 도전

이렇듯 만화출판사 대원씨아이에게 1990년대 후반은 잡지 라인업이 증가하고, 경쟁 출판사를 자신의 손으로 만들어내고, 단행본 발행이 점점 늘어나는 전방위적 성장의 시기였다. 〈소년챔프〉, 〈영챔프〉 등 주력 잡지들은 한국 만화 화제작과 일본 화제작을 비슷한 비중으로 끌고 나가는 구성을 유지했는데, 그 과정에서 1980년대부터 유명세를 떨쳤던 극화 작가들에 대한 의존은 거의 완전히 사라지고 1990년대 장르 코드의 신진 작가들이 인기를 독차지하다시피 했다.

대원과 학산에서 들여온 해외 라이선스는 정욱 회장의 그간 애니메이션 제작 파트너십에서 비롯된 업체 간 친분을 반영하듯, 주류 일본 출판사의 작품들이 대부분이었다. 다만 종수 증대에 초점을 두다 보니, 대단히 주류적인 히트작 외에도 한국에서 크게 인기를 끌 만한 구석이 없는 작품들마저도 과감하게 들여왔다. 다시 말해 한쪽에서는 「원피스」와 「오! 나의 여신님」 같은 작품도 있지만, 다른 쪽에는 「파타리로」, 「제멋대로 카이조」같이 일본 대중문화의 맥락 안에서만 제대로 즐길 수 있어 독자층이 좁은 작품들도 소량 제작으로 선보였다.

반면 사업의 빠른 확장 속에 대원과 학산은 점차 '다품종-저마케팅'이라는 길을 선택하게 되었다. 여기에는 1990년대 내내 확산일로에 있었으며 특히 IMF 구제금융 국면에서 저자본·저기술 자영업으로 포장되며 증가한 도서대여점이 단행본에 대한 상당한 고정 수요가 되어주었고, 따라서 더 많은 종수를 찍어내는 것이 이득인 맥락이 있었다.

문제는 다품종에 집중하다 보니 개별 작품에 대한 엄격한 기획 관리나 마케팅 집중이 이뤄지기 어렵고, 더 완성도가 높은 작품들도 그저 그런 작품들의 홍수 속에 적당히 묻히기 십상이었다는 점이다. 박리다매형 저가 코믹스 판형 단행본 때문에 작가에게 돌아가는 권당 수익은 낮을 수밖에 없었고, 만화 향유층이 아닌 사람들에게까지 호소할 수 있는 큰 영향력을 키우려는 시도도 없었다.

사실 달리 보자면 「슬램덩크」의 확장적 성공 때문에 생겨난 착시였을 뿐, 그전에도 그런 마케팅 시도는 적극적으로 이뤄진 적이 거의 없었다. 정욱 회장의 추진력은 만화 기반 콘텐츠 영역에서 재미있는 작품을 뽑아내고 널리 생산해내는 최적화된 체계를 한국에 적용하여 구축하는 것에는 놀라운 성과를 보였지만, 만화에 대한 장르적 취향 선호를 전제하며 점차 그들의 장르 취향을 더욱 열심히 공략하는 식으로 흘러갔다. 즉, 그는 만화제작자로서는 뛰어난 수완을 보였으나, 보편적 대중을 향한 집요한 마케터로서의 역할 수행은 아무래도 부족했던 셈이다.

만화 기반 콘텐츠 분야 안에서 확고한 비중으로 컸고 만화 출판의 시장 자체가 성장하던 시기까지는 이런 방식의 단점이 크게 부각되지는 않았지만 훗날 상황이 바뀌면서 다시 불거지게 되었다.

이런 종수 증대 과정 속에서 개별 작품의 마케팅이 부족했고 또한 일본 만화 수입의 첨병이라는 오명을 쓰기도 했지만, 대원과 학산이 많은 젊은 작가들에게 자사의 다양한 잡지를 통해서 작품 활동의 공간을 제공했다는 것은 부동의 사실이다. 나아

가 그렇게 만들어져 누적된 작품들이 해외로 수출되는 물꼬를 터
줬다. 국내에서도 인기를 끈 「레드 블러드」, 「라그나로크」, 「프리스
트」 등 액션 판타지물들이 대만과 태국 등으로 먼저 진출했고, 태
국과 프랑스에서는 이들 만화를 라이선스 받아 구성한 만화잡지
를 탄생시키기도 했다.

특히 2000년대 초중반부터 서구권에서 본격화된 '망가'[01] 붐
에 힘입어 북미 지역, 남미 국가들, 유럽 각국으로 수출 범위가
확대되었다. 직접 적극적인 현지 사업을 벌이기보다는 일본 출판

---

01) 일본 만화에서 주로 발전시킨 연출 방식과 소재 등을 담아내는 동아시아 만화 일반에 대한 느
슨한 통칭.

사들이 한국에 그랬듯 판권 관리에 가까운 방식이었으나, 그것만으로도 큰 역할을 한 셈이었다.

1990년대를 풍미한 소년만화잡지와 단행본 중심의 모델은 오래가지 못했다. 2000년대 초중반으로 넘어가며 도서대여점 거품이 꺼지고, 인터넷을 통한 문화 향유 활동의 폭발적 주류화로 매체 환경이 변화하는 중에 장기적인 출판 불황이 덮쳤다. 국내 만화출판 시장이 얼어붙으며 종이잡지는 수익성에 문제가 생겼다. 한때 대원 한 군데만 해도 8종에 달했던 만화잡지들이 차례대로 발간 주기 조절, 온라인 발매로 전환, 혹은 아예 폐간되는 길을 걸었다.

또한 단행본 초판 물량이 평균적으로 점점 줄어들었으며, 장르 코드에 특화되었던 만화잡지들의 독자층은 휴대용 게임기와 인터넷 등 다른 오락거리의 폭넓은 보급과 함께 갈수록 소수 마니아화되었다. 즉, 학생들이 등교하며 매주 만화잡지를 사서 친구들끼리 돌려보는 것이 당연했던 일상에서, 일부 만화 팬이 여전히 충직하게 사 보는 것으로 바뀐 것이다. 이런 상황에서 대원과 학산의 만화들은 뚜렷하게 인기가 검증된 학원폭력물, 퓨전 무협 판타지, 스포츠물 등 일부 장르로 점차 안전한 선택을 했고, 주류 소년만화의 마니아화를 더욱 부채질했다.

이런 불리한 변화 속에서 정욱 회장이 선택한 길은 또다시 정면 돌파였다. 정욱 회장은 사업이 한창 커지고 있던 1997년에 대원씨아이의 대표이사직에서 물러나고 해외영업만 담당하며 애니메이션 부문인 대원C&A의 경영에 집중했던 바 있다. 하지만 매체 환경의 변화 속에서 다시 길을 다잡기 위해 2002년 대원씨아이의 대표이사 사장으로 돌아와 "만화출판 분야 선두 업체의 지위를 더욱 확고히 하면서 동시에 게임 사업의 비중을 한층 높이겠다"는 포부를 밝혔다.

정욱 회장의 일선 복귀를 필두로 향후 3~4년 동안 다양한 시도들이 이어졌다. 우선 대표 잡지인 〈소년챔프〉의 제호가 〈코믹챔프〉로 바뀌고, 국내 최초의 라이트노벨 라인업인 NT노벨을 시작했으며, 비슷한 시기에 만화 캐릭터를 이용한 아동물출판 브랜드인 대원키즈를 출범시켰다. 개별 시도의 성과와는 별개로 서서히 주저앉는 공룡이 아니라 다시 뛰어가는 모습을 보인 것이다. 하지만 급격한 시장의 변화와 경기 불황에 따른 소비심리 위축, 기업 내외부에 걸쳐 진행된 경영 위기가 발목을 잡았다.

대원씨아이는 우선 매체 환경의 변화를 받아들여 기존의 잡지들을 온라인과 오프라인 양쪽에 걸쳐 재편해나갔다. 2006년 온라인 전문 만화잡지 〈슈퍼챔프〉를 창간하고, 〈코믹챔프〉, 〈이슈〉, 〈영챔프〉 등 남아 있던 주요 잡지들의 온라인 동시 발매를 시작했다. 2009년에는 〈영챔프〉를 폐간하고 인기작들을 〈슈퍼챔프〉에 통합하여 온라인 전용으로 돌렸다. 2013년에는 이를 다시 온라인 잡지 〈챔프D〉와 종이잡지 〈코믹챔프 넥스트 제너레이션〉

으로 재개편했다.

저가 코믹북 판형에 매몰되어 있던 관행 역시 2008년에 출범한 '미우' 브랜드를 통해 깨고자 했다. 일반 서적 단행본에 준하는 가격과 품질, 집중된 마케팅을 시도했고, 「심야식당」 같은 작품을 내놓았다. 이와 함께 디지털에 대한 시도 역시 여타 출판사들보다 뒤처지지 않아서, 2009년에 국내 출판사로는 최초로 앱스토어에 「다정다감」 등의 작품을 모바일앱 만화로 판매했다.

또한 네이버북스, 리디북스 등 e북 리더 업체에 자사의 작품들을 적극적으로 제공하는 등 경우에 따라서는 조금 더디거나 세련성이 부족할 수는 있어도 거의 항상 새로운 시도에 대해서 전

향적인 모습을 보였다. 만화를 늘 중심으로 두면서, 당대 만화 환경에 적응하고 새로운 임팩트를 일으킬 가능성이 보이면 과감하게 도전하고 판을 키우는 정욱 회장 특유의 가치관은 이렇듯 계속되었던 것이다.

업계의 맏형 역할을 받아들이다

2002년에 출판만화를 중심 분야로 하는 대원씨아이의 일선으로 돌아오면서, 정욱 회장은 그 외에도 또 다른 중요한 역할을 한 가지 받아들였다. 당시 문화체육관광부에서는 한국콘텐츠진흥원을 한층 확충하고 만화산업 중장기발전 5개년계획을 수립하는 등, 만화를 확고한 산업 영역으로 개발하기 위한 노력을 기울이고 있었다.

그 과정에서 만화 산업 발전의 걸림돌로 지목된 요소 가운데 대표적인 것이 바로 유통 과정의 후진성이었다. 음악이나 영화 등 타 문화 분야에 준하는 세부적이고 객관적으로 전산화된 출판 정보와 유통 관리를 구축할 필요성이 제기되었다.

이런 과제를 포함한 여러 산업적 사안들을 효과적으로 해결하기 위해서는 기존의 창작자 단체보다는 제작자들이 상호 협의하고 기관과 소통할 수 있는 창구가 전제되어야 했다. 그렇게 한국만화출판협회가 '만화출판 동업자 간의 친목을 도모하고 그 권익을 옹호하며 만화출판 산업 및 만화예술 발전에 기여할 목적'

을 표방하며 문체부 소관 사단법인으로 결성되었다. 그리고 결코 쉽지 않은 첫 수장 역할을 맡아 2005년까지 이끌고 갔던 것이 바로 정욱 회장이었다.

한국만화출판협회가 주관하고 한국만화정보와 인포뱅크가 실무를 맡았던 만화유통관리 시스템 구축 사업은, 그간 개별 총판의 수작업 위주로 이뤄지던 만화 유통을 완전히 통합망으로 전산화하여 각 출판사와 지역 총판에 배급된 정확한 재고와 유통 물량을 파악하고 각종 출간 정보를 공유하는 것을 목표로 했다. 이를 통해 체계적인 유통 및 재고 관리로 당시 만화 산업 전체에서 연간 300억 원 가량으로 추정되었던 손실액을 상당 부분 줄이려는 시도였다.

그러려면 여러 출판 업체들의 협력과 투자를 이끌어내고, 공기관인 한국콘텐츠진흥원의 지원을 조율하며, 실제 사업이 이뤄지는 과정의 총책임을 맡을 수 있을 만큼 업계에서 두루 성과와 신임을 지닌 대표격 인물이 필요했다. 이에 정욱 회장은 만화 산업 경력 내내 새로운 도전에 인색하지 않았고 만화판 전체의 성장까지 조망하고자 했던 궤적과 일관성 있게, 그 직책을 받아들인 것이다.

아쉽게도 유통관리 통합망 사업은 출판 시장의 지속적인 불황과 함께 시범 서비스 구축 이후 온전히 정착하지 못한 미완의 실험이 되었다. 그러나 적절한 구심 인물이 나서준다면 만화판에서도 업계가 함께 발전하기 위한 결속이라는 것이 불가능하지 않다는 선례를 남기게 되었다.

산업이라는 측면을 직시한 만화인

정욱 회장은 1960년대의 만화 제작 인력으로, 1970년대 신문 만화판의 한복판을 살아간 작가로, 1990년대 주류 만화 산업을 재편하고 양강 구도조차 부족하다며 인위적으로 3강 구도를 실현해낸 풍운아로, 그리고 2000년대에도 계속 만화가 나아갈 수 있는 길을 넓히고 업계의 조율자 역할까지 마다하지 않은 중심인물로 만화계에 한 획을 그었다.

그중 가장 중요한 영역이 바로 1990년대의 만화제작자였다. 정욱 회장이 선택한 방향은 곧바로 당대 주류 만화의 특징이 되었다. 밖으로는 일본 만화계, 안으로는 〈아이큐점프〉의 성공을 면밀히 참조하여 강력한 추진력으로 패스트 팔로어로서의 성과와 그 이상의 것을 얻어냈다.

그는 애니메이션 제작이라는 또 다른 핵심 관심사와 연동하여 만화를 중심으로 수직 통합된 콘텐츠 허브라는 큰 그림을 염두에 두고 제작에 나섰기에, 순간의 사업 굴곡에 일희일비하기보다는 일관성 있게 매체를 확장하고 작가 발굴과 만화 제작을 늘려나갔다. 영세 업종 또는 출판 대기업의 사이드 프로젝트 형식이 대부분이었던 출판만화 산업이, 1990년대에 제대로 된 사

업 영역으로 체계화되도록 만든 일등 공신이라고 해도 과언이
아니다.

동시에 그가 1990년대에 판을 키워내며 사용한 다품종-저마
케팅 방식은 출판 시장 전반이 위축되고 대여점 거품이 꺼지던
2000년대 초 만화 산업의 침체 속에 구조적 취약점을 드러내기도
했다. 만화 분야 내적으로는 집중적인 작품 관리와 마케팅 지원
을 받으며 전략적으로 특정 작품을 부각시켜 대형 히트를 만드는
체계가 부족했고, 외적으로는 만화를 다른 문화와 대비하여 경쟁
력 있는 매체로 고급화하여 대중에게 어필하려는 시도가 결여되
었다. 한국 주류 만화의 3강 중 2강을 형성했던 대원과 학산에서
노출된 이런 약점은, 2000년대 중반 이후 웹툰을 중심으로 새로
운 붐이 일어나기 전까지 한동안 한국 만화를 둘러싼 여러 비관
론의 단초를 제공했다.

정욱 회장은 이렇듯 만화의 산업적 측면을 직시한 만화 제작
자다. 만화 산업의 규모를 확장하던 당시에는 일본 만화 수입의
첨병이라는 평가도 들었지만, 동시에 그는 잡지를 대거 늘려 한
국 만화 작품의 판을 키운 주인공이기도 했다. 나아가 그 작품들
이 더욱 많은 독자들과 접할 수 있도록 만화 수출의 사례들을 대
거 만들어내기도 했다.

하지만 이런 사업가의 속에도 만화를 꿈꾸던 젊은 날의 기
억은 오롯하게 남아 있다. 대원씨아이의 브랜드인 대원키즈에서

2012년 이후 출간된 「걸리버여행기」, 「벤허」 등의 작품은 최신 어린이만화 트렌드와 전혀 다른 극화체로 되어 있다. 고풍스럽기까지 한 이 책의 표지에는 '글·그림 정욱'이라는 글귀가 선명하게 새겨져 있다.

▶ 글. 김낙호 만화연구가

대원의
스타 콘텐츠와
미디어믹스

돌이켜보면 '대원'이라는 이름은 그 출발에서부터 지금까지 한국 문화 산업의 중심에 있었다고 해도 과언이 아니다. 1970년대 척박한 환경 아래 일본 애니메이션의 하청 작업부터 시작하여 1980년대 국산 만화를 원작으로 한 애니메이션 제작, 1990년대 만화 전문지 출간 및 미디어믹스 사업 전개, 그리고 2000년대 「뚜바뚜바 눈보리」, 「곤」 등으로 대표되는 창작 애니메이션 제작과 글로벌 진출 등에 이르기까지 50년에 가까운 시간 동안 한국 콘텐츠 산업의 부침과 함께 길을 걸어왔다.

그러므로 대원이 지나온 길을 살펴보는 것은 그 자체로 한국 문화 산업의 발전사를 압축적으로 증명해 보이는 작업이 될 것이며, 동시에 그 공과를 헤아려보는 것은 한국 콘텐츠 산업에 있어 앞으로의 발전을 가늠해볼 수 있는 일이 될 것이다. 이에 이 글에서는 지난 반세기 동안 대원이 만들어낸 수많은 작품 가운데 특히 의미 있는 콘텐츠들을 애니메이션 위주로 살펴보고, 이를 통해 '대원 호'를 이끌어온 정욱의 콘텐츠 전략에 대해 살펴보고자 한다.

대원의 스타 콘텐츠 - 대원 이전

「홍길동」

1967년에 1월 7일에 개봉된 한국 최초의 극장용 애니메이션이다. 신동우가 고전소설을 각색한 만화 「풍운아 홍길동」을 신동헌이 감독을 맡아 스크린으로 옮겼다. 개봉 당시 상당한 인기를 모았으며, 제6회 대종상영화제 작품상을 수상하면서 작품성과 대중성 두 마리 토끼를 모두 잡은 것으로 평가된다. 개봉 이후 필름이 유실된 것으로 알려졌으나, 2007년 일본에서 발견된 프린트 필름의 디지털 복원 작업을 통해 40년 만에 다시 관객을 만나기도 했다.

이처럼 「홍길동」은 한국 애니메이션 역사에서 중요한 위치에 서 있으면서 동시에 대원을 세운 정욱에게도 의미 있는 작품이다. 이 작품에서 정욱은 애니메이터로 참여했고, 그때의 경험은 1973년 원프로덕션, 그리고 1977년 대원동화를 설립하는 데 중요한 밑거름이 되었다. 개봉 40주년이 되던 해인 2007년에 신동헌의 업적을 기리기 위해 '신동헌 평전 DVD 제작'이 추진된 바 있는데, 여기에 정욱을 비롯한 신동헌의 제자들이 주축이 되었다는 기사[01]가 신문에 실린 바 있어서 그러한 사실을 뒷받침해준다.

한편 「홍길동」의 인기에 힘입어 속편 격인 「호피와 차돌바위」도 제작됐다. 「호피와 차돌바위」는 1969년에 대만으로 수출까지 되었으며, 제3회 테헤란국제아동영화제에 출품되기도 했다.[02]

- 1980년대

「태양을 향해 던져라」

정욱이 제작하고 박시옥이 감독했으며 신동헌이 감수를 맡아 진행했던 작품으로 1983년 개봉됐다. 만화가 이상무가 만들어낸 당대 최고의 인기 캐릭터 독고탁이 주인공으로 등장하여 시리즈 형태로 제작된 애니메이션의 첫 번째 작품으로서 러닝타임은 77분이다.

이 작품은 산골에서 은둔 중인 아버지와 살던 독고탁이 아버

---

01) '한국 첫 애니 「홍길동」 만든 신동헌 감독 위해…', 중앙일보, 2006. 4. 6.
02) '죽기 전에 꼭 봐야 할 한국 영화 1001', 네이버 지식백과, http://terms.naver.com/entry.nhn?docld=971072&cid=42620&categoryld=42620에서 인용.

지의 죽음 이후 세상 밖으로 나와 야구를 통해 새로운 인생을 살아가는 과정을 그리고 있다. 한국 프로야구 원년인 1982년의 이듬해에 발표되어, 전국적인 야구 붐과도 맞물리면서 당시 대중문화 전체의 흐름이 반영된 작품이기도 하다. 속편 격인 「내 이름은 독고탁」은 1984년에 개봉했으며, 3편인 「다시 찾은 마운드」는 1985년에 개봉했다. 2, 3편에서도 정욱은 제작을 담당했다.

한편 '한국 애니메이션 베스트 15' 가운데 한 편으로 이 작품을 선정했던 영화 저널리스트 김형석은 작품이 지니는 시대적 특징에 대해 "일본이나 미국의 작품을 손쉽게 표절한, 어떻게 보면 '번안 애니메이션'이라고 할 수 있는 작품들이 주류를 이루게 되었고, 그 결과 소재도 한정될 수밖에 없었다"고 설명한다. 그리고 "박시옥 감독의 「태양을 향해 던져라」(1983)는, 그런 면에서 매우 이례적인 작품"이라고 밝히면서 "같은 해 등장한 「황금의 팔」(1983)과 함께 스포츠 애니메이션의 효시라고 할 수 있는 이 영화는, 이상무의 원작 만화를 토대로 친근한 캐릭터 독고탁을 통해 관객과 만났다"[03]고 설명하고 있다.

요컨대 일본 애니메이션에 대한 표절이 두드러졌던 1970년대 후반 이후 국내에서 창작 애니메이션에 대한 새로운 전환점을 제공한 작품으로 평가할 수 있다.

---

03) '한국 애니메이션 베스트 15', 네이버 영화매거진 No. 1156.

「떠돌이 까치」

이현세의 만화를 애니메이션으로 옮긴 작품이다. 당시 제작비는 1억 4,000여만 원[04]이 투입된 것으로 알려져 있으며, 러닝타임은 86분이다. 1987년 어린이날에 KBS를 통해 전파를 탔다. 「공포의 외인구단」 이후 한국 만화계에서 굴지의 스타 캐릭터로 자리 잡은 까치가 1986년에 「이장호의 외인구단」을 통해 스크린으로 옮겨져 공전의 히트를 기록한 이후, 안방극장으로까지 진출하며 시청자들을 매료시킨 작품이다.

작품은 중학교에 들어간 주인공이 역경을 헤치며 야구부를 이끌어나가는 모습과 어머니를 그리워하는 모습을 담아내면서 가족 간의 사랑과 청소년기의 꿈을 형상화한다. 첫 방영 이후 이 작품은 공휴일이나 연말 등 특정 시기에 재방영되면서 10여 년[05] 가까이 어린이 시청자들의 지지를 이끌어냈다.

무엇보다 이 작품에는 '한국 최초 TV 애니메이션'이라는 타이틀이 부여됨으로써 한국 애니메이션의 역사, 특히 창작 애니메

---

04) 동아일보 1987년 5월 2일자 기사 '國産(국산) TV만화 어린이날 첫선'에 "…KBS는 만화영화 「떠돌이까치」(이현세 원작)를 5일 저녁 6시 55분부터 1시간 30여 분 동안 1TV로 방영한다. 제작비 1억 4,000여만 원을 들여 4개월 만에 완성한 이 작품은 중학생 야구선수 설까치와 여자친구 엄지의 밝은 삶을 그렸다…"는 내용이 실려 있다.

05) 한겨레신문 1995년 11월 29일자 기사 '만화영화 「…까치」 지난주 시청률 3위'에 따르면, "2텔레비전에서 재방송 중인 만화영화 「떠돌이 까치」(원작 이현세)가 지난주 30.8퍼센트의 시청률로 인기 프로 순위 3위에 올라 화제다. 이 프로그램은 한국방송공사가 지난 87년 5월 5일 어린이날 특집으로 제작한 첫 국산 텔레비전 만화영화로 그 뒤 해마다 한 차례씩 재방영될 정도로 인기를 누려온 작품이다. 이번에도 90분짜리는 4회로 나누어 방영 중인데, 오는 12월 1일 저녁 6시 25분 마지막회가 나갈 예정이다"라고 되어 있어, 첫 방송 이후 오랜 시간이 지났음에도 여전했던 인기를 확인하게 해준다.

이션 연대기에서 빼놓을 수 없는 작품이다. 동시에 방송 콘텐츠로 제작된 한국 애니메이션으로서 첫 해외 수출 작품이라는 점 역시 주목할 부분이다.

이러한 사실에 대해 박장순은 그의 책 「한류의 흥행유전자 밈」에서 "일본 방송 콘텐츠 수출의 역사는 애니메이션 「서유기」의 미국 수출(1960)로부터 시작된다. 한국 최초의 TV 애니메이션 시리즈 「떠돌이 까치」가 프랑스에 수출된 한류 태동기의 원년인 1987년보다 30년 가까이 앞선 시점이다"[06]라고 밝힌 바 있다.

즉, 문화 산업에서 일본과의 격차에 대해 다루는 내용인데, 여기서 주목할 점은 애니메이션 「떠돌이 까치」가 해외로 수출된 시점으로부터 한류의 태동기를 잡고 있다는 점이다.[07] 그만큼 「떠돌이 까치」는 이 애니메이션을 제작한 기업의 측면에서뿐만 아니라 한국 문화 산업의 전체 역사에서도 특별한 의미가 있음을 알 수 있다.

한편 「떠돌이 까치」의 대중적인 성공은 국산 창작 애니메이션의 가능성을 증명해 보인 사건이기도 하다. 그것은 방영 이후

---

06) 박장순, 「한류의 흥행유전자 밈」, 북북서, 2011, p. 73.

07) 「떠돌이 까치」의 해외 수출에 대해서는 동아일보 1987년 5월 14일자 기사 '國産(국산) TV작품 輸出(수출) 활발'에서도 다음과 같이 밝히고 있다. "KBS와 MBC 양 TV 작품의 해외 수출이 활기를 띠고 있다. KBS는 지난 4월 말 프랑스 칸에서 열린 국제 TV프로그램 견본 시장에서 터키 TRT에 국산 만화영화 「떠돌이 까치」, TV문학관 「병풍에 그린 닭이」, 대만 TTV에 특집극 「열반제」, 태국 INTEL에 「떠돌이 까치」와 다큐멘터리 「이제는 파란불이다」, 싱가포르 SBC에 「병풍에 그린 닭이」 등을 수출키로 확정했으며, 日本 NHK와 말레이시아 VIDEN과도 「떠돌이 까치」, 「병풍에 그린 닭이」 등의 수출 상담을 진행 중이다."

방송사의 연이은 애니메이션 제작 소식을 전한 다음과 같은 신문 기사를 통해 확인된다.

국산 TV 만화영화는 지난해 5월 5일 어린이날 특집으로 KBS 가 「떠돌이 까치」를, MBC가 「달려라 호돌이」를 제작, 방영함 으로써 첫선을 보였다. 그 뒤 KBS가 「아기공룡 둘리」, 「동화 나라 ABC」, MBC가 「독고탁의 비둘기 합창」 등을 만들어 내 보냈다. 이미 방영된 국산 TV 만화영화는 대부분 특집 단막 물이거나 옴니버스 형식의 시리즈물이었으며 지금까지 시청 자들이 보아온 TV 만화영화 연속극은 일본 등 외국에서 제 작된 것들이다. 양 방송사는 그동안 방영된 국산 만화영화가 70퍼센트 내외의 높은 시청률을 기록한 것에 힘입어 이미 제 작된 「아기공룡 둘리 2」(KBS)와 「태권동자 마루치」(MBC) 등 단막물을 어린이날인 5월 5일에 방영한 뒤 연속극 형태의 국 산 TV 만화영화를 제작할 계획이다.[08]

요컨대 「떠돌이 까치」는 당시까지 일본, 미국 등 외국산 애 니메이션 일색이던 브라운관에서 마침내 한국산 애니메이션들이 자리 잡을 수 있게 한 디딤돌이었던 셈이다.

---

08) '兩(양) TV 연속극식 만화영화 만든다', 동아일보. 1988. 4. 29.

「달려라 호돌이」

1988년 서울올림픽의 마스코트로 선정된 호돌이를 매개로 창작된 애니메이션이다. 서울이 올림픽 개최지로 결정되고 난 후 1983년에 호랑이가 올림픽 마스코트로 선정되었고, 마스코트 명칭에 대한 국민공모전이 열려 '호돌이'라는 이름으로 결정되었다. 이후 호돌이는 여러 공공 사업과 다양한 캐릭터 사업에서 주인공이 되었고, '호돌이의 날'이 생길 만큼 많은 인기를 얻었다. 애니메이션 「달려라 호돌이」는 이러한 분위기 속에 탄생했다.

「달려라 호돌이」는 1987년 5월 1일에 MBC를 통해 첫 방영이 이뤄진 이후, 매주 토요일과 일요일에 시청자들을 찾았다. 전체 스토리는 '초능력을 가진 호돌이 외에 태권도를 좋아하는 열두 살짜리 태돌이와 태돌이의 여자 친구 순이, 레이저공학의 권위자인 명구 박사 등이 악당들을 물리치는 내용'[09]을 보여준다.

당시 언론에서는 이 작품에 대해 여러 차례 기사화했는데, 이는 그만큼 국산 창작 애니메이션에 대한 갈증이 있었음을 보여주는 대목이다. 가령 경향신문 1981년 5월 1일자 기사에서는 "국내 만화영화 제작사인 대원동화에 제작 의뢰, 완성한 「달려라 호돌이」는 88올림픽의 마스코트인 호돌이를 주인공으로 하여 단군설화를 인용, 한국적인 특성을 현대와 접목시키고 있어 어린이들

---

09) '國産(국산) TV 만화 어린이날 첫선', 동아일보, 1987. 5. 2.

에게 호감을 줄 것"[10]이라고 작품에 대한 기대감을 드러냈다.

첫 방송 직후인 5월 6일자 동아일보에서는 "호랑이와 태권 소년을 주인공으로 내세우고 단군설화를 인용하는 등 '한국적인 분위기'를 살리려고 애쓴 점은 높이 살 만"했다고 전하면서 "그러나 서울올림픽 마스코트를 본떠 호돌이의 캐릭터를 만들었기 때문인지 만화영화의 주인공다운 생동감이 부족했고 악당을 물리치는 수호자라기보다는 애완용 동물 같은 느낌을 주었다"[11]고 아쉬움을 밝히기도 했다.

한편 정욱은 1990년에 색동회상(소파 방정환 선생의 뜻을 이어받은 색동회가 해마다 어린이 문화운동에 기여한 개인 혹은 단체에 시상하는 상)을 수상했는데, 수상 직후 한 언론과의 인터뷰에서 1987년에 제작한 「떠돌이 까치」와 「달려라 호돌이」 등에 대해 "특히 미개척 분야이던 TV 만화영화 부문에 진출, 1988년 어린이날을 기해 우리들의 이야기를 담은 「달려라 호돌이」, 「떠돌이 까치」를 TV로 반영, 외래 만화가 주류이던 TV에서도 국산 만화영화 시리즈 시대를 열게 한 것"[12]이라며 자신에게도 뜻깊은 일로 꼽은 바 있다.

또한 「달려라 호돌이」는 방송국에서 기획을 하고, 전문 제작사에서 제작을 담당하는 분업 시스템을 본격적으로 출발시킨 작

10) '어린이날 두 TV서 첫선', 경향신문, 1987. 5. 1.

11) '첫 선보인 國産(국산) TV 만화 모두 수준급', 동아일보, 1987. 5. 6.

12) '인터뷰: 13회 색동회상 受賞(수상) 만화영화 제작 鄭煜(정욱) 씨', 매일경제, 1990. 5. 3.

품이기도 하다. 이러한 특징에 대해서는 동아일보 1995년 8월 22일자 기사에서 "88년 「달려라 호돌이」 이후 「독고탁의 비둘기 합창」, 「머털도사」, 「도단이」, 「요정핑크」 등을 내보낸 MBC는 … '만화영화는 다른 어느 장르보다 세계 진출이 유망한 분야여서 적극적인 투자 계획을 세우고 있다'고 밝혔다"면서, "현재 방송사의 TV 만화영화 제작은 대개 방송사 측이 국내 만화영화사에 외주를 주는 형태. 방송사가 기획 아이디어와 자본의 일부를 제공하고 외주를 맡은 제작사가 캐릭터 작업과 함께 세부적인 제작 과정을 담당하는 분업 구조로 이루어지고 있다"[13]고 시대적 의미를 살핀 바 있다.

즉, 미국이나 일본에 비해 제작사의 규모나 자금력이 영세했던 당시 국내 콘텐츠 업계의 현실을 감안한다면 이처럼 기획-제작의 이원화된 구조는 국내 창작 애니메이션의 경쟁력을 갖추는 데 유효했을 것으로 보인다.

「달려라 하니」

월간 만화잡지 〈보물섬〉에 연재된 이진주의 원작을 TV 애니메이션으로 옮긴 작품이다. 1988년 KBS를 통해 방영되었다.

「달려라 하니」는 어머니를 여읜 주인공 하니가 육상선수로

---

13) '안방극장 국산 만화 '붐'', 동아일보, 1995. 8. 22.

성장하는 모습을 보여주면서 어린이 시청자들에게 꿈과 희망을 선사하는 내용을 담아냈다. 특히 애니메이션으로 옮겨지면서 주인공 하니뿐만 아니라 하니의 경쟁자 나애리, 하니의 담당 교사 홍두깨, 홍두깨의 부인 고은애 등 여러 캐  릭터들이 함께 인기를 모았고, 각 캐릭터의 성우 목소리가 화제를 불러일으키기도 했다. 또한 인기 가수 이선희가 불렀던 주제곡은 대중가요 못지않은 히트송이 됐다. 총 13부작으로 제작됐으며, 시청자들의 높은 호응에 힘입어 속편 격인 「천방지축 하니」가 제작됐다.

무엇보다 이 작품이 지니는 의미는 '국내에서 제작된 최초의 TV 시리즈 애니메이션'이라는 사실에 있다. 요컨대 일본 등 주요 애니메이션 제작 국가들로부터 하청을 받아오던 우리가 드디어 장작 애니메이션을 연속극 형태로 제작할 수 있는 단계까지 성장했음을 보여주는 지표였던 셈이다. 이른바 '애니메이션 독립국'으로 선포할 수 있게 된 기념비적 작품이기도 하다.

또한 이 작품 이후 TV 시리즈물로 다양한 애니메이션이 등장하게 되면서 한국 애니메이션 역사에서 또 하나의 전환점이 된 작품이기도 하다. 이러한 역할에 대해서는 "1988년 방영된 「달려라 하니」는 국내 최초 TV 시리즈 애니메이션이었다. 「달려라 하니」의 성공으로 KBS의 「천방지축 하니」, 「2020년 우주의 원더키디」, 「옛날옛적에」, 「영심이」, 「날아라 슈퍼보드」 등의 시리즈 애니메이션이 줄지어 탄생했다. 이에 MBC는 「머털도사」, 「흙꼭두장군」, 「도단이」 등 90여 분 분량의 애니메이션을 제작, 방영했다"[14]는 기사를 통해 확인할 수 있다.

「영구와 땡칠이」

당대 최고의 인기 개그맨 심형래가 주연을 맡았고, 남기남 감독이 메가폰을 잡아 제작된 어린이 대상의 가족영화다. 러닝타임은 97분이며 1989년 7월 29일에 개봉됐다. TV 개그 프로그램을 통해 전국민적 캐릭터가 된 영구를 스크린으로 옮겨온 작품으로서 주인공 영구 역을 맡은 심형래 외에 김학래, 박승대 등의 동료 개그맨이 함께 출연했다. 인간들을 지배하려는 귀신들을 물리치는 영구의 활약상을 담아낸다.

개봉 당시 100만 명[15]이 넘는 관객을 동원한 것은 공공연한

---

14) '[위기의 한국 애니메이션] 1987년 「떠돌이 까치」 시작 … 「뽀로로」 3D혁명 이끌어', 이투데이, 2014. 3. 14. http://www.etoday.co.kr/news/section/newsview.php?idxno=884801.

15) 통상적으로 한국 영화 가운데 첫 100만 관객을 동원한 작품으로는 임권택 감독의 영화 「서편제」(1993)가 꼽힌다. 하지만 매일경제의 1998년 5월 18일자 기사 '영화인 심형래의 부가가치'에서는 당시까지 국내 개봉 영화 중 가장 많은 관객을 동원한 영화로 「영구와 땡칠이」를 꼽으면서 180만 명을 동원했다는 기록을 적고 있다. 이러한 시각 차이는 이른바 '어린이영화'에 대한 편견 혹은 공식 집계에 대한 신뢰 등에 따라 생겨난 것으로 보인다.

사실로 알려져 있는데, 이를 통해 개봉 당시 작품에 대한 세간의 인기를 어느 정도 짐작할 수 있다. 동시에 그러한 대중적인 성공은 이후 시리즈로 제작될 수 있는 원동력이 되어 2탄인 「영구와 땡칠이 소림사 가다」가 1989년 12월 22일에, 3탄인 「영구 람보」가 1990년 7월 28일에, 4탄인 「홍콩 할매 귀신」이 1991년 7월 27일에 줄지어 개봉했다.

- 1990년대
「영심이」

배금택의 만화를 TV 애니메이션으로 옮겨놓은 작품이다. KBS를 통해 1990년 10월에 첫 방영이 이뤄졌다. 원작 만화는 세상에 대한 사춘기 소녀의 호기심을 웃음으로 승화시키면서 손에 꼽히는 인기작으로 자리 잡았다. 애니메이션 역시 원작이 지닌 특징적인 요소를 잘 반영했고, 그러한 모습을 통해 높은 시청률을 기록하면서 대중들로부터 광범위한 인기를 이끌어냈다.

특히 이 작품의 흥행은 대원이 본격적으로 라이선싱 사업에 뛰어들 수 있는 발판이 되어주었다. 그러한 사실은 경향신문 1995년 11월 13일자에 실린 '캐릭터 산업에 눈 돌려라'라는 기사에서 "…대원동화의 「영심이」와 「달려라 하니」는 각각 1억 원 정도 로열티를 받았다. 대원동화는 12월부터 방영되는 「두치와 뿌꾸」에 다시 한번 기대를 걸고 있다. 전문가들은 우리 캐릭터 시장도 2000년이 되면 5조 원 안팎의 큰 시장으로 성장할 것으로 전망하고 있다…"[16]라는 내용을 통해 확인할 수 있다.

또한 매일경제 1992년 8월 31일자 기사 '캐릭터 이용 商品(상품) 인기'에서도 "…만화영화 제작 업체인 大元動畵(대원동화)는 하니와 영심이를 스낵 액세서리 화장품 제조 업체에 제공하고 있는데 최근에는 외국산 캐릭터의 국내 보급 사업에도 착수, 日本(일본) 토에이동화의 「드래곤볼」을 완구 등에 제공하고 있으며, 지난 7월에는 슈에이샤의 캐릭터도 도입했다"[17]라는 내용을 통해서도 재차 확인할 수 있다.

요컨대 대원의 저작권 사업에서 「영심이」는 일종의 교두보가 되었던 것으로 파악할 수 있다. 한편 「영심이」는 애니메이션의 흥행과 함께 이후 원작 만화가 실사영화로도 옮겨졌고, 2000년대에는 이 작품을 소재로 한 공연[18]까지 만들어졌다.

---

16) '만화영화 주인공 상품에 새겨 판다 – 캐릭터 산업에 눈 돌려라', 경향신문, 1995. 11. 13.

17) '캐릭터 이용 商品(상품) 인기', 매일경제, 1992. 8. 31.

18) 2007년 초연 이후 해마다 재공연되고 있는 뮤지컬 '젊음의 행진'은 「영심이」의 30여 년 후 이야기를 담고 있다.

「붉은매」

1992년부터 〈소년챔프〉에 연재된 만화 「협객 붉은매」(소주완 글, 지상월 그림)를 극장판 애니메이션으로 옮긴 작품이다. 원작의 경우 7년간 장기 연재되면서 단행본 총 26권으로 완결되었는데, 무려 누적판매부수 400만 부[19]라는 경이적인  기록을 세워 사람들 사이에서 회자된 바 있다. 애니메이션은 〈소년챔프〉에 만화가 연재되던 중에 제작되어 1995년 8월 5일에 개봉했다.

작품은 평화가 사라지고 혼돈 속에 놓인 무림계에서 악의 무리 동백꽃단에 맞서는 붉은매의 이야기를 담아낸다. 애니메이션 제작에는 총 17억 원의 제작비가 투입되었다고 전해지며, 특히 대원의 이름으로 처음 도전한 극장용 애니메이션이라는 사실이 특기할 만하다.

이러한 경험에 대해 한 언론에서는 「붉은매」 제작에 참여했던 이의 입을 빌려 "'우리에게 단순한 손만 있는 것이 아니라 전 과정을 주관할 능력이 있다는 자신감을 얻은 점'이 이번 제작의

---

19) 매일경제의 2003년 2월 7일자 기사 '「협객 붉은매」 원작의 감동 속으로'에서 "총 판매부수 400만 부를 기록하고 애니메이션으로도 제작돼 화제를 뿌렸던 「협객 붉은매」…"라고 소개된 바 있다.

가장 큰 결실"[20]이라고 밝힌 바 있다. 즉, 이 작품이 지니는 시대적 의미는 1980~1990년대를 거치며 TV 애니메이션을 제작해오던 과정에서 축적된 기술과 경험을 극장용 장편 애니메이션에 집결시켰다는 점에 있다.

또한 당시 「헝그리 베스트 5」, 「홍길동 '95」, 「아마게돈」 등의 제작 소식과 함께 1990년대 중반 국산 극장용 만화영화 제작의 주요한 흐름을 형성했다는 점도 눈여겨볼 대목이다. 한편 이 작품은 영화진흥공사에서 열린 '95 대한민국 영상만화대상에서 금상을 수상했다.

「녹색전차 해모수」

총 26부작으로 제작되어 KBS 2TV를 통해 1997년 12월 12일에 첫 방영된 애니메이션이다. 일본에 수출되어 「무지개전기 이리스」라는 제목으로 NHK를 통해 방영되기도 했다.

이러한 사실에 대해 당시 언론에서는 "일본이 거의 장악하고 있는 국내 애니메이션 산업에서 KBS가 국산 만화영화의 해외 진출을 목표로 2년여의 기획 기간과 1

---

20) '무협 애니메이션 「붉은매」 난다', 한겨레신문, 1995. 8. 4.

년여의 제작 기간 동안 순수 국내 기획자와 국내 작가를 투입, 100퍼센트 한국 SF 만화영화 「녹색전차 해모수」를 탄생시켰다는 점에서 의미를 부여할 수 있다"[21]고 평가한 바 있다. 또한 "일본 만화영화의 식민지라는 오명에서 벗어나 對日 만화 '역수출'이라는 기념비적인 작품이 될 전망"[22]이라고 그 의의를 밝히기도 했다.

「지구용사 벡터맨」

한국 최초 TV SFX(Special effects, 특수효과) 애니메이션이다. 1998년 10월부터 다음 해 1월까지 방영되었고, 곧이어 속편도 만들어져 1999년 8월부터 11월까지 방영되었다. 1, 2기 각각 13편씩 총 26회 분량이다.

「파워레인저」 혹은 「울트라맨」 등과 같은 외국 작품에 대적할 만한 콘텐츠로서 한국산 특촬물의 신기원을 열었던 작품으로 평가된다. 총 제작비 20억 원이라는, 당시로서는 대규모 자본이 투입된 프로젝트이기도 했다. 특히 작품에서 드러나는 기술력에 대해 언론에서는 할리우드 못지않은

21) 'KBS 국산 만화영화 「녹색전차 해모수」', 연합뉴스, 1997. 12. 8.
22) '국산 만화영화 제작 잇따라', 연합뉴스, 1997. 11. 26.

특수효과라고 언급하기도 했으며, "우주 공간의 3차원 재현이나 로봇의 변신 장면, 촬영한 화면과 애니메이션 간의 장면 이어짐이 과거 비슷한 특수효과 애니메이션과 분명 다르다는 게 제작진의 설명"[23]이라고 기사화되기도 했다.

덕분에 일본에까지 수출되었으며, 인기에 힘입어 극장판이 만들어졌고 게임으로도 제작된 바 있다. 당시 게임 제작사에서는 "보통 인기 게임 소프트가 3,000본 정도 팔리는데 「지구용사 벡터맨」은 1만 본이나 판매됐다"고 전하면서 "TV 시리즈나 영화 등 이미 널리 알려진 영상물의 캐릭터를 주인공으로 하는 게임 소프트는 사용자가 내용에 익숙해 쉽게 이해할 수 있다는 장점이 있어요. 「지구용사 벡터맨」 게임 소프트가 초등학생 사이에서 인기를 끈 이유도, TV에서 방영됐던 벡터맨에 대해 환상을 갖고 있던 아이들이 게임에서 직접 벡터맨이 될 수 있다는 점 때문입니다"[24]라고 밝히기도 했다.

한편 「지구용사 벡터맨」은 김성수, 기태영, 엄지원 등 2000년대 이후 스타급으로 성장한 배우들이 출연진으로 등장해 두고두고 화제가 되었다.

---

23) '특수효과 어린이프로 국산으로 승부', 한겨레신문, 1998. 9. 30.
24) '벡터맨 게임 제작 전언구 씨 "TV로 이미 알려져 더 인기"', 동아일보, 1999. 8. 26.

「신암행어사」

윤인완 글, 양경일 그림의 동명
원작을 스크린으로 옮긴 애니메이션
이다. 원작 만화는 2001년부터 일본의
월간 잡지 〈선데이GX〉에서 연재되었
고, 국내에 역수입되어 〈영챔프〉를 통
해 발표되었다.

작품은 조선 시대 암행어사인 박
문수를 소재화한 스토리를 보여주면서 몽룡, 춘향 등과 같은 우
리 고전소설 속에 등장하는 이름들을 만화 속 캐릭터로 가져와
눈길을 모았다. 가상의 나라 쥬신이 패망한 이후 주인공 박문수
가 어려움에 빠진 백성들을 도우며 악의 무리들과 싸움을 펼쳐나
가는 이야기를 담아냈다.

연재가 한창 진행되는 노중에 애니메이션 제작이 결정되었
고, 2004년 11월 26일에 한일 양국에서 동시 개봉했다. 국내에서
는 정식 개봉에 앞서 11월 5일에 개최된 제6회 부천국제학생애니
메이션페스티벌(PISAF)의 개막작으로 선정되기도 했다. 한편 지
성, 윤손하 등 한류 스타들이 성우로 참여하면서 세간의 화제를
모으기도 했다.

무엇보다 애니메이션 「신암행어사」는 일본 잡지에서 연재

된 한국 만화가의 작품으로는 최초로 제작된 애니메이션이라는 의미를 지닌다. 특히 한국의 대원동화를 비롯해 원작의 발행사인 쇼가쿠칸과 함께 이마지카엔터테인먼트, 닛쇼이와이, 클록웍스, 하쿠호도 등이 협력사로 참가했던 것으로 알려져 있다. 이러한 사실을 통해 「신암행어사」는 '한일 공동'이라는 기존에 보기 힘들었던 제작 구조를 증명해 보인다. 즉, 1970~1980년대에 주로 일본의 하청을 받아 애니메이션을 제작했던 한국이 이제 일본과 공동으로 제작할 수 있는 위치까지 발전했음을 증명해 보였던 것이다.

이에 대해 총괄 프로듀서를 맡았던 일본의 카지야 분쇼는 2014년 12월 13일 서울 코엑스에서 진행된 '만화 원작 비즈니스 워크숍'에서 "이번 작품을 만들면서 한국과 일본의 의견 조율이 가장 힘들었다"고 고백했다. "한국도 일본과 마찬가지로 작가에 대한 저작권 문제가 복잡한 것 같아요. 이 부분과 관련해 특별한 지침이나 모델이 없어 서로 업무를 조정하는 데 적지 않게 애를 먹었죠. 덕분에 일본에서 제작하는 것보다 3개월이 더 걸렸어요. 하지만 이번 모델을 통해 앞으로 보다 쉽게 공동 제작을 진행할 수 있을 것 같아요."

또한 그는 "한일 합작 애니메이션 제작 전망에 대해 앞으로 폭넓은 공동 제작 기회가 주어질 것이며 공동 제작을 수행할 수 있는 제작진이 많이 양성돼야 한다"고 강조하면서 "예를 들어 일본 만화 원작을 한국 주도로 제작한다든지, 한국의 음악 아티스트를 주인공으로 한 흥미로운 이야기를 일본에서 출판하거나 애니메이션으로 만든다든지, 얼마든지 협력할 수 있는 주제는 많다"[25]고 이야기했다.

요컨대 애니메이션 제작의 국가 간 지형에서 「신암행어사」는 기존까지 한국이 일본에 대해 지니고 있었던 하청국이라는 이미지에서 탈피해 협업과 공동 제작으로 나아갈 수 있는 새로운 방향을 제시해준 작품이었다.

「뚜바뚜바 눈보리」

2009년 8월 27일부터 EBS를 통해 매주 목요일과 금요일에 방영된 애니메이션이다. 회당 15분, 총 52부작으로 구성되어 6개월의 시간 동안 시청자들을 만났다.

작품은 '뚜바뚜바'라는 가상의 공간에서 주인공 눈보리를 비롯한 일곱 명의 요정이 등장해 악당들을 상대하는 판타지를 보여준다. 인기에 힘입어 시즌 2도 제작되었는데, 총 26화로 구성되어 2011년 9월 2일부터 2012년 2월 24일까지 방영되었다. 시즌 1이 방영된 2009년에는 대한민국 콘텐츠어워드 애니메이션 부문에서 대상인 대통령상을 수상했다.

---

25) http://news.naver.com/main/read.nhn?mode=LSD&mid=sec&sid1=106&oid=111&aid=0000002276.

한편 이 작품은 2009년 9월 19일부터 미국 전역으로 전파를 탔다. 국산 창작 애니메이션이 이처럼 한국과 미국에서 동시에 방영된 사례는 처음인데, 바꾸어 말하면 한국 애니메이션의 성장을 고스란히 보여주는 텍스트라 할 만하다. 「디지털 엔터테인먼트 ― 최신 문화콘텐츠의 이해」에서는 이 작품의 특징에 대해 다음과 같이 평가했다. "2009년에 주목받을 만한 캐릭터로는 대원미디어의 「뚜바뚜바 눈보리」가 있다. 2006년 한국문화콘텐츠진흥원이 선정한 스타 프로젝트 애니메이션인 「뚜바뚜바 눈보리」는 3D CG 애니메이션으로 제작된 미취학 어린이용 TV 시리즈로 2009년 국내 방영에 이어 미국의 공중파 전국 네트워크인 CBS를 통해 현지 전역에 방송되었다. 순수하게 국내에서 기획된 애니메이션이 양국에서 동시 방영되기는 이번이 처음이다. 북미 방영을 통해 다양한 캐릭터 상품의 판매도 증가할 것으로 기대된다."[26]

---

26) 이상호 외, 「디지털 엔터테인먼트 ― 최신 문화콘텐츠의 이해」, MSD미디어, 2011, p. 153.

「곤」

EBS를 통해 2012년 8월부터 총 64회가 방영된 애니메이션이다. 인기에 힘입어 시즌 2도 제작됐는데, 시즌2는 2014년 9월 4일에 첫 전파를 탔다. 약육강식의 논리가 살아 있는 자연세계에 어느 날 갑자기 주인공 곤이 나타나 다양한 동물들과 어울리며 벌어지는 모험담을 그려낸다.

이 작품은 특히 기획 측면에서 두드러진다. 그 이유는 바로 원작이 일본 만화라는 데 있다. 원작 「곤」은 다나카 마사시가 고단샤의 주간 만화잡지 〈모닝〉에서 약 10여 년간 연재한 만화로서, 대사 없이 그림만으로 이야기를 전달한다는 특징이 있다. 이처럼 일본의 원작 만화를 대원에서는 한국 애니메이션으로 재탄생시켰다. '글로벌'이라는 단어가 곳곳에서 주요한 화두로 떠오르고 있는 시대적 흐름에 발맞추어 창작 애니메이션의 새로운 기획력을 보여준 셈이다.

이러한 방식에 대해 애니메이션의 총감독을 담당했던 김길태는 "기존 원작 만화의 인기로 인해 모티브를 해치지 않는 선에서 스토리의 창작과 영상을 가미하려다 보니 제작에 어려움이 많았지만 「곤」을 국가대표 애니메이션으로 만들겠다는 일념으로 달려온 결과물에 아이들의 반응이 좋아 즐겁다"[27]고 밝힌 바 있다.

작품이 지닌 대중적 파급효과는 수치를 통해 구체적으로 확인된다. 작품이 공개된 2012년 말 "EBS에서 방송된 곤은 최고 시청률이 12.1퍼센트를 기록하며 뽀로로의 최고 시청률(7.5퍼센트)을 경신, 뽀로로를 이을 새로운 스타 캐릭터로 떠오르고 있다"[28]는 기사와 함께 "300여 종의 관련 상품이 출시돼 어린이들의 많은 사랑을 받고 있으며, 최근 뮤지컬로도 제작돼 큰 호응을 받는 등 국내 애니메이션 산업을 대표하는 수작으로 평가받고 있다"[29]고 거론되었다.

이처럼 「곤」은 애니메이션을 활용한 다양한 부가상품으로도 관련 시장 확대를 이어나가고 있어서 단지 특정 시기의 히트 상품이 아니라 꾸준한 스테디셀러로 자리 잡을 수 있음을 증명해 보이고 있다. 한편으로 「곤」은 한국 애니메이션의 글로벌 진출에서도 최선두에 위치한 작품이다. 2014년 11월 현재 "중국을 비롯해 북미, 유럽 시장 진출이 예정"[30]돼 있다.

---

27) '한류 애니 「곤(GON)」, 국가대표 애니로 우뚝 … 김길태 대원미디어 감독', 헤럴드 경제, 2013. 9.
28) '완구업체 세밑전쟁 … 크리스마스이브까지 반납', 아시아경제, 2012. 12. 4.
29) '좋은 친구 「곤(GON)」, 올레tv에서 만나요', 아크로팬, 2013. 6. 8.
30) '대원미디어, 韓 애니 거장 정욱號로 새출발한다', 머니투데이, 2014. 11. 4.

정욱의 미디어믹스 전략

한국 최초의 극장용 장편 애니메이션 「홍길동」에서 원화를 담당하며 출발한 정욱 개인의 문화사(文化史)는 그 자체로 한국 애니메이션의 역사와 궤를 같이한다. 그만큼 그가 걸어온 길에는 공과를 가늠하기 앞서 반세기 동안 한 우물만을 파온 사람만이 지닐 수 있는 특별함이 존재할 것이다.

이는 끊임없이 부가가치를 확대재생산해야 하는 사업가로서의 입장과도 맞물린다. 그리고 그러한 특징적인 요소는 원프로덕션으로부터 설립 40여 년을 맞이하는 대원의 콘텐츠를 통해 확인할 수 있다. 이러한 부분에 대해 여기서는 대원의 콘텐츠를 크게 만화, 애니메이션, 글로벌 등으로 계열화하여 좀 더 구체적으로 살펴보고자 한다.

만화 계열

정욱은 사업가이기 이전에 1960~1970년대를 거치며 「초립동자」, 「아기유령」, 「호질」 등의 작품을 발표했던 만화가이기도 하다. 그리고 그러한 창작가적 기질이 비즈니스와 맞물려 꽃을 피운 것은 만화와 관련된 다양한 매체를 론칭, '원소스(One Source)'의 토대를 마련한 것으로 이해할 수 있다.

대원의 이름으로 탄생한 몇 가지 대표적인 만화 매체를 정리하면 다음과 같다.

〈소년챔프〉

1991년 12월 5일에 창간된 만화 전문 주간지다. 애니메이션 전문 회사였던 대원이 도서출판 대원을 설립하면서 만화 사업에 본격적으로 뛰어들었는데, 그 발판이자 간판이 된 매체다.

창간의 배경에 대해서는 "서울문화사의 〈아이큐점프〉로 인해 주간지

형태의 만화잡지가 정착되면서 어린이 독자층이 넓어진 것이 창간의 배경이 되었다. 여기에 일본의 외주를 받아 애니메이션을 제작하던 대원동화로서는 창작 애니메이션을 위한 원작의 필요성을 느낀 것도 이유 중의 하나다."[31]고 분석한 이도 있다.

이러한 특징을 뒷받침하듯, 〈소년챔프〉를 통해 발표된 작품 가운데 「협객 붉은매」, 「마법사의 아들 코리」(고행석 작), 「검정고무신」(도래미 글, 이우영 그림) 등 다수의 작품이 애니메이션으로 제작된 바 있다. 이 외에도 「어쩐지 좋은 일이 생길 것 같은 저녁」(이명진 작), 「굿모닝! 티처」(서영웅 작), 「슈팅」(전세훈 작), 「프리스트」(형민우 작) 등 한 시대를 풍미했던 작품들을 선보이며 1990년대 만화 황금기를 견인했다.

---

31) 이승남 · 박소현, 「한국만화 가이드북: 만화잡지」, 부천만화정보센터, 2004, p. 64.

〈영챔프〉

1994년 5월에 창간된 매체로서 연령을 세분화해 고등학생부터 대학생에 이르는 독자군을 주요 타깃층으로 삼은 이른바 '영(Young)지'로 분류된다. 특히 〈소년챔프〉를 통해 출판만화 시장에 성공적으로 진입한 대원이 본격적으로 독자층을 세분화한 매체를 선보이기 시작했을 때 대표적인 잡지로 꼽을 수 있다. 또한 〈소년챔프〉에 이어 시장에서 좋은 반응을 이끌어내며 대원이 국내 만화 시장에서 거두로 자리매김하는 데 주요한 역할을 했던 것으로 평가된다.

월 2회 발행되면서 「열혈강호」(전극진 글. 양재현 그림), 「비트」(허영만 작), 「아일랜드」(윤인완 글. 양경일 그림), 「내 파란 세이버」(박홍용 작) 등의 히트작을 내놓았다. 출판 시장이 불황을 맞으며 만화 잡지 시장이 쇠퇴하자 2009년에 온라인 잡지로 전환되었다가 2013년 〈코믹챔프〉와 통합되었다.

〈이슈〉

1996년 발간된 격주간지로서 고등학생 전후 연령대의 여성 독자층을 겨냥한 잡지다. 대원은 이른바 '순정지'로 〈터치〉(1993년 창간. 1995년 폐간), 〈화이트〉(1995년 창간. 2001년 폐간) 등을 선보인 바 있는데, 그중에서 〈이슈〉는 가장 성공적인 매체로 자리 잡았다. 특히 공모전 개최 등 지속적으로 신인 작가 육성에 힘썼으며 권교정,

서문다미, 여호경 등 여러 역량 있는 작가들의 데뷔 공간이 되었다. 대표 작품으로 「프린세스」(한승원 작), 「Let 다이」(원수연 작), 「지구에서 영업중」(이시영 작) 등을 꼽을 수 있다. 2006년 월간지로 변경되었다.

애니메이션 계열

대원에 있어서 애니메이션 분야는 장편 애니메이션 「홍길동」의 핵심 스태프로 참여했던 정욱이 원프로덕션, 대원동화 등을 거치며 항상 사업의 중심에 두었던 핵심적인 테마다. 일본의 하청을 받아 애니메이션 작업을 하던 1970년대를 거쳐 「떠돌이 까치」 등으로 창작 애니메이션의 기틀을 마련했던 1980년대, 그리고 「붉은매」, 「녹색전차 해모수」 등 장편 애니메이션을 제작해 시장에 선보였던 1990년대를 지나 「뚜바뚜바 눈보리」, 「곤」 등으로 대표되는 글로벌 콘텐츠를 선보이게 된 2000년대에 이르기까지 대원의 애니메이션 역사는 뚝심 있는 연대기를 보여준다.

이러한 흐름 속에서 대원이 진행한 일본 애니메이션 하청 작업에 대해 곱지 않은 시선이 있었던 것도 사실이다. 하지만 "TV 시리즈물에 있어서 국산 애니메이션 최다 제작 기록을 보유"할 만큼 활발한 창작을 많이 했다는 사실을 기억한다면 분명 공과는 제대로 기록될 필요가 있다. 이와 관련해 정욱은 2001년 한 신문과의 인터뷰에서 "오히려 국내 시장 규모에 비해 창작을 많이 했다"[32]고 밝히기도 했다.

이처럼 창작 애니메이션에 대한 정욱의 관심과 애정은 외환위기를 경험했던 1990년대 후반 애니메이션 제작을 잠시 접었다가 사업이 안정화되자 다시 창작 애니메이션을 재개한 사실로부터도 입증된다. 정욱의 이러한 뚝심은 2013년 서울국제만화애니메이션페스티벌(SICAF)에서 SICAF어워드를 수상함으로써 대외적으로 인정받은 바 있다.

해외 사업 계열

출판만화로부터 시작해 애니메이션과 캐릭터, 그리고 게임과 방송 등으로 이어지는 대원의 콘텐츠 사슬은 다양한 머천다이징과 미디어믹스를 통해 대원 스스로 한국에서 대표적인 종합엔터테인먼트 회사로 자리 잡게 했다.

그런 가운데 대원의 해외 비즈니스 전개는 우리 문화 콘텐츠의 세계화라는 거시적 안복과도 맞물리는 부분이다. 현재 대원은 해외 30여 개국에 만화저작권을 수출하고 이를 통해 연간 10억 원 이상의 수출 실적을 올리고 있다. 또한 프랑스, 태국, 인도네시아, 말레이시아 등 세계 곳곳에 라이선스 잡지를 출간하면서 이른바 'K-comics' 만화 한류를 이끌어왔다.

---

32) '정욱(대원C&A홀딩스 사장) … 한국의 디즈니를 꿈꾸며', 한국경제, 2001. 4. 18.

　　이러한 해외 사업이 가져오는 성과는 몇몇 사례를 통해 구체적으로 확인된다. 2000년대 초 3D 애니메이션 「큐빅스」는 미국의 포키즈엔터테인먼트와 합작을 체결한 바 있는데, 당시 보도된 기사를 통해 정욱은 "국산 애니메이션 및 캐릭터가 세계 시장에 진입할 수 있는 새로운 수익 모델을 확보"했으며, 이는 "캐릭터 판매를 염두에 두고 세계 시장을 겨냥해 기획, 제작하고 글로벌 마케팅을 한 결과"[33]라고 설명했다.

　　또한 2012년에 「곤」과 「빠뿌야 놀자」의 일본 수출이 결정된 것에 대해서도 "국내 방영을 거치지 않고 해외에 직접 수출되기

---

33) '국산 애니 세계 노크 … 대원C&A홀딩스 정욱 회장', 한국경제, 2001. 8. 14.

는 대원미디어의 두 작품이 사상 처음"이라고 평하면서 "통상 애니메이션의 해외 수출은 국내 방영 후 성공 여부에 따라 수출 여부가 결정되지만, 「곤」과 「빠뿌야 놀자」는 기획 단계부터 철저히 해외에 초점을 맞춰 제작"[34]된 것이라고 밝혔다. 일찌감치 글로벌 시장을 염두에 두고 다양한 방식으로 해외로 진출하려는 안목을 접할 수 있는 대목이다.

이와 같은 해외 사업이 이뤄낸 성과는 2009년 대한민국 콘텐츠어워드에서 해외 진출 공로로 인정받아 국무총리 표창을 받은 바 있다.

▶ 글. 김성훈 만화평론가

---

34) '대원미디어, 「곤(GON)」 공개로 日 본격 진출', 헤럴드경제, 2012. 3. 22.

일본의 기술을
배워 와라,
우리 것을 만들자

교육 이전의 교육 - 현장에서 배우고 가르치다

우리나라에 만화, 애니메이션 관련 대학교가 처음 생긴 것은 1990년 공주대학교였다. 당시에는 독특한 학과로 인식될 정도로 사회문화적 분위기가 만화와 애니메이션에 대해 호의적이지 않았다. 하지만 24년이 지난 지금은 이미지가 완전히 바뀌었다. 과거 단순하게 어린이들만 보는 문화로만 인식하던 시각에서 현재는 당당하게 하나의 문화 콘텐츠로 자리 잡는 시대가 되었다. 그 후 대학교는 물론 대학원에 석·박사 과정도 생기고 관련 학과들이 전국적으로 개설되면서 만화와 애니메이션을 배우고자 하는 사람들의 교육적 갈증을 해결해주고 있다.

신동헌 선생 스튜디오에서 애니메이션
「홍길동」의 제작 스태프로 활약하던 무렵의 정욱 회장

　그러면 1990년 이전에는 어떻게 만화와 애니메이션을 배울 수 있었을까? 당시 만화는 주로 인기 만화가들의 문하생이라는 시스템을 통해서 인력들이 양성되었고, 애니메이션은 산업체나 관련 업종에서 일을 하면서 선배들로부터 배우고 노하우를 습득했다. 이러한 인력 양성 시스템은 현재 한국 최고의 만화 애니메이션 그룹을 이끌고 있는 대원미디어 정욱 회장에게도 크게 다르지 않았다.

　〈대한민보〉에 실린 이도영의 신문 만화에서 태동을 시작한 한국 만화는 질곡 많은 우리 역사와 함께 성장했다. 강압과 수난이라는 일제강점기를 거치고 1945년 해방과 함께 만화잡지들이 본격적으로 창간되기 시작했다. 만화잡지는 만화를 확산시키고 발전시키는 중요한 매체로서 만화 문화가 전성기를 맞이하는 데 중요한 역할을 했다.

당시 특별한 오락거리가 없었던 어린이들에게 만화는 최고의 오락거리 중 하나였다. 그때 어린이들이 즐겨 보는 만화들은 명랑만화가 주를 이루고 있었다. 이는 전쟁으로 피폐해진 사회문화적 분위기 속에서 그나마 만화를 통해 즐거움을 찾고자 했던 어린이들의 성향과, 심각하지 않은 내용으로 단순한 재미를 제공하는 명랑만화의 특징이 잘 맞아떨어졌기 때문이다.

1950년 한국전쟁이 발발하면서 만화잡지 출간은 다소 주춤해졌다. 그럼에도 만화는 여전히 어린이들에게 즐거움을 주는 매체였다. 김용환, 박기당, 김종래, 신동우 등의 만화가들이 인기를 끌면서 만화 시장이 성장하기 시작했다. 1946년생인 정욱 회장의 유소년 시기는 이러한 만화잡지 시대와 함께했다고 볼 수 있다. 감수성이 예민하고 그림에 관심이 많았던 정욱 회장은 만화를 보면서 꿈을 꾸기 시작했다.

초등학교 3학년 때 처음 〈새벗〉이라는 잡지를 봤다. 「흑두건」이라는 작품이 있었다. 영창대군 이야기를 그린 만화였는데, 세상에 이렇게 재미있는 것이 있나 싶었다. 너무 재미있어서 그때부터 만화가가 되겠다고 생각했다. 그 그림을 베껴 그리기 시작했다.

1960년대에도 만화잡지 창간은 이어졌다. 많지는 않았지만 전후 황폐해진 어린이들의 정서를 어루만져주는 만화의 역할은 매우 중요했다. 만화는 곧 전국으로 유통되었고, 당시 만화가를 꿈꾸던 많은 사람들에게 나도 만화가가 될 수 있다는 희망을 안겨주었다.

만화 학교가 전무하던 그 시절 만화가로 데뷔하기 위한 가장 빠른 방법은 만화가의 문하생으로 들어가는 일이었다. 당시 만화잡지나 만화 단행본 뒷장에는 문하생을 구한다는 만화가들의 글이 함께 실리곤 했다. 소극적인 독자들은 투고를 통하여 자신의 실력을 검증받고 싶어 했고, 적극적인 독자들이나 만화가 지망생들은 만화가의 작업실을 무작정 찾아가기도 했다.

문하생들은 만화가들과 함께 생활하면서 그림도 배우고 만화 산업에 대한 메커니즘도 이해하게 된다. 그리고 본인들의 역량에 따라 나름대로 인프라도 구축하면서 자연스럽게 만화가로 데뷔하게 되는 것이다. 정욱 회장 역시 그랬다. 어릴 적 만화잡지를 보면서 만화가의 꿈을 키웠고, 교육대학교에 진학해서 선생님이 되라는 주위의 권유를 뿌리치고 신동헌 선생의 문하생으로 들어간 것이다.

미술을 가르치던 장일섭 선생님이 계셨는데 당시 유명한 화가셨다. 신동헌 화백과 같은 함경도 사람이었는데 그분 소개로 가게 되었다. 김대중 작가도 그 선생님의 지도를 받기도 했다. 김대중은 내 2년 후배다. 우여곡절 끝에 신동헌 선생님 집에 갔다. 아침이면 먹 갈고 청소하는 것이 내 일이었다. 선생님이 버리는 원화나 동화지를 집에 들고 가서 밤새도록 연습했다.

정욱 회장은 신동헌 선생의 문하생으로 있으면서 본격적인 만화 애니메이션 교육 과정을 거치게 된다. 신동헌 선생은 당시 최고의 CF 애니메이션 감독으로 활동하고 있었고 만화「풍운아 홍길동」으로 인기를 끌던 만화가 신동우 선생의 형이기도 했다. 정욱 회장의 회고대로 특별한 교육을 통해 그림을 배웠다기보다는 신동헌 선생의 작업을 도우며 틈틈이 모사하거나 스스로 습작을 통해서 깨달아갔다고 볼 수 있다.

당시 문하생이라 함은 곧 고생길을 걷는다는 것이었다. 수입도 없거나 있어도 많지 않았고 작업실의 허드렛일까지 책임져야 했다. 말 그대로 현장에서 눈치로 배우는 만화 교육이었다. 이에 비해 현대의 문화 산업 교육은 체계적이고 목적이 명확하다. 문화 산업 인력을 키우기 위한 전문성이 필요하기 때문이다. 하지만 만화 애니메이션 전문 교육기관이 없던 당시 상황에서는 정욱 회장이 선택한 문하생 시스템이 현장에서 배울 수 있는 최고의 교육 기관이었다.

그리고 오래지 않아 정욱 회장에게 애니메이션을 배울 수 있는 계기가 찾아왔다. 당시 문하생들은 대부분 수년에 걸쳐 학습하는 시간을 보내게 된다. 하지만 정욱 회장은 3년도 안 되어 본격적인 스태프로 인정을 받기 시작했다. 스태프가 되었다는 것은 능력을 인정받았다는 의미다. 특히 애니메이션 분야는 당시 우리나라 수준에서는 미개척 분야였고, 당연히 배울 수 있는 곳도 없었다. 묵묵히 문하생 역할을 하고 있던 정욱 회장에게 기회가 온 것이다. 그 계기를 정욱 회장은 다음과 같이 이야기했다.

> 한 3년 있었는데, 어느 날부터 (신동헌) 선생님이 월급을 주셨다. 2,000원이면 당시에 큰돈이었다. 그 돈으로 방을 얻어 김대중 작가와 함께 지냈다. 단국대학교 건너편에 세기상사(당시의 메이저 영화사) 촬영소가 있었는데 거기 반지하에서 작업을 시작했다.

한국의 애니메이션은 1956년 방송국 미술 담당이던 문달부에 의해 만들어진 CF 애니메이션 'OB시날코'로 시작되었다. 그 후 1초에 24컷이 들어가는 풀 애니메이션은 3년 후 1960년 신동헌 감독에 의해 진로소주 광고가 만들어지면서 시작된다. 신동헌 감독은 이 광고로 뛰어난 연출력을 인정받아 다수의 CF 애니메이션을 만들었다.

그 후 애니메이션의 부가가치 가능성을 본 세기상사는 신동헌 감독에게 극장용 애니메이션 제작을 제안한다. 하지만 극장용 애니메이션을 만들어본 사람이 전무한 시대 상황 속에서 신동헌 감독은 고민에 빠졌다. 특히 애니메이션의 가장 중요한 부분인 애니메이터를 찾는 일은 막막했다. 이때 그의 눈에 들어온 사람이 그의 곁에 있던 정욱 회장이었다.

신동헌 감독은 정욱 회장을 애니메이터로 영입하면서 본격적인 극장용 애니메이션 「홍길동」을 만들었다. 1967년 한국 최초의 극장용 애니메이션 「홍길동」은 대박을 쳤고, 본격적인 애니메이션 제작 역사의 문을 열었다. 그리고 「홍길동」을 통해서 전문 애니메이터들이 본격적으로 육성되기 시작했다. 신동헌 감독은 2003년 '에디슨과 아인슈타인 & 신동헌 전'을 하면서 이를 기획한 내게 "정욱 회장은 매우 똑똑하고 재능 있는 애니메이터였다"고 회고한 바 있다.

만화 문하생과 애니메이터로 활동하며 「홍길동」에 참여한 이 시기는 정욱 회장에게는 매우 소중한 자산이 된다. 신동헌 감독이 만든 극장용 애니메이션 작품은 당시로서는 무에서 유를 창조한 것과 마찬가지였다. 누가 알려준 것도 아니고 여기저기 귀동냥으로 들은 기법을 직접 시연하고 실패하면서 만든 작품이다.

재료도 제대로 없던 시절에 만들었으니 그 어려움은 굳이 상상하지 않아도 알 만하다.

정욱 회장도 이러한 생생한 현장에서 실패도 맛보고 온몸으로 부딪히며 체득할 수 있었던 것이다. 만화 애니메이션 관련 학교가 없었던 시대에 정욱 회장은 문하생으로, 그리고 애니메이션 제작이라는 생생한 현장에서 직접 실무를 통해 익히는 교육을 받았던 것이다.

대원동화, 문화 산업의 미래를 만들다

만화가로, 그리고 애니메이터로 활동하던 정욱 회장은 1973년 원프로덕션을 설립하면서 사업을 시작했다. 이 회사는 그동안 축적된 정욱 회장의 노하우와 인프라를 활용하여 기업 홍보만화, CF, 문화영화 등을 주로 제작하는 회사였다. 이후 전문적인 애니메이션 사업을 하기 위해 1976년 대원기획을 설립하고 1년 후 대원동화로 사명을 바꾸면서 장편 애니메이션 프로덕션 전문 회사로 성장하기 시작했다.

정욱 회장이 사업을 시작한 1970년대 한국은 본격적인 애니메이션 OEM 시대로 들어서는 시기였다. OEM 제작 방식은 외국 애니메이션 원작을 들여와 제작해서 클라이언트에게 납품하는 방식으로, 주로 프리프로덕션 단계 없이 프로덕션 과정만 참여하는 작업이다. 일정한 수입은 보장되었지만 애니메이션의 전 과정을 습득하는 데는 한계가 있었다. 하지만 정욱 회장과 회사는 이를 통해서 본격적인 프로덕션 과정의 노하우를 습득하고 축적할 수 있었다.

1972년 11월 2일 동아일보 '이색수출, 만화영화 용역'이라는 기사를 보면 1972년 11월 말 현재 15만 달러의 수출이 이루어졌다고 전하고 있다. 당시는 우리나라 수출액이 1억 달러를 돌파하던 시기로 애니메이션 수출 15만 달러는 굉장히 높은 수치다. 애니메이션 OEM 제작의 전성기라 할 만했다.

애니메이션 전문 회사를 설립한 것은 애니메이션 분야에 대해 남다른 안목이 있었던 정욱 회장의 당연한 귀결로 보인다. 전후 한국은 다른 나라보다 인건비가 저렴하여 애니메이션 OEM 산업 구조에서는 안정된 수입을 보장받았다. 하지만 애니메이션 발전의 가장 중요한 부분인 프리프로덕션을 경험하지 못하고 단순히 OEM 제작만 했던 것은 매우 안타까운 부분이다. 기획을 하지 않는 단순 하청의 제작만으로는 한계가 있다는 것을 정욱 회장은 익히 알고 있었다. 그래서 당시 애니메이션 선진국이라 할 수 있는 일본을 통해 애니메이션 제작의 전 과정을 습득하고 싶어 했다.

우리나라는 일본의 만화와 애니메이션의 영향력이 직간접적으로 미치는 곳이다. 지역적으로 가깝기도 하지만 문화 산업적으로도 공유하는 것이 많기 때문이다. 1998년 일본 문화가 본격적으로 개방되면서 첫 개방 작품인 영화 「하나비(花火)」(1997)를 시작으로 영화, 만화, 애니메이션 등 다양한 일본 문화들이 물밀듯이 들어오기 시작했다. 16년이 지난 지금은 오히려 우리의 드라마나 K-pop 문화가 일본으로 전해지면서 한류 문화를 일본인들이 즐기는 시대가 되었다.

하지만 유난히 만화와 애니메이션 분야만큼은 아직도 일본 문화가 절대적인 영향력을 발휘하고 있다. 만화는 웹툰이 새로운 산업군으로 성장하면서 어느 정도 일본 만화와 경쟁력을 갖추어가고 있지만, 애니메이션은 아직도 일본의 산업 구조를 따라가기에는 버거워 보인다. 누가 뭐래도 만화 애니메이션 산업 구조에서 보면, 아직은 일본이 우리보다 튼실한 산업 구조를 지니고 있다.

나는 2003년 일본 만화와 애니메이션 동향을 파악하고자 지브리 스튜디오를 방문한 적이 있었다. 지브리 스튜디오는 일본 애니메이션의 자존심이자 세계적인 감독인 미야자키 하야오 감독이 운영하는 애니메이션 제작회사다. 「센과 치히로의 행방불명」, 「하울의 움직이는 성」, 「원령공주」, 「이웃집 토토로」 등 다수의 명품 애니메이션으로 일본은 물론 전 세계적인 영화 팬들의 사랑을 받아온 수작업 애니메이션의 본가 같은 곳이다. 나는 그곳에서 미야자키 하야오를 만나 몇 가지를 묻고 답할 기회가 있었다. 내가 질문한 것은 다음의 두 가지였다.

김정영   개인적으로 존경하는 분을 이렇게 만나서 반갑습니다. 궁금한 것이 있어서 두 가지만 물어보겠습니다.

미야자키   물론입니다. 아는 한도 내에서 이야기하도록 하겠습니다.

김정영   일본은 만화와 애니메이션의 강국입니다. 일본의 문화 산업 구조로 볼 때 미래의 만화와 애니메이션 산업의 인재들은 어떻게 양성되고 움직이게 될까요?

미야자키   참, 좋은 질문입니다. 일본은 전통적으로 만화 산업이 튼튼했습니다. 일본에서는 만화잡지는 매우 중요한 인재 양성 경로였습니다. 만화잡지는 신인 만화가들이 등단하는 중요한 창구로 인식되어왔고 우수한 인재들이 만화 시장으로 유입되는 경로로 자리 잡았습니다. 왜냐하면 만화잡지에서 인기를 얻으면 단행본 출판만화가 만들어지고, 출판만화가 인기를 얻으면 TV용 애니메이션이 만들어집니다. 거기서 또 인기를 얻으면 극장용 애니메이션으로 만들어지는 선순환 인력 구조를 가지고 있기 때문입니다. 그래서 관련 산업 인력들도 만화에서 애니메이션으로 이어지는 인재 경로가 만들어지는 것이죠. 하지만 근래에는 그러한 순환 구조가 깨져가고 있습니다. 만화를 좀 그린다 싶으면 바로 게임 시장으로 가버립니다. 자연스럽게 만화와 애니메이션 인력 구조가 약해지는 것이죠. 여러모로 걱정입니다.

김정영 제가 보는 견해와 비슷하군요. 그러면 또 하나 물어보겠습니다. 제가 볼 때 지브리 스튜디오는 감독님의 절대적인 아우라가 있었기에 지금의 시스템이 자리 잡았다고 생각합니다. 감독님에게 기대어 대다수 작품들이 만들어지고 있고요. 앞으로 지브리 스튜디오의 미래가 궁금합니다.

미야자키 지브리는 수작업을 전문으로 하는 스튜디오입니다. 보시다시피 직원들 모두가 나이가 많습니다. 많게는 수십 년 함께한 가족과 같은 인재들입니다. 하지만 앞으로는 장담할 수가 없습니다. 이미 디지털 작업들이 저 사람들의 일을 대신하고 있기 때문입니다. 저도 나이를 먹었고, 사실 저 이후에 누군가 있어야 하는데 현재로서는 뾰족한 방법이 없습니다.

당시 미야자키 하야오 감독과의 대화는 나로서도 여러모로 공감이 많았던 부분이었다. 그리고 스튜디오를 나오면서 답답한 현실에 가슴이 무거웠다. 그 후 11년이 지났고, 2014년 7월경 지브리 스튜디오 제작팀의 해체설이 언론에 나오기 시작했다. 여러 가지 해명 기사가 나오기는 했지만 결국은 수작업을 기반으로 하는 지브리 스튜디오의 제작 방식은 역사 속으로 사라질 가능성이 커졌다.

이 모든 문제는 다양한 사안들이 복합적으로 작용했겠지만 출발점은 인프라의 단절이다. 잡지-만화-애니메이션으로 이어지던 인재들이 대거 게임으로 이탈하고 우수한 인재들이 사라진 산업 구조는 뿌리가 흔들릴 수밖에 없다. 뿌리 잃은 문화 산업은 성장을 멈추게 된다. 그만큼 인재 양성은 중요한 부분이다. 인재 양성에 주목했던 정욱 회장이 지금까지도 이 부분에 관심을 놓치지 않는 이유이기도 하다.

2D 애니메이션은 크게 세 가지로 나누어볼 수 있다. 기획부터 콘셉트, 시나리오 작업 등을 하는 프리프로덕션 과정, 동화와 채색 등 셀에 한 장 한 장 그리며 동영상을 만들어가는 프로덕션 과정, 그리고 홍보, 배급 등 포스트프로덕션 과정이다. 지금은 컴퓨터로 3D 애니메이션들이 만들어지고 실사와 애니메이션의 경계가 무너져가고 있지만 1970년대 정욱 회장이 제작했던 애니메이션은 지금의 지브리 스튜디오 방식과 같이 수작업으로 하는 2D 애니메이션이었다.

이러한 방식으로 애니메이션을 만들려면 수십만 장의 셀이 필요하고 이 셀에 그림을 그리는 숙련된 애니메이터가 많이 필요하다. 당시 한국의 OEM 애니메이션 시장 규모는 세계 3위에 이를 정도로 호황을 이루고 있었기 때문에, 정욱 회장은 애니메이터는 충분히 확보되었다고 생각했다. 그리고 규모에 맞게 사업도 안정되어갔다. 하지만 그러면 그럴수록 창작 애니메이션에 대한 정욱 회장의 애정은 깊어갔다. 창작을 하기 위해서는 프로덕션은 물론 프리프로덕션과 포스트프로덕션을 경험한 감독급의 인재가 필요했다.

단순한 OEM 애니메이션 제작이 아닌 창작 애니메이션으로 가려면 인력을 배출하고 키워야 한다고 굳게 믿게 된 정욱 회장이 선택한 곳은 일본이었다. 그는 우수한 인재를 육성하기 위해 애니메이션 선진국이라 할 수 있는 일본에 인재들을 연수 보내기 위해 신입사원 공고를 냈다. 연수비용은 전액 대원동화에서 지원하고 일본의 주 거래처 중 하나인 일본 애니메이션 회사에서 배우고 오라는 내용이었다. 당시 김재호 교수, 민경조 감독 등 3명이 발탁되어 일본 토에이영화사에서 일하면서 배우는 연수 시스템을 경험하게 되었다.

당시 한국 애니메이션 산업계에서 외국 연수를 받는다는 것은 상상도 못 할 일이었다. 더구나 회사로서는 생활비까지 대주면서 외국에 보내기에는 부담이 상당했을 것이다. 하지만 정욱 회장은 인재들을 육성하여 미래 창작 애니메이션의 기반을 다지고자 과감한 선택을 했다.

이때 연수 시스템에 발탁되어 활동하다가 현재 백석대학교에 재직하면서 학생들을 가르치고 있는 김재호 교수는 인터뷰를 통해 당시의 일을 다음과 같이 이야기했다.

김정영　바쁘실 텐데 인터뷰에 응해주셔서 감사합니다. 대원동화에 입사한 연도와 퇴사 연도, 그리고 입사 동기가 무엇이었나요?

김재호　1985년 12월에 입사했습니다. 퇴사는 1993년 8월입니다. 공채를 통해서 입사했습니다. 당시 연출 공채는 한국 애니메이션계에서는 처음이었습니다. 동화 작화 공채는 그전에 많이 있었습니다. 대졸 이상으로 국내 1년 연수 후 일본 연수 조건으로 광고와 각 대학교에 전송되었습니다. 전 전공이 영화연출이었습니다. 그런데 지도교수님(김수용 감독)께서 추천해주셔서 응시하게 되었고, 결과는 합격이었습니다.

김정영　대원동화에서 근무하시면서 힘들었던 점이나 기술적인 한계를 느낀 적이 있으셨나요? 어떤 점이었는지 듣고 싶습니다.

김재호　초창기 연수 시절에는 수입이 많지 않아서 힘들었습니다. 하지만 일본 연수 후에 메인 업무를 하면서 나름 좋았습니다. 하지만 1988년 겨울, 회사가 어려워지면서 매우 힘들었고 애니메이션을 선택한 것에 후회도 했습니다. 하지만 다음 해 회사의 경제적 여건이 회복되면서 나아졌습니다.

기술은 국내에서는 애니메이션 선배님들(동화 - 이호찬, 유창

*신. 원화 - 오종환 감독. 촬영 - 이성우 감독. 배경 - 김원형 감독)*의 도움을 받아 공부를 많이 했습니다. 일본을 다녀온 후에는 심상일 감독, 박시옥 감독 등 선배님들의 지원 하에 연출 업무에서 도움을 많이 받으며「까치의 날개」,「달려라 하니」,「천방지축 하니」,「영심이」등을 연출할 수 있었습니다. 목표는 항상 일본의 기술력을 우리화한다는 것이었고, 이를 위한 연구와 노력은 계속되었습니다.

김정영 일본에 가게 된 계기는 무엇이었나요?

김재호 당시 국내 상황은 어려웠습니다. 애니메이션 제작 형식이 미국, 일본 스타일로 나뉘어 OEM 형식으로 제작되었는데 연출감독은 미국이나 일본에서 파견되어 진행되던 시기였습니다. 이에 각 회사는 그들에게 체류비 포함 각종 명목의 급료를 지급했는데 제가 알기로는 금액이 제작비의 30퍼센트 가까이 된 걸로 알고 있습니다. 이에 대원동화의 정욱 회장님이 국내에 연출 인력을 양성하자는 목적으로 투자를 하게 된 것입니다.

일본도 처음에는 디즈니 애니메이션을 따라잡기 위해 영화감독 출신을 영입해서 기술적으로 일본화를 꾀했습니다. 이런 까닭에 정 욱 회장님은 영화 전공자나 이와 유사한 전공 중심으로 공채를 내걸었던 것입니다. 처음에는 5명을 뽑았지만 2명은 중도에 포기하고 3명만이 선택되어 일본 도쿄에 있는 토에이동화로 떠나게 되었습니다. 그리고 우리 세 사람은 각각 다른 감독 밑으로 파견되어 작품 제작과 연출 수업을 받게 되었습니다.

김정영 일본에서 연수한 기간은 얼마나 되었습니까?

김재호 연수 기간은 6개월씩 두 번으로 1년이었습니다. 하지만 동기 중 민경조 감독만은 장편팀에 합류되면서 6개월 더 있게 되었습니다.

김정영 일본 체제비용이나 생활비는 어떻게 충당하셨나요?

김재호 체제비 및 생활비는 정욱 회장님께서 직접 지원해주셨습니다. 따라서 당시 불편은 없었고 수업에 열중하기 바빴습니다.

김정영 일본에서 배운 것은 무엇이었나요?

김재호 스토리보드 구성부터 녹음 연출까지 모든 과정을 일본 감독님과 같이 진행했습니다. 시스템에서 연출표현, 작화 및 채색표현, 촬영표현, 녹음에서 마스터까지입니다.

김정영 현재 대학교에서 학생들을 가르치고 계신데 대원동화에서 근무한 것이 얼마나 어떻게 도움이 되셨나요?

김재호 제 입장에서는 기초부터 대원과 일본 연수를 통해서 배웠기 때문에 제작에서 표현에 이르는 모든 과정을 가르치는 데 도움이 되었습니다. 그리고 대원에서 국내 작품을 창작한 후 미국 작품을 감독하게 되면서 일본 스타일,

미국 스타일을 다 접하게 되었습니다. 학생들이 애니메이션을 바라보고 스타일을 구성하기 위한 표현성 구축에 도움이 되었습니다.

김정영 교수님이 보는 회장님은 어떤 분이신가요?

김재호 회장님은 당시 일만 하시는 분이었습니다. 그리고 일본을 자주 왕래하시면서 일본의 장점을 찾아 시스템 및 사업적 방향에 적용하셨습니다. 미래를 내다보고 투자를 하시는 분이었습니다.

김정영 회장님이 우리나라 만화계나 애니메이션계에 끼친 영향은 무엇이라고 생각하시는지요?

김재호 만화는 〈챔프〉를 출간해서 만화가 육성에 많은 기여를 했다고 생각하고요, 애니메이션에서는 국내의 어려운 여건 내에서도 창작에 많은 기여를 했다고 생각됩니다.

김정영 장시간 인터뷰에 응해주셔서 감사합니다. 마지막으로 하고 싶은 이야기가 있으시면 부탁드립니다.

김재호 지금 정욱 회장님께서 많이 편찮으신데 빨리 쾌차하시길 바랍니다.

김재호 교수와 함께 일본 연수를 떠났던 세 사람 중 지금까지도 애니메이션 감독을 하면서 틈틈이 대학교에서 학생들을 가르치고 있는 민경조 감독은 인터뷰를 통해 당시의 일을 다음과 같이 이야기했다.

김정영 대원동화에서 입사한 연도와 퇴사 연도, 그리고 지원 동기가 무엇이었나요?

민경조 입사는 1985년 12월, 퇴사는 1987년 11월로 기억합니다. 당시 모집공고에서 영화 전공자 중 선발하여 일정 기간 트레이닝 후에 일본 토에이에서 애니메이션 연수를 시켜준다는 조건이 있어 지원하게 되었습니다. 저는 영화와 애니메이션은 필름 이미지의 동일성이 있고, 극영화를 하기 전에 인위적 프레임과 앵글에 대한 심도 있는 공부를 하기에 안성맞춤이란 생각에 지원했습니다.

당시만 해도 해외연수는 상당히 힘든 시대로 알고 있습니다. 저는 영화과를 졸업하고 곧장 충무로로 가기로 모 감독님과 합의가 끝난 상태였으나, 콤마(프레임) 싸움인 애니메이션을 공부해두면 훗날 내가 만들 영화에 큰 도움이 되리라 생각하여 충무로 진출을 미루고 입사원서를 쓰게 되었습니다. 결국 이때부터 영화가 아닌 애니메이션계에서 작업을 하게 되었죠.

김정영 대원동화에서 근무하시면서 힘들었던 점이 있었다면 무엇이었는지 듣고 싶습니다.

민경조 초보 직장인이라 일본 연수를 다녀와 국내 창작 작품을

276

할 때까지는 재미있었습니다. 하지만 시간이 지날수록 창작 일이 줄어들었고, 생활비를 벌기 위해 해외 작품 하청 일을 할 때가 힘들었습니다.

김정영 대원동화에서 일하시면서 기술적인 한계를 느낀 적이 있었나요?

민경조 대원에 근무할 당시는 초보 연출이라 부족한 부분이 많았습니다. 그러나 기술적 한계보다는 새로운 기술에 도전해보려는 게 더 많았던 것 같습니다. 특히 경험 많은 대원동화 선배님들의 도움으로 기술적 한계는 크게 느끼지 못했습니다.

김정영 일본에서 연수한 기간은 얼마나 되었습니까?

민경조 1986년부터 약 15개월 정도였던 걸로 기억합니다.

김정영 일본 체제비용과 생활비는 어떻게 충당하셨나요?

민경조 회사(한국 대원)와 회사(일본 토에이)의 관계라 확실히는 모르겠습니다만 일본 회사로부터 거주할 아파트와 당시 월 10만 엔을 지급받았습니다.

김정영 일본에서 배운 것은 무엇이었나요? 상세하게 답해주시면 감사하겠습니다.

민경조 제일 인상적이었던 것은 애니메이션 작업에 임하는 장인('쟁이')의 자세입니다. 각 파트마다 다른 파트의 어려움을 이해하고 다음 단계의 파트를 위해 노력하는 모습이 무척 인상적이었고, 그런 힘들이 모여 좋은 작품이 탄생하는 것을 보고 무척 부러웠습니다. 실무로 보면 기획에서부터 포스트까지 전반에 걸쳐 실무를 익힐 수 있었다는 점입니다. 저는 당시 능력을 인정받아 TV 시리즈와 극장용 장편까지 제작에 참여했습니다.

김정영 현재 대학교에서 학생들을 가르치고 계신데 대원동화에서 근무한 것이 지금의 일에 얼마나 어떻게 도움이 되셨나요?

민경조 여러 가지로 많은 도움이 되었습니다. 특히 일본 연수를 통해서 선진 애니메이션 실무를 깊이 알 수 있었다는 것이 큰 힘이 되었습니다.

김정영 교수님이 보는 회장님은 어떤 분이신가요?

민경조 승부욕이 강하고 배포가 크며 안목이 넓으십니다.

김정영 회장님이 우리나라 만화계나 애니메이션계에 끼친 영향은 무엇이라고 생각하시는지요?

민경조 '대원동창회'가 있을 정도로 많은 인력을 양성하셨고 업계 발전을 위해 제작자협회를 결성하시는 등 대내외적으로 많은 공헌을 하셨습니다.

김정영 작품 하시느라 여러모로 바쁘실 텐데 장시간 인터뷰에 응해주셔서 감사합니다.

김재호 교수와 민경조 감독은 공통적으로 일본 연수를 통해 선진 애니메이션 연출을 경험하게 되었고 그 경험이 교육계와 산업계에 기여했다고 전하고 있다.

당시 우리나라 애니메이션 연출감독들은 주로 클라이언트들이 보낸 사람들이었다. 그들의 수족이 되어 애니메이션을 만들었기 때문에 프리프로덕션의 노하우를 습득하는 것은 어려웠다. 그래서 정욱 회장은 일본 연수를 보낸 김재호 교수, 민경조 감독 등을 통해서 우리나라 미래 애니메이션의 기반을 만들고자 했던 것이다.

이후 대원과 함께한 사람들도 있고 다른 길로 떠난 사람들도 있지만 대원을 통해 습득한 노하우와 교육들은 현재 우리나라 만화 애니메이션 분야의 튼실한 인재들로 활동하고 있다. 인재를 키운다는 것은 미래를 만드는 일이다. 불확실한 미래에 대한 투자이며 세상을 바꾸는 가장 빠른 방법이다. 정욱 회장은 인재를 통해서 세상을 바꾸고 싶어 했다.

변화하는 콘텐츠 플랫폼 '대원' – 미래의 플랫폼을 만들어가다

컴퓨터가 등장하면서 디지털 시대가 도래했다. 디지털 시대는 수많은 콘텐츠를 생산하고 소비시킨다. 디지털 시대의 미래 소비 주체는 SNS를 기반으로 하는 개인들이다. 이들은 각자의 성향에 따라 개미들처럼 집단적인 행동을 하면서 소비를 주도하기도 한다. 현대의 콘텐츠 소비는 다양하고 복잡한 패턴이 만들어지고 있고 변화하는 호흡도 빨라졌다. 변화는 선택이 아닌 필수가 되었다. 그 대표적인 사례로, 과거 세계 휴대폰 시장의 절대 강자였던 노키아는 과감한 변화를 통해 성공하기도 하고 변화 시기를 놓쳐 굴욕을 맛보기도 했다.

1865년 제지 사업으로 시작한 노키아는 이후 세상이 변화하는 흐름을 읽고 영국의 테크노폰을 인수한다. 과감하게 제지 사업을 접고 휴대폰 시장에 뛰어든 것이다. 그리고 10년도 채 안 된 2000년에 세계 휴대폰 시장 점유율 40퍼센트대를 넘어섰다. 그 후 2007년까지 휴대폰 시장에서 줄곧 1위를 차지했지만 영광은 여기까지였다. 변화를 예측하지 못한 노키아는 스마트폰 시장에서 굴욕을 맛보게 된다. 결국 120조 원에 이르던 기업가치는 2013년 7조 원이라는 헐값이 매겨지고 마이크로소프트에 휴대폰 사업을 넘기고 만다. 스스로 휴대폰 시장의 표준이라는 자만심, 그리고 미래에 대한 비전을 제시하지 못한 경영진의 잘못이 낳은 결과였다.

정욱 회장을 만난 많은 사람들은 그를 평가함에 있어 사업에 대한 안목, 변화에 대처하는 순발력, 그리고 거침없는 추진력을 꼽는다. 이 중에서 변화에 대처하는 능력은 오늘의 대원그룹이 탄생하는 중요한 가치관이 되었다. 만약 정욱 회장이 사업을 하지 않고 애니메이터로만 남아 있었다면, 대원동화만을 내세워

OEM 애니메이션만 만들었다면, 산업의 다양성을 인식하지 못하고 스스로 변화하기를 두려워했다면, 아마도 지금의 대원그룹은 없었을 것이다.

변화라는 키워드는 정욱 회장의 사업 포트폴리오를 보면 잘 알 수 있다. 애니메이션 회사를 만들어 잘나가던 시대에 1992년 대원씨아이를 만들어 최고의 만화회사로 키워냈고, 1996년에는 학산문화사를 설립해 우리나라 만화계의 양대 출판사로 만들어 경쟁 체제를 조성했다. 그리고 국내 시장만을 생각하지 않고 과감하게 일본 만화를 적극적으로 받아들여 만화계의 다양성을 유도하며 전체 만화 산업 파이를 키웠다. 또한 게임과 캐릭터를 국내에 들여와 산업의 다양한 유통 경로를 만들어내면서 부가가치를 높였다.

2014년 현재 대원은 7개 회사가 유기적으로 결합된 종합엔터테인먼트 그룹으로 성장했다. 지주회사격인 대원미디어와 방송, 만화, 애니메이션, 캐릭터 사업을 중심으로 하는 전문 회사, 그리고 콘텐츠 유통회사에 이르기까지 누가 보아도 우리나라 최고의 만화 애니메이션 그룹이라 할 수 있다.

안정된 사업가들은 대부분 변화를 두려워한다. 변화에는 고통이 따른다는 것을 알기 때문이다. 정욱 회장도 마찬가지다. 하지만 그는 지속적으로 변화를 추진해왔고 사업의 다각화를 통해 지금의 대원그룹을 만들었다. 세계적인 기업 노키아는 지속적인 변화를 예측하지 못하고 휴대폰 사업을 접었다. 하지만 반복적이고 미래 지향적인 변화를 추구한 정욱 회장은 대원을 정글 같은 산업계에서 살아남게 했다.

현재 정욱 회장은 콘텐츠 플랫폼을 만들기 위한 새로운 변화를 추구하고 있다. 기차가 궤도를 벗어나 달릴 수 없듯이 플랫폼은 한번 만들어지면 정해진 궤도를 벗어나지 못하게 된다. 그만큼 부가가치는 높아지고 시장지배력도 강화되는 게 플랫폼의 특징이다. 정욱 회장은 대원그룹을 통해 만화, 애니메이션, 게임, 캐릭터의 플랫폼을 만들고자 한다. 플랫폼을 만든 기업과 그렇지 못한 기업의 대표적인 사례가 애플과 삼성이다. 애플은 수많은 회사가 그 아성에 도전을 해왔지만 플랫폼이 있었기에 지금까지도 큰 흔들림 없이 꾸준한 성장을 영위하고 있다. 하지만 플랫폼이 없는 삼성은 다양한 IT기기를 생산하며 매출을 늘리려 하지만 시장지배력을 점차 상실할 가능성이 커졌다.

정욱 회장이 주목한 것은 바로 이 플랫폼이다. 과거에도 그랬듯이 대원의 플랫폼은 비단 사업에만 적용되는 것이 아니다. 인재 양성 플랫폼도 함께 만들어지고 있다. 잘 알다시피 애플의 플랫폼은 스티브 잡스라는 걸출한 인재가 있어서 가능한 일이었다. 그만큼 인재 한 명이 기여하는 능력은 상상을 초월하는 부가가치를 창출한다.

정욱 회장이 1980년대에 세 사람을 뽑아 일본에 연수 보낸 것, 〈아이큐점프〉 편집장이였던 황경태 사장을 영입한 것, 청주 대학교에서 학생들을 가르쳤던 것, 이 모두가 인재를 중요시했던 그의 생각에서 시작된 일이었다.

인재들 개개인은 정욱 회장에게는 만화 애니메이션계의 스티브 잡스와 같다. 정욱 회장은 불모지나 다름없던 시대에 사업을 시작했고, 단순히 사업만 하는 것이 아니라 만화 애니메이션 인력을 키우는 데도 일익을 담당했다. 우리나라 만화 애니메이션 관련 산업이 지금처럼 성장하기까지 면면을 살펴보면 대원 출신들이 있어 가능한 일이었다. 지금도 대원 출신들이 모이면 '대원동창회'라고 한다. 대원이 회사이기도 했지만 학교처럼 인재를 육성하는 교육 역할도 담당했음을 보여주는 부분이다. 대원의 인재 플랫폼에서 배출된 인력들은 현재 산업계를 주도하고 있다.

대원은 과거에도 인재를 중요시했고 앞으로도 그럴 것이다. 우리가 대원을 단순히 영리를 추구하는 사업체로만 보아서는 안 되는 이유다. 지금도 대원그룹의 많은 인재들이 국내뿐 아니라 전 세계에서 활동하고 있고 육성되고 있다. 이들 또한 많은 시간을 대원과 함께하거나, 따로 또 같이 다른 일을 하게 될 것이다. 그리고 한국뿐 아니라 세계 문화 콘텐츠 시장에서 당당하게 자신의 역할을 수행할 것이다.

▶ 글. 김정영 예술학 박사. 청강문화산업대학교 교수

K-코믹의
글로벌화, 디지털화
앞장서야

한국의 만화 시장 동향과 정책 방향

최초의 한국 만화는 1909년 6월 2일자 〈대한민보〉에 실린 이도영(1884~1933) 화백의 시사만화 삽화로 시작되어 100년이 넘는 역사를 가지게 되었다. 그 후 일제강점기가 끝나고 만화 지면과 작가들이 늘어나면서 기존의 한 칸, 네 칸, 한 쪽, 두 쪽 분량의 풍자·계몽 만화에서 긴 분량과 호흡, 오락성, 장르적 취향을 갖춘 만화들이 등장하기 시작했다. 그때부터 한국 장르 만화의 역사를 짚어도 70년에 가까운 만화의 역사를 갖는다고 할 수 있다. 그리고 그 세월 동안 한국 만화는 연간 1조 원[01]을 바라보는 시장 규모로 성장했다.

이러한 한국 만화 산업의 역사에서 1980년대 중후반, 그리고 1990년대 중반이 그 전성기로 평가되며 대원은 전성기 시절부터 한국 만화 산업의 중심 역할을 담당했다. 1980년대에는 다양한 장르 만화를 소개하는 만화잡지를 중심으로 시장이 성장했으며 '잡지-단행본' 시스템이 구축되었다. 1990년대 중반에는 일본 만화가 정식으로 개방되어 출판만화 시장이 폭발적으로 성장했고 이는 만화의 다양성에도 많은 영향을 주었다.

2000년을 전후해서는 1990년대 초반 이후 일본 만화 수입과 만화잡지-코믹스 시스템을 바탕으로 팽창해온 시장이 대여점의 위축과 함께 정체 혹은 감소 추세로 돌아서, 새로운 시장을 개척하고 새로운 만화 사업 모델을 구축할 필요가 제기되었다.

또한 아동, 학습, 실용 만화 시장도 이 시기에 많은 성장을 이루었다. 「만화 그리스 로마 신화」의 1,000만 부 히트와 함께 이 분야의 시장이 확립되어 기존의 장르 만화 판매 시장을 넘나드는 규모로 확대되었다. 이후 「순정만화」, 「천일야화」, 「위대한 캣츠비」 등 종스크롤 방식의 웹툰이 인기몰이를 하면서 만화 장르의 대안으로 떠오르게 되었다.

특히 2003년 앙굴렘 한국만화특별전을 계기로 일본 만화 망가(Manga)의 아류가 아닌 독자적인 특성의 한국 만화로서 만화

---

01) 2012년 만화 산업 총 매출액은 7,585억 원으로 전년대비 0.9퍼센트포인트 증가한 것으로 집계되었다. '2013 만화산업백서', 문화체육부 · 한국콘텐츠진흥원, 2014. 3.

(Manhwa) 브랜드가 제시되었으며, 이전까지 통계로 잡을 수 없을 정도로 미비했던 만화 수출과 작가 단위의 해외 진출이 급증하기도 했다.

그러나 오프라인 만화 매체의 약세가 이어지면서 장르 출판 만화가 위축되기 시작했다. 출판만화의 전반적인 정체 속에서도 그 정도가 심각했던 것은 만화잡지와 만화 연재 지면의 위축이었다. 특히 만화잡지의 발행부수가 크게 감소하여 시장점유율이 의미 없는 수준으로 낮아지기도 했다.

그러나 대원과 같은 만화출판사들이 손해를 감수하면서도 상당수의 만화잡지를 지속적으로 출판했고, 여러 가지 방식의 만화잡지에 대한 시도가 이어졌다. 이는 만화잡지가 장르 만화 콘텐츠 생산의 강력한 도구로 평가받고 있음을 보여준 것으로 평가되고 있다.[02]

이후 한국 만화는 IMF와 청소년보호법 등의 외적 시련을 거치기도 했으나, 미디어와 시장 환경 변화에 적응하기 위한 자생적 노력과 활로 모색을 통해 변모를 거듭해왔다. 또한 2000년대에 들어 시작된 정부의 만화 산업 육성정책은 대원을 비롯한 만화 산업 주체에 산업의 비전을 제시하고 전략 수립에 영향을 주며 만화 산업 발전에 공조했다. 2002년 정부는 문화 산업의 진흥

---

02) '만화산업 진흥 5개년 계획 2003~2007', 문화체육부 · 한국콘텐츠진흥원, 2003. 5. 28.

및 발전을 효율적으로 지원하기 위한 문화산업 진흥기본법을 제정하면서 이 법을 근간으로 만화를 비롯한 콘텐츠 장르 전반에 대한 중장기 기본계획을 수립하여 체계적인 지원을 시작했다.

2000년대 이후 국가전략상의 장기적인 플래그십 산업으로서 문화 산업 진흥에 많은 노력을 기울인 정부는 2002년문화산업진흥기본법 31조에 의거하여 한국문화콘텐츠진흥원(현 KOCCA)을 설립하고, 만화와 관련 장르를 체계적으로 지원하기 시작했다. 그리고 2002년 KOCCA를 통해 '21세기 만화 콘텐츠 강국 실현'을 비전으로 한 '제1차 만화산업진흥 5개년 계획(2003~2007)'을 수립했다.

1차 만화산업진흥 5개년 발전계획은 만화에 대한 사회적 인식 개선과 유통 구조 개혁 등 7가지 주요 정책 목표와 제작 인프라 구축, 해외 수출 활성화 등 5대 추진 과제에 걸쳐 5년간 추진되었으며 약 1,200여억 원의 예산이 집행되었다. 2007년까지 종료된 1기 중장기 사업은 한국 만화의 해외 진출, 만화 중심의 OSMU 활성화 등 상당한 성과를 거두었으나, 대여 중심의 시장 구조 존속, 장르 만화 시장 위축 등 목표에 도달하지 못한 분야도 있었다. 이에 정부는 2008년에 '세계 시장을 선도하는 한국 만화'를 비전으로 하는 '제2차 만화산업진흥 5개년 계획(2009~2013)'을 발표했다.

정부는 이러한 중장기계획을 근거로 2009년부터 만화의 원

만화산업진흥 5개년 계획(2003~2007년 5대 중점 추진 과제)

만화 산업 창작 역량 강화	만화 창작 지원 확대 만화 전문 인력 양성 만화 창작 여건 개선 만화 창작인 격려 및 아마추어 만화인 육성
만화 산업 제작 유통 인프라 구축	만화 유통 구조 개선 디지털 만화 육성 기반 마련 만화 관련 인프라 확충
국제교류 확대 및 해외 수출 활성화	한국 만화의 국제화를 위한 체계적 기반과 여건 조성 해외 시장 진출 지원 만화 국제교류 사업 확대
국민 인식 제고 및 참여 활성화	만화에 대한 인식 제고 만화 소비 인구의 저변 확대 및 기반 마련
법제도 개선 및 지원 체계 정립	만화의 저작권 보호 강화 만화 관련 각종 규제 요소 개선 및 지원 체계 정립

출처: '만화산업진흥 5개년 계획 2003~2007', 문화체육관광부·한국콘텐츠진흥원, 2003. 5. 28.

작 산업화를 위한 기반 확충, 뉴미디어에 적합한 만화 산업 구조 혁신, 독자 다변화 및 글로벌 시장 개척이라는 세 가지 핵심 전략을 기반으로 다양한 지원정책을 펼쳤다.

이후 정부는 2013년에 다시 '제3차 만화산업진흥 중장기계획(2014~2018년)'을 수립했다. 3차 중장기계획의 전략은 만화 창작

만화산업진흥 5개년 계획(2009~2013년 4대 중점 추진 과제)

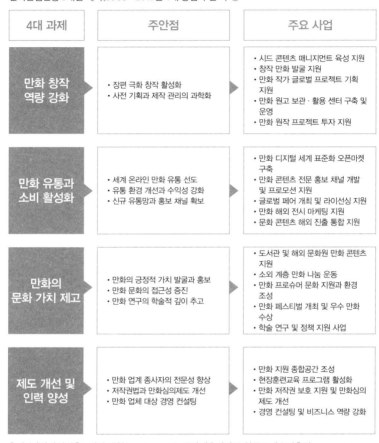

4대 과제	주안점	주요 사업
만화 창작 역량 강화	• 장편 극화 창작 활성화 • 사전 기획과 제작 관리의 과학화	• 시드 콘텐츠 매니지먼트 육성 지원 • 창작 만화 발굴 지원 • 만화 작가 글로벌 프로젝트 기획 지원 • 만화 원고 보관 · 활용 센터 구축 및 운영 • 만화 원작 프로젝트 투자 지원
만화 유통과 소비 활성화	• 세계 온라인 만화 유통 선도 • 유통 환경 개선과 수익성 강화 • 신규 유통망과 홍보 채널 확보	• 만화 디지털 세계 표준화 오픈마켓 구축 • 만화 콘텐츠 전문 홍보 채널 개발 및 프로모션 지원 • 글로벌 페어 개최 및 라이선싱 지원 • 만화 해외 전시 마케팅 지원 • 문화 콘텐츠 해외 진출 통합 지원
만화의 문화 가치 제고	• 만화의 긍정적 가치 발굴과 홍보 • 만화 문화의 접근성 증진 • 만화 연구의 학술적 깊이 추고	• 도서관 및 해외 문화원 만화 콘텐츠 지원 • 소외 계층 만화 나눔 운동 • 만화 프로슈머 문화 지원과 환경 조성 • 만화 페스티벌 개최 및 우수 만화 수상 • 학술 연구 및 정책 지원 사업
제도 개선 및 인력 양성	• 만화 업계 종사자의 전문성 향상 • 저작권법과 만화심의제도 개선 • 만화 업체 대상 경영 컨설팅	• 만화 지원 종합공간 조성 • 현장훈련교육 프로그램 활성화 • 만화 저작권 보호 지원 및 만화심의 제도 개선 • 경영 컨설팅 및 비즈니스 역량 강화

출처: '만화산업진흥 5개년 계획 2003~2007', 문화체육관광부·한국콘텐츠진흥원, 2003. 5. 28.

기반의 확충과 공정한 유통 질서 확립, 만화 한류 확대, 웹툰 시장의 전략적 육성을 골자로 하고 있다. 창작 단계별, 분야별로 맞춤형 지원을 통해 재정적 어려움 없이 만화를 창작할 수 있는 환경을 조성하고, 만화 창작 아카데미 및 멘토 연계 현장교육을 통

만화산업진흥 5개년 계획(2014~2018년 비전과 목표)

비전	세계가 함께 즐기는 한국 만화

	창조적인 만화가	공정한 만화 사업	한류 콘텐츠 만화
목표 (2018)	만화 산업 매출액 7,570억 원('13p) → 1조 원('18)	불법복제 만화 침해 규모 매출 대비 불법 시장 10%('13) ⇒ 5% 미만으로 축소 ('18)	해외 수출액 1,800만 달러('13p) ⇒ 1억 달러('18)

추진 전략	(전략 1) 만화 창작 기반 확충	(추진 과제 1-1) 맞춤형 창작 지원
		(추진 과제 1-2) 창의적인 만화 인재 육성
		(추진 과제 1-3) 창작 안정성 확보
	(전략 2) 공정한 유통 질서 확립	(추진 과제 2-1) 만화 산업 상생 기반 구축
		(추진 과제 2-2) 만화 저작권 보호
	(전략 3) 만화 한류 확대	(추진 과제 3-1) 해외 수출 기반 조성
		(추진 과제 3-2) 해외 판로 개척 및 전략적 진출
	(전략 4) 웹툰 시장 전략적 육성	(추진 과제 4-1) 웹툰 유통 활성화
		(추진 과제 4-2) 웹툰 기반 융·복합 활성화
		(추진 과제 4-3) 웹툰의 세계화를 통한 세계 시장 선도

출처: '만화산업육성 중장기계획 2014~2018', 문화체육관광부·한국콘텐츠진흥원, 2014. 5. 22.

해 창의적 만화 인재를 육성하고, 표준계약서 개발 및 웹툰 심의 제도 개선 등 법적·제도적 보호장치를 통해 안정적 창작 환경을 조성한다는 계획이 그것이다.

웹툰 포털과 창작자 상생, 디지털 만화와 출판만화 시장의 동반 성장을 위한 과제 발굴 등 만화 산업 상생 기반 구축을 통한 만화 산업 생태계를 활성화하고, 저작권위원회와 연계한 저작권 인식 제고 및 해외 저작권 보호 대응 강화를 통해 불법복제 만화 시장을 축소한다는 계획도 포함하고 있다.

또한 만화 한류의 확대를 위해서는 국가별 해외 진출 전략을 수립하고, 만화 번역 전문가 육성 등을 통해 체계적인 만화번역 지원정책을 마련하여 해외 수출 기반을 조성하고, 해외 만화 마켓 참가 지원 및 국제 만화 교류 확대 등을 통해 해외 판로 개척 및 전략적 진출을 꾀하고 있다.

특히 한국에서 경쟁력이 높은 웹툰 시장의 전략적 육성을 위해 웹툰 중소 플랫폼 육성 및 플랫폼 해외 진출 지원을 통해 웹툰 유통을 활성화하고, 만화 관련 부가 판권 시장 활성화를 위한 만화 활용 콘텐츠 제작 지원 및 기술융합 웹툰 제작 지원을 강화하고, 세계 디지털 만화 포럼 등을 통해 세계 디지털 만화 시장을 선도한다는 내용도 담고 있다.

현재 한국의 만화 산업은 정체기이나,[03] 통계에 반영되지 않은 웹툰 시장[04]을 포함할 경우 만화 산업 매출액이 전년대비 6퍼센트 증가하여 전체 콘텐츠 산업 매출액 증가율(5.2퍼센트)을 상회한다. 특히 만화의 타 장르 간 연계와 융합이 활성화되어 2013년에 포털사이트에서 연재된 웹툰 중 30편이 드라마, 영화, 연극, 시트콤 같은 타 장르로 확장되는 등 영화, 드라마뿐만 아니라 공연, 게임, 캐릭터, 스마트 콘텐츠 같은 다양한 분야로 새로운 시장을 창출하고 있다.

그러나 대부분 라이선스 계약을 통해 분산적으로 활용되고 있는 상황이라 대원과 같은 역량 있는 만화 콘텐츠 기업 육성을 통한 산업 규모 확대에는 한계를 보이고 있다.[05] 이에 새로운 시장 구조를 반영하여 정책 및 통계를 체계화하고, 만화 콘텐츠 전문 회사의 역량 강화를 위한 지원 방안 마련이 필요한 상황이다.

기존의 출판만화 시장이 포털 중심의 웹툰 시장으로 넘어오면서 만화의 '창작-유통-소비' 시장에도 많은 변화를 가져왔다. 우선 창작 환경 면에서 웹툰 시장의 성장으로 젊고 창의적인 인

---

03) 2010~2013년의 한국의 만화 산업 매출액 추이는 다음과 같다. 2010년 7,419억 원→2011년 7,517억 원→2012년 7,585억 원→2013년 7,570억 원.

04) 2012년 웹툰 제작 시장의 유료화 수익과 기업 광고 등의 매출은 총 390억 원으로 추정된다 ('13 만화 중장기계획 연구).

05) 만화 산업의 라이선스 매출액은 18퍼센트로, 콘텐츠 산업 전체의 라이선스 매출 비율(6.2퍼센트)의 약 3배이지만, 만화 산업 매출액 1억 원 미만인 사업체가 93.6퍼센트, 종사자 수 1~4인 사업체가 97.5퍼센트에 달한다.

력의 만화 산업 유입이 증가했다. 대표적인 포털사업자인 네이버의 경우 자사 웹툰 플랫폼인 네이버 웹툰에서 활동하는 웹툰 작가의 평균연령이 약 33세(20대 초반에서 40대 중반까지 분포)로 조사되고 있다.

또한 다양한 장르와 소재로 콘텐츠가 풍부해지고 만화 소비층이 확대되고 있다. 웹툰의 댓글 기능을 통해 작가와 독자, 독자와 독자 간의 소통이 증대하여 만화와 스토리에 대한 독자의 의견과 해석, 정보 등이 공유되고 독자의 참여 기회가 늘어났다. 이러한 공감의 문화가 확대되면서 윤태호 작가의 「미생」의 경우 많은 직장인들의 공감을 얻어 밀리언셀러를 기록했으며 드라마와 패러디 콘텐츠를 양산하기도 했다.

그러나 기존의 출판 잡지를 통한 신인 만화 작가 발굴이 웹툰 플랫폼의 인큐베이팅 시스템으로 전환되면서[06] 대형 포털 웹툰 작가로의 쏠림 현상이 나타나고 작가 데뷔 기회가 제한되었다는 지적이 제기되고 있다. 또한 전국 19개 대학의 만화 관련 학과 및 정규 교육과정 이외의 만화 창작 교육 기반이 부족하고, 기존 만화 시장에서 양성되어오던 기획자, 편집자, 코디네이터 등 기획 인력 양성에 한계가 있다는 우려도 있다.

만화 유통 환경의 경우, 주요 출판만화 유통 채널이었던 만

---

06) 네이버의 경우 12만 명의 웹툰 작가 지망생 중 프로 데뷔 비율은 0.03퍼센트(1년간 평균 40여 명)에 불과하다.

화방과 만화 도소매업이 출판 시장의 불황으로 사업체 수가 급감하면서 시장이 축소되었다.[07] 그 공백을 대체하고 있는 웹툰은 포털을 중심으로 무료 웹툰 외에도 통신사 웹툰 서비스, 유료 모바일 플랫폼, 부분 유료화, 광고 모델 연계 등 다양한 만화 유통 모델을 탄생시켰다. 그러나 이러한 만화 디지털 유통의 경우 저작권 침해의 우려가 존재한다. 스캔을 통한 불법만화 유통이 증가 추세에 있으며, 합법적인 디지털 만화 콘텐츠 유통 시장이 협소하다는 한계점도 가지고 있다.

실제로 불법복제 만화가 2011년 5,300만 점에서 2012년 기준 8,000만 점으로 약 280퍼센트 증가했으며 2012년 만화 불법복제 규모는 2,296억 원으로 국산 만화의 약 30퍼센트가 저작권을 침해당한 것으로 조사되었다. 최근에는 해외 온라인 사이트에서 한국 웹툰이 무단 번역, 연재되는 사례가 발생하여 향후 해외 시장 진출에 대한 지장이 우려되고 있다.

이에 정부는 출판만화에 대한 수요를 확대할 수 있는 정책 마련과 공정한 유통 생태계 조성, 그리고 저작권 침해방지 대책 마련을 고심하고 있다. 포털 역시 적극적인 해외 진출을 통해 한국 만화 시장을 확대하고, 공정한 시장 질서를 확립하는 시장 선도자로서의 역할 정립이 필요하다는 것이 업계의 요구다. 또한

---

07) 만화방, 만화대여점 등 만화 임대업 및 만화 도소매업 사업체 수(콘텐츠 산업 통계)는 2010년 9,634개에서 2011년 8,709개, 2012년 8,569개로 전년대비 1.6퍼센트의 감소 추세를 보였다.

새로운 콘텐츠 유료화 모델 및 유통 모델 발굴을 확대하고, 초기 기업이 성장할 수 있는 공정한 생태계 조성이 필요하다.

만화 소비 환경의 경우, 2000년대로 넘어오면서 만화에 대한 소비 패턴의 급격한 변화로 출판만화잡지 시장이 축소되었다. 반면 웹툰 시장의 성장으로 일반 출판사에서 웹툰 연재 후 단행본을 출간하는 사례가 증가했다. 실례로 2013년의 인터파크 만화 판매 상위 100위 중 웹툰 출간작이 47퍼센트를 차지했으며 상위 10위가 모두 웹툰 출간작으로 집계되었다.

특히 전 세계의 스마트 단말기 보급률이 상승하면서 온라인 디지털 콘텐츠 시장으로의 시장 이동이 가속화되고 있으며 도서, 신문, 만화, 도서 분야의 콘텐츠 디지털화가 가속화될 것으로 전망된다. 만화는 동종 산업·동종 플랫폼, 동종 산업·이종 플랫폼, 이종 산업·동종 플랫폼, 이종 산업·이종 플랫폼 간의 다양한 협업이 이루어지고 있으며 이러한 다양한 형태의 컬래버레이션은 서로의 시장 규모를 확장시키고 있다.

영화 「어벤져스」는 만화와 영화의 컬래버레이션을 통해 제작되었다. 마블코믹스의 대표적인 인기 만화 「어벤져스」를 원작으로 하는 이 영화는 만화에 등장하는 다양한 캐릭터들을 주인공으로 내세워 큰 인기를 얻었다. 일본의 실내형 테마파크 'J-World Tokyo'는 인기 만화인 「드래곤볼」, 「원피스」, 「나루토」 등을 테마로 놀이기구를 제작했고, 이러한 만화 캐릭터를 활용한 캐릭터 상품

만화를 중심으로 한 컬래버레이션 엔터테인먼트 『어벤져스』

마블엔터테인먼트의 성공 요인

캐릭터
수십 년간 출판된 만화책의 주요 인물 8,000명과 캐릭터 고유한 특성을 살린 사업화
혁신 금융
메릴린치가 마블 캐릭터를 담보로 5억 달러 대출 → 영화 제작 종잣돈으로 활용
판권보유
영화를 통해 성공한 캐릭터를 기업 내부에서 상품화 → 재투자(디즈니 연계)

을 판매하고 있으며 해외 시장에도 진출할 예정이다.

최근에는 한국의 고유 브랜드인 만화(manhwa) 및 웹툰에 대한 세계의 관심이 증대되고 있다. 해외 시장에서 디지털 만화가 높은 성장세를 보이면서 한국 웹툰 플랫폼의 해외 진출이 본격화되고 있다. 실제 만화 산업 수출액은 2012년 1,710만 달러로 연평균 42.6퍼센트 증가했으며 2010년부터 흑자로 전환되어 2012년

1,182만 달러 흑자를 기록했다.[08] 그러나 국가별 만화 산업 구조가 각기 다르고 한국 만화의 진출 정도가 달라, 구체적인 시장 분석에 따른 해외 진출 전략 수립이 필요하다.

해외 만화 시장 동향과 전망 분석

만화를 포함한 세계 콘텐츠 시장은 스마트 단말기의 보급 확대, 오픈마켓의 활성화, 모바일 플랫폼을 활용한 디지털 콘텐츠 이용 증가, 그리고 이종 산업 간 협업이 확대되는 경향을 보였다. 세계 1위 시장인 미국은 양적완화 정책으로 안정적인 성장세를 유지했고 중국, 브라질 등의 신흥 시장은 소비가 급증하면서 2012년 세계 콘텐츠 시장은 전년대비 4.8퍼센트 성장한 1조 7,940억 달러를 기록했다.

이후에도 세계 콘텐츠 시장은 세계 경제 회복에 따른 소비 증가와 각국의 투자 확대로 향후 안정적인 성장세가 예상되고 있다. 이에 2017년 세계 콘텐츠 시장 규모는 2조 3,520억 달러로 확대될 전망이다. 그러나 출판과 만화 시장은 디지털 콘텐츠의 이용률 증가에도 불구하고 인쇄 매체 이용량이 감소하여 매출 하락 추세가 진행되어 정체 또는 소폭의 하락이 예상된다.

---

08) 만화산업 수출액은 2010년 815만 달러에서 2011년 1,721만 달러, 2012년 1,710만 달러, 그리고 2013년 1,800만 달러로 꾸준히 증가세를 보였다. 지역별 현황을 살펴보면 일본이 32퍼센트, 유럽이 30퍼센트, 동남아시아가 18퍼센트, 북미 지역이 14퍼센트, 중국이 5퍼센트 등이다.

세계 콘텐츠 시장 규모 및 전망 2008~2017   (단위: 10억 달러)

구분	2008	2009	2010	2011	2012p	2013	2014	2015	2016	2017	2012 ~ 2017 CAGR[09]
출판	381	350	350	349	347	347	347	348	350	351	0.2%
만화[10]	8	8	9	9	9	9	9	9	9	9	−0.6%
음악	55	53	50	50	50	50	51	52	53	54	1.5%
게임	52	55	59	62	63	68	73	78	83	87	6.5%
영화	84	85	88	87	89	90	93	96	100	106	3.6%
애니메이션[11]	13	14	17	15	17	18	19	20	21	22	5.0%
방송	366	360	385	401	417	435	455	474	496	515	4.3%
광고[12]	461	410	435	453	470	491	515	539	567	595	4.8%
캐릭터 라이선스	167	149	146	150	153	161	169	177	187	197	5.2%
지식정보	424	433	477	527	580	635	694	756	818	879	8.7%
산술합계[13]	2,012	1,919	2,014	2,104	2,195	2,304	2,425	2,548	2,682	2,814	5.1%
합계[14]	1,595	1,550	1,626	1,712	1,794	1,894	2,003	2,114	2,234	2,352	5.6%

출처: PwC(2013), EPM(2012&2013), Digital Vector(2013), Boxofficemojo(2012), MDRI(2011),
ICv2(2013), JBPA(2012), Oricon(2011), SNE(2012).

09) 2012년부터 2017년까지의 연평균증감률.
10) 만화 시장 규모는 출판 시장 규모에도 포함되어 있어, 합계에서는 중복되는 부분을 제외했다.
11) 애니메이션 시장 규모는 영화와 방송 시장 규모에도 포함되어 있어, 합계에서는 중복되는 부분을 제외했다.
12) 광고 시장 규모에는 온라인 TV 광고, 온라인 라디오 광고, 디지털 뉴스 광고, 디지털 매거진 광고, 디지털 트레이드 매거진 광고, 디지털 디렉토리 광고가 인터넷 광고 시장 규모에 포함되어 있어 합계에서는 중복되는 부분을 제외했다.
13) 중복값을 포함한 산술적인 총합계
14) 만화는 출판 시장, 애니메이션은 영화·방송 시장, 광고는 영화·방송·게임·출판·지식정보 시장에서 각각 중복되는 부문이 있어 합계에서는 이를 제외했다(13p 중복값 처리 참조).

각 권역별 콘텐츠 시장의 특징을 살펴보면, 북미 지역의 경우 인쇄물 소비 감소로 인한 출판과 만화 시장의 위축이 나타났다. 그러나 스마트 단말기를 통한 콘텐츠 소비 증가와 안정적인 경제성장률에 기인한 소비심리 개선 등이 콘텐츠 시장에 활력으로 작용했다. 향후 북미 지역은 부동산 경기와 고용지표 등의 경제지표가 개선되고 세계 경제가 회복세로 접어듦에 따라 소비심리가 회복되면서 출판과 만화 시장을 제외한 전 분야의 콘텐츠 소비가 증가할 것으로 예상된다.

중남미 지역은 유럽의 경제위기에도 불구하고 안정적인 GDP 성장률을 보이며 다른 권역에 비해 상대적으로 양호한 소비지출 규모를 나타냈다. 특히 게임 단말기 구매가 확대되고, DDT 방송, 위성방송 등 유료 TV 보급, 유·무선 네트워크가 확대되면서 시장이 성장했다. 향후 중남미에 정책 대응 여력을 갖춘 각 정부가 적극적인 경기부양 및 개혁 조치를 실시할 것으로 보여 안정적 경제성장이 예상된다.

유럽 지역은 그리스, 스페인, 이탈리아의 재정위기 확산으로 마이너스 경제성장률을 기록했다. 반면 중동·아프리카 지역은 지속적인 고유가와 지역 성장을 위한 정부의 개발 등을 통해 안정적인 경제성장을 이루었으며 권역 내에 콘텐츠 소비 증가, 인터넷 접속 이용자 증가로 콘텐츠 시장이 성장했다. 이러한 경제 회복에 따른 소비 시장 확대와 지식정보 시장을 앞세운 게임 시장과 애니메이션 시장 등의 활성화로 유럽과 중동, 아프리카는 연평균 4.5퍼센트의 안정적인 성장세가 예상된다.

아시아·태평양 지역은 유럽 경제위기 등 대외 여건의 악화로 인한 수출 감소가 있었으나 정부의 민간소비 촉진정책, 높은 투자 여력, 외국인 투자 확대 등으로 안정적인 경제성장률을 기

세계의 만화 시장 규모 및 전망 2008~2017　　　　　　　　　　　　　　(단위: 100만 달러)

구분	2008	2009	2010	2011	2012p	2013	2014	2015	2016	2017	2012 ~ 2017 CAGR
인쇄 만화	7,465	7,681	8,262	8,569	8,054	7,786	7,484	7,199	6,916	6,650	−3.8%
디지털 만화	306	329	424	608	826	1,050	1,279	1,499	1,736	1,967	19.0%
합계	7,771	8,011	8,686	9,178	8,880	8,836	8,763	8,698	8,652	8,617	−0.6%

출처 : PwC(2013), ICv2(2013), Oricon(2012), JBPA(2012), SNE(2012)

록했다. 아시아·태평양 콘텐츠 시장은 이러한 안정적인 경제 기조를 바탕으로 콘텐츠 구매력이 높아지면서 게임, 애니메이션, 지식정보 시장에서 높은 성장세를 보였다. 향후 경제 활성화에 따른 소비 증가로 만화 시장을 제외한 전 분야에서 높은 성장세가 예상된다.

좀 더 세분화하여 세계 만화 콘텐츠 시장에 대한 규모와 전망을 살펴보자면, 현재 세계 만화 시장은 유럽의 경제위기에 따른 소비지출 감소가 만화 시장의 구매 감소로 이어지고 있다. 향

후 디지털 만화의 급격한 성장이 예상되지만, 아직 인쇄만화 시장에 비해 디지털 만화 시장이 규모가 미약하여 큰 폭의 변동이 없을 것으로 예상된다. 경기위축에 따른 지출 감소로 하락세를 보이고 있는 인쇄만화 시장은 향후 디지털 만화로의 소비자 이탈이 가속화되면서 시장 규모가 꾸준히 축소될 전망이다. 반면 디지털 만화는 스마트 단말기의 보급 확대 등으로 디지털 만화 이용자 수가 급격히 증가하면서 빠른 성장률을 보일 것으로 예상된다.

권역별 만화 시장 규모 및 전망 2008~2017 (단위: 100만 달러)

구분	2008	2009	2010	2011	2012p	2013	2014	2015	2016	2017	2012~2017 CAGR
북미	637	681	643	665	750	740	729	719	712	706	−1.2%
중남미	108	102	105	119	144	151	159	168	176	185	5.2%
유럽·중동·아프리카	3,377	3,513	3,788	4,021	3,971	3,933	3,894	3,863	3,848	3,838	−0.7%
아시아·태평양	3,650	3,714	4,150	4,372	4,015	4,011	3,981	3,948	3,915	3,888	−0.6%
합계	7,771	8,011	8,686	9,178	8,880	8,836	8,763	8,698	8,652	8,617	−0.6%

출처 : PwC(2013), ICv2(2013), Oricon(2012), JBPA(2012), SNE(2012)

아시아·태평양과 유럽·중동·아프리카 지역은 각각 절반에 가까운 시장점유율로 양강 구도를 구축하며 세계 만화 시장의 90퍼센트를 차지하고 있다. 앞으로도 플랫폼의 다변화를 통해 다양한 디지털 만화가 서비스되면서 새로운 시장이 창출될 것으로 예상된다. 그러나 인쇄만화 시장의 다운사이징 규모가 디지털 만화의 매출 상승분보다 클 것으로 예상되면서 라틴아메리카를 제외한 타 권역의 만화 시장이 감소할 것으로 추정된다.

아시아·태평양 만화 시장에서는 일본 시장의 수요 감소와 만화의 디지털화 등으로 인해 인쇄만화 시장이 축소되면서 전체 만화 시장 규모가 하락했다. 향후 한국, 중국 등의 디지털 만화 콘텐츠 서비스가 활성화될 것으로 예상되지만 일본 만화 시장 위축으로 전체 시장 규모가 하락세를 유지할 것으로 전망된다.

중남미 권역은 국민소득 증가와 주요 구매층인 15세 미만의 인구 구성비 상승으로 만화의 소비가 증가하며 시장 규모가 성장하고 있다. 향후 이 젊은 층의 일본 만화에 대한 수요가 증가하면

국가별 만화 시장 규모 TOP 10(2012년 기준)   (단위: 100만 달러)

순위	국가	2008	2009	2010	2011	2012p	2013	2014	2015	2016	2017	2012 ~ 2017 CAGR
1	일본	2,875	2,904	3,337	3,530	3,090	3,067	3,018	2,967	2,916	2,872	−1.5%
2	미국	597	637	599	620	700	690	680	670	664	658	−1.2%
3	독일	475	504	540	571	569	564	556	548	545	542	−1.0%
4	프랑스	432	459	491	519	517	512	505	499	495	493	−1.0%
5	영국	367	390	417	441	440	435	430	424	421	419	−1.0%
6	이탈리아	303	321	344	363	362	359	354	349	347	345	−1.0%
7	한국	313	352	358	343	345	348	350	350	350	349	0.2%
8	중국	213	223	211	246	291	303	315	327	340	355	4.1%
9	스페인	236	236	252	257	242	236	231	226	220	215	−2.3%
10	스위스	142	144	163	179	176	171	169	167	165	164	−1.4%

출처: PwC(2013), ICv2(2013), Oricon(2012), JBPA(2012), SNE(2012).

서 안정적인 성장세를 보일 전망이다.

국가별 시장 규모를 살펴보면 우선 일본은 세계 만화 시장의 35퍼센트에 가까운 점유율을 차지하며 시장을 주도하고 있다. 일본은 2위인 미국과 4배 이상의 시장 규모를 보이며 압도적인 시장 영향력을 보이고 있으며 그 뒤를 독일과 프랑스 등이 따르고 있다.

세계 만화 시장은 출판 시장처럼 디지털 콘텐츠의 이용량 증가에 반해 인쇄만화 이용자 감소로 대부분 국가의 만화 시장이 위축되고 있다. 그러나 중국의 경우 지속적인 경제성장과 엄청난 내수 시장 규모를 바탕으로 성장세를 이어갈 것으로 전망된다. 일본 만화 시장의 경우 경기침체에 따른 소비심리 위축이 만화 구매에 큰 영향을 미치며 큰 폭의 하락세를 보이고 있다. 이러한 하락세는 인쇄만화 시장의 위축으로 앞으로도 지속될 것으로 전망된다.

미국 만화 시장은 만화를 원작으로 한 영화가 성공하며 원작 만화의 판매가 증가하고, 중소 규모 만화기업의 판매량이 증대하고, 디지털 만화가 활성화되면서 성장세를 보이고 있다. 그러나 향후 인쇄만화 시장의 점진적 위축으로 시장 규모의 감소가 예상된다.

앞서 언급한 중국 만화 시장의 경우 매년 큰 폭의 시장 성장세를 보이고 있으며 인쇄만화와 디지털 만화 모두 안정적 성장률

해외 만화 시장 동향과 전망

구분	일본	미국	프랑스
시장 규모 (2012년 기준)	• 30억 9,000만 달러 • 세계(31.2%), 아시아 (71.1%) 시장 점유 • 경기침체에 따른 소비 심리(구매) 위축 지속 * 전년대비 시장 규모 12.5% 하락, 연평균 1.5% 하락 지속	• 6억 9,950만 달러 • 세계(10.4%), 북미권 (86.7%) 시장 점유 • 디지털 만화 급성장 속 인쇄만화 수요 지속 감소 * 연평균 1.2% 하락, 2017년 6억 5,780만 달러 전망	• 5억 1,720만 달러 • 세계(8.3%), EMEA(19.9%) 시장 점유 • 디지털 만화 성장 추세 대비 인쇄만화 낙폭이 커 지속적인 감소 전망 * 2017년 4억 9,260만달러로 약 1.0% 하락 전망
디지털 만화	• 2012년 3억 3,200만 달러 • 전년대비 31.1% 성장, 2017년 11억 4,080만 달러 예상	• 2012년 9,000만 달러 • 전년대비 48.3% 성장, 2017년 1억 8,530만 달러 예상	• 2012년 3,320만 달러 • 전년대비 55.9% 성장, 2017년 9,030만 달러 예상
주요 동향	• 만화잡지의 경영 악화로 휴간 증가 * 2013년 만화잡지 14개 휴간 • 스마트 단말기 보급 및 디지털 만화로의 전환 가속화 • 요미우리, NHK 한국 웹툰 기사화 • 기존 히트작의 재제작 또는 장르 확장(다크게 등)	• 영화 성공 및 흥행에 따른 원작 만화 판매 증가 * 「어벤져스」, 「다크나이트라이즈」 등 • Comixology 중심에서 DC, 마블 등 주요 업체의 디지털 만화 시장 진출 본격화 * DC(New52), 마블(Initiative)	• 디지털 플랫폼 및 모바일 기기의 급속한 보급 및 확대 • 인기 있는 일본 망가 의 디지털 버전 출시 활성화 • 인쇄만화와 디지털 만화 의 동시 출간 가속 • 블로그 만화 활성화 * 아베코믹스, 디지비디, 델리툰 등
시장 특징	• 세계 1위의 만화 시장 * 10년째 성장 정체기 • 잡지, 단행본 발매 중심 의 비즈니스 모델 • 미소년, 마니아 중심의 비주류 만화 • 2차 부가사업 중심의 미디어믹스 전략 추구	• 세계 2위의 만화 시장 • 코믹스와 그래픽노블 중심 • 전통적 히어로물 위주 • DC, 마블 등 주요 만화사가 시장의 80% 점유	• 유럽 최대의 만화 시장 • 독립 작가, 예술성 중심 • 만화를 제9의 예술로 정의 • 예술성, 작품성 중시 • 자국 중심의 시장 유지 • 망가가 시장의 1/4 차지 * 2007년 신간 중 50%가 일본 망가
지원 정책	• 만화에 특화된 정책 없음 • 최근 디지털 전환에 따른 다양한 정책 추진 • 디지털일본창생프로젝트(ICT), 쿨재팬 전략 등 콘텐츠 전반의 디지털 진흥책 수립 중	• 만화 정책 전무 – 불법 저작물 단속에 집중 * 디지털밀레니엄저작권법(1998년) • 민간 재단 또는 기업체 지원 위주 * 크세릭재단: 닌자거북이 창작자 설립 • 최근 크라우드 펀딩 활용 활성화	• 국제만화이미지도시 (CIDBI)를 통한 체계적, 근본적 지원. 산업적 지원이 아닌 문화적 지원 위주 • 국립서적센터(CNL)를 통한 창작자 포괄 지원

을 보이고 있다. 중국은 앞으로도 안정적인 성장세를 보일 것으로 전망되며 세계 만화 시장에서 점유율도 높아질 것으로 예상된다.[15]

대원의 책임과 정욱의 임무

지금까지 국내외 만화 시장에 대한 동향 분석과 정책 현황, 그리고 국내외 시장 전망을 분석했다. 대원씨아이의 OSMU 사업을 총괄하는 콘텐츠 기획본부를 맡고 있는 오태엽 이사는 최근 한국콘텐츠진흥원과의 인터뷰[16]에서, 대원씨아이의 궁극적인 목표는 만화와 함께하는 여유롭고 즐거운 인생을 만드는 것으로 1992년 2월 회사 창립 이후 지금까지 '만화가 있는 아름다운 세상'을 모토로 발전해왔다고 밝힌 바 있다.

대원씨아이가 추구하는 궁극적인 목표는 독자가 돈을 지불하고 구매할 만한 좋은 만화를 만드는 것, 그리고 디지털 콘텐츠의 비중을 높이는 것이다. 그런 의미에서 볼 때 〈소년챔프〉, 〈이슈〉 등의 인쇄만화잡지는 대원씨아이의 정체성을 대변한다고 할 수 있다.

출판만화 시장의 호황을 이루던 1990년대 후반에 대원씨아이는 어린이, 소년, 청년, 순정, 성인 순정 등으로 세분화된 독자

15) '2013년 해외콘텐츠시장 동향조사', 한국콘텐츠진흥원, 2013. 12.
16) '디지털 시대, 만화의 진화', 〈창조 산업과 콘텐츠〉 11·12월호, 한국콘텐츠진흥원, 2014. 12.

층을 대상으로 8개 만화잡지를 발행했다. 물론 지금도 신인 만화가들이 〈소년챔프〉를 통해 발굴되고, 연재를 하고, 단행본을 발간하고, 다양한 OSMU 사업을 전개하여 수익을 창출하고 있다. 이것이 대원씨아이의 기본적인 사업 구도이며 이러한 비즈니스 플랫폼을 통해 대원씨아이는 지금까지 만화 산업의 주도권을 쥐어왔다.

물론 과거에 비해 인쇄잡지 시장이 축소되고 발행부수가 감소했으나 대원씨아이는 꾸준히 잡지 연재를 통해 좋은 작가들과 작품을 발굴하고 있다. 또한 인쇄잡지와 함께 디지털 매체 동시 연재를 통해 대원씨아이의 작품을 서비스하는 창구를 구축하고 있다. 이에 수반되는 단행본 마케팅과 프로모션, 그리고 철저한 프로듀싱 역시 대원의 장점이자 핵심 역량이다.

대원씨아이는 현재 월 평균 50~70종의 만화책과 라이트노벨, 만화잡지를 발행하고 있으며 캐릭터 사업을 중심으로 한 OSMU 비즈니스, 그리고 최근에는 디지털 사업을 확장하고 있다. 이와 같은 노력으로 대원씨아이의 2013년 매출 규모 209억 원중 종이책 매출이 80퍼센트, 디지털 콘텐츠가 20퍼센트 정도의 매출을 차지했다. 세계적으로도 디지털 만화 매출이 출판사 전체 매출의 20퍼센트를 차지하는 경우는 이례적이다.

대원씨아이가 전자책 서비스와 애플리케이션을 개발하는 이유는 독자가 더 편리하고 쉽게 우리 만화에 접근할 수 있도록 한다는 목표 때문이다. 현재도 10개 이상의 애플리케이션을 개발 중에 있다. 〈챔프D〉, 〈열혈강호〉, 〈이슈〉 등 대원씨아이가 자체적으로 개발한 만화 서비스 애플리케이션은 인쇄나 유통 등의 공정이 제외되기에 수익률이 높으며 정기 독자와 구매율이 높은 편이다. 특히 2014년에 연재 20주년을 맞이하고, 같은 해 대한민국 만화대상을 수상한 「열혈강호」의 경우 중국 시장 진출 등 성공적인 애플리케이션 사례로 기대를 모으고 있다.

대원씨아이는 기존 인쇄만화의 디지털 변환 외에도 디지털 전용 작품도 생산하고 있으며 BGM, 진동 효과, 모션 효과, 더빙, 채팅 등 디지털 매체 특성에 맞는 다양한 서비스를 시도하고 있다. 이러한 디지털 만화는 네이버북스, 리디북스, 티스토어 등 다양한 온라인 플랫폼에 유료로 공급되고 있다.

한편 대원씨아이는 오랜 해외 비즈니스 노하우와 네트워크를 통해 「슬램덩크」, 「원피스」 같은 우수한 해외 만화를 국내에 소개해왔으며 국내 만화 시장의 외연을 확장시켜왔다.

정욱 회장은 1969년에 만화가로 데뷔했다. 그는 신동우 화백이 신문에 연재하던 만화로 단행본 만드는 일을 하다 만화 작가가 되었다. 그런 정욱 회장이 출판 사업을 하게 된 동기는 대원동화에서 진행한 일본 OEM 애니메이션에 한국 스태프 이름이 제외된 것에 대한 격분에서 시작되었다고 한다. 정욱 회장이 당시 일본에 가보니 일본 애니메이션 회사들이 만화출판사에 꼼짝 못하는 것을 보고 우리도 출판사를 해서 한국 만화를 애니메이션으로 제작해야겠다는 의지로 출판사를 설립했다고 한다.

정욱 회장은 도서출판 대원이 잡지 시장의 호황을 구가하던 1996년에 학산문화사를 설립했다. 학산문화사의 설립 역시 일본 만화 시장에서 자극을 받아 시작된 것으로 알려진다. 정욱 회장은 일본의 쇼가쿠간에서 분리된 슈에이샤가 본사의 규모를 뛰어넘어 성장하는 것을 보고, 대원을 분리시켜서 경쟁하면 시장이 더욱 성장할 수 있겠다는 생각에 학산문화사를 설립했다고 한다.

일본 만화가 슈에이샤, 고단샤, 쇼가쿠간의 3강 구도로 성장했듯이 대원과 학산문화사, 그리고 서울문화사의 3강 경쟁 구도

만화 단행본 점유율별 통계

구분		2005년	2006년	2007년	2008년	2009년	2010년	2011년	합계
주요 3사	대원씨아이	1,058	922	892	915	897	978	931	10,183
		23.2%	22.5%	23.8%	24.4%	24.0%	25.1%	25.2%	22.2%
	학산문화사	1,047	99	845	830	840	861	853	8,749
		23.0%	2.4%	22.5%	22.1%	22.5%	22.1%	23.1%	19.1%
	서울문화사	786	555	535	557	478	470	455	6,631
		17.2%	13.6%	14.3%	14.8%	12.8%	12.1%	12.3%	14.5%
소계		2,891	2,476	2,272	2,302	2,215	2,309	2,239	26,465
3사 점유율		63.4%	60.5%	60.6%	61.3%	59.4%	59.2%	60.6%	55.92%
그 외 출판사		1,667	1,619	1,478	1,453	1,515	1,590	1,454	19,412
		36.6%	39.5%	39.4%	38.7%	40.6%	40.8%	39.4%	42.3%
총계		4,558	4,095	3,750	3,755	3,730	3,899	3,693	45,877

출처: 대한민국 만화산업백서 2013, 문화체육관광부 · 한국콘텐츠진흥원, 2014. 3.

가 한국 만화시장을 견인하리라 판단했고 그 판단은 적중했다. 학산문화사는 사업 초 대원의 안배로 고단샤 계약건의 100퍼센

트를 독점하면서 안정적인 스타트를 할 수 있었다. 이러한 전략을 통해 대원씨아이는 학산문화사, 서울문화사와 함께 한국 만화 시장을 주도해왔다. 다음 표는 대원씨아이, 학산문화사, 서울문화사의 출간 종수의 변화 추이로 본 점유율 판도다.

2005년부터 2011년까지 출간 부수의 누적 분량을 살펴보면 대원씨아이, 학산문화사, 서울문화사의 시장점유율은 약 56퍼센트에 달한다. 3사의 시장점유율은 2005년 63.4퍼센트로 점유율이 가장 높았고, 이후로도 약 60퍼센트 정도의 점유율을 유지하고 있다.

2013년의 알라딘의 데이터베이스를 활용하여 2013년 12월 15일부터 1년 전까지 출간된 만화책에 한해 집계된 2013년 점유율은 다음과 같다. 자료에서는 라이트노벨과 온라인서점에서 유통되지 않는 일간만화는 제외했다.

2013년 만화 분야 출간 부수 기준 시장점유율

출판사	등록 권수	백분율
대원씨아이	597	21.0%
학산문화사	650	22.9%
서울문화사	275	9.7%
소계	1,522	53.6%
총계	2,841	100%

출처: 알라딘

온라인서점 매출은 4위이나 오프라인서점 매출을 합산하면 서점 업계 1위인 교보문고의 2011년부터 3년간 만화 분야 30위까지의 순위에 따른 출판사 점유율은 다음과 같다.

교보문고 만화 순위(1~30위) 출판사 점유율

출판사	2011년	2012년	2013년
대원씨아이	10	10	7
학산문화사	4	3	4
서울문화사	2	2	1
3사 점유율	53%	50%	40%
기타 출판사	14	15	18

출처: '대한민국 만화산업백서 2013', 문화체육관광부·한국콘텐츠진흥원, 2014.3.

　　인터파크의 2013년 판매된 권수 정보로 출판사별 점유율 상위 10위를 뽑아 3사의 시장점유율을 파악한 자료는 다음과 같다.

인터파크 만화 상위 100위에서 산출한 출판사 점유율

	출판사	100위	50위	30위	20위	10위
1	대원씨아이	17	10	5	3	1
2	애니북스	9	5	3	2	0
3	학산문화사	9	3	2	1	1
4	재미주의	8	3	1	0	0
5	이봄	6	6	6	5	3
6	길찾기	6	2	2	0	0
7	서울문화사	6	1	1	1	0
8	한스미디어	4	2	1	0	0
9	시공사	3	2	0	0	0
10	소담	3	0	0	0	0
기타 출판사		29	16	9	8	5
3사의 점유율		32%	28%	27%	25%	20%

출처: '대한민국 만화산업백서 2013', 문화체육관광부·한국콘텐츠진흥원, 2014. 3.

　　지금까지의 자료를 살펴보면 정욱 회장의 예상대로 대원씨아이, 학산문화사, 서울문화사는 확고한 시장점유율을 가지고 있다. 물론 출판 시장의 불황과 소비 시장의 변화로 점유율은 감소하는 것으로 나타난다. 이렇듯 한국 만화 시장에서 3사의 지분이 약해지고 있는 원인은 무엇보다 만화 소비 시장의 환경 변화에 기인한 것으로 판단된다.

3사의 만화들은 코믹스가 주력으로 주로 청소년층과 기존의 만화 독자층을 소비자로 두고 있다. 물론 「열혈강호」와 같이 대부분 장기간의 연재 과정에서 나이가 든 성인 독자층도 존재한다. 현재의 판매고는 이러한 독자들에 기인한 것으로 분석된다. 2013년과 2014년에 큰 인기를 모은 「진격의 거인」의 성과는 원작의 애니메이션화, 작품이 담고 있는 주제 의식 등에 힘입은 것으로 분석된다. 역으로 이러한 부가적 효과가 없다면 폭넓은 독자층과 접촉하기 어렵다는 사실을 반증하기도 한다. 또한 웹툰 출간작들의 강세도 3사의 점유율에 많은 영향을 준 것으로 분석된다.

대원씨아이, 학산문화사, 서울문화사의 영향력이 감소한 원인과 배경은 한국 만화 시장의 미래를 위해서라도 면밀히 검토될 필요가 있다. 특히 인구구성비에서 청소년이 차지하는 비중이 1980년대 이후 계속 낮아지는 상황이다. 이에 장기적으로 청소년과 어린이 외에 더 다양한 세대와 더 많은 독자층이 즐길 수 있는 만화를 개발하는 것이 한국 만화 시장을 위해 반드시 필요하며, 이러한 일에 대원이 앞장서야 할 것이다. 대원은 더욱 다양한 소재와 우수한 작품을 발굴하여 교양 있는 성인 독자의 마음을 사로잡는 노력이 필요하다. 이것이 대원의 임무이자 정욱 회장의 역할이라 할 수 있다.

앞서 살펴본 해외 시장 진출에서도 북미 시장과 유럽 시장이 출판/만화에서 두각을 나타내는 지역으로 나타났다. 시장 규모는 유럽과 북미, 일본, 기타 지역이 높으나 시장매력도 측면에서는 북미 시장과 유럽 시장이 높은 점수를 얻었다.

미래 시장매력도의 경우, 출판/만화는 중국 시장이 주목되고 있으나 국가 자체의 규제적인 측면이 강하게 작용하고 있으며 불법 콘텐츠 유통에 대한 관리 난항으로 콘텐츠 기업들은 자유로운 해외 진출과 비즈니스 활동에 제약을 받고 있는 상황이다. 그러나 향후 성장 추이와 지역적, 문화적 장벽을 고려하면 중국 시장을 전략적으로 주목할 필요가 있다.

아울러 동남아시아는 시장 규모와 미래성장률이 낮은 지역

출판/만화의 권역별 시장매력도 및 수출경쟁력 지수

권역별	시장매력도									수출경쟁력				
	시장 규모	미래 성장률	도시 화율	NRI 지수	기업 환경 평가	경제 자유 지수	저작권 보호	BSA 지수	종합	한류 경험률	지역 문화적 장벽	장르 문화적 장벽	수출 점유율	종합
일본	0.50	−1.55	1.43	0.94	0.94	0.79	1.23	1.23	0.210	−0.41	−0.17	1.79	−0.20	−0.512
중국	−0.07	0.21	−1.54	−1.21	−1.36	−1.64	−1.98	−1.41	−0.301	1.65	1.83	1.79	−0.20	−0.112
동남아	−0.38	−0.42	−0.90	−0.40	−0.26	−0.01	−0.15	−0.71	−0.394	1.00	0.72	1.79	−0.20	−0.334
유럽	2.57	−1.39	0.29	0.36	0.29	−0.26	0.43	0.39	1.311	−0.73	−0.58	1.79	−0.20	−0.593
북미	1.72	−1.65	0.72	1.41	1.40	1.51	0.43	1.13	0.923	−1.11	−0.82	1.79	−0.20	−0.641
기타	0.48	−0.52	−0.01	−1.10	−1.01	−0.39	0.04	−0.63	0.082	−0.41	−0.90	1.79	−0.20	−0.673

출처: '문화 콘텐츠 해외 진출 방안', KOCCA 연구보고서, 2013. 9.

으로 출판/만화 장르의 적극적인 진출보다는 한류와 연계된 전략을 통한 출판/만화 콘텐츠의 진출 전략이 필요할 것이다.

출판/만화는 타 장르와 비교했을 때 대부분의 지역에서 시장매력도에 비해 수출경쟁력이 떨어지는 것으로 나타났는데, 이는 지역적, 문화적 장벽이 크게 작용하면서 수출경쟁력이 낮아진 것으로 해석된다. 반면 중국 시장의 수출경쟁력이 상대적으로 높은 이유 역시 문화적 장벽이 낮기 때문으로, 틈새시장 진출을 도모하는 전략이 필요할 것으로 보인다. 이에 대원씨아이의 「열혈

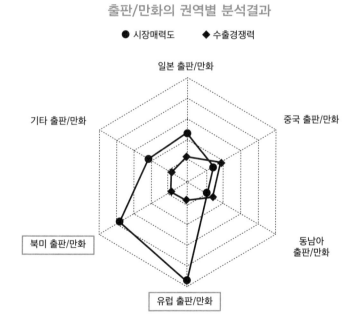

출판/만화의 권역별 분석결과

● 시장매력도　　◆ 수출경쟁력

출처: '문화 콘텐츠 해외 진출 방안', KOCCA 연구보고서, 2013. 9.

강호」중국 진출은 상당히 고무적인 시도라고 평가할 수 있으며, 대원은 향후에도 중국 시장 진출을 위한 작품 발굴에 주력해야 할 것이다.

대원은 최근 북미, 유럽 출판/만화 시장에 '웹툰(webtoon)'이라는 한국 만화의 브랜드가 향상되고 있는 점을 주목할 필요가 있다. 특히 스마트기기를 통해 인터렉티브한 소통이 가능한 웹툰은 유럽 시장에서 새로운 스타일의 콘텐츠로 주목을 받고 있어 유럽 시장 진출에 높은 가능성을 보이고 있다. 입체적이고 다양한 효과 연출이 가능한 웹툰은 유럽의 틈새시장 공략에 유리할 것으로 보인다.

이에 대원은 자사가 보유하고 있는 만화 콘텐츠는 물론이고 한국의 인쇄만화들을 웹툰으로 재제작하여 국내 소비는 물론 해외 유통을 고려할 필요가 있다. 이러한 새로운 포맷의 웹툰은 한국 만화의 브랜드 이미지를 확립하고 스마트 미디어 기반의 콘텐츠로서 유통 접근성이 더욱 강화될 것이다. 정부 역시 웹툰의 해외 진출을 위해 프랑스, 독일, 벨기에 등 유럽 각국에 있는 디지털 사업자의 데이터베이스 구축과 네트워킹 구축을 지원할 필요가 있다.

▶ 글. 김정경 한국콘텐츠진흥원 과장

대원의 역할과 가능성

한국의 만화와 애니메이션이 산업으로 인정받으면서 국가적 지원과 정책의 대상이 되기 시작한 것은 1994년부터다. 이 당시 문화체육부는 스티븐 스필버그의 화제작 「쥬라기공원」의 세계 흥행 실적을 평가하며, 국내 3대 자동차회사의 2년 수익액보다 「쥬라기 공원」의 수익률이 높음을 상대적 기준으로 정책 이슈화했다.

이처럼 영상 산업의 부가수익률이 여론에서 힘을 얻게 되면서 정부는 국내 영상 산업을 활성화시키기 위한 세부 정책을 강구하게 되었고, 이때 제안된 것이 애니메이션 산업이었다. 물론 당시에는 만화와 애니메이션에 대한 비교와 개념적 이해가 일반

화되지 못했던 시기였기 때문에, 영상 산업의 국가적 지원 명분은 유일하게 해외에 수출 실적이 유지되고 있었던 애니메이션 하청 산업과 그로부터 연계된 만화 산업의 국내 지원으로 쏠렸던 것이다.

한국의 만화는 이미 일제강점기 민족신문에서부터 그 역사가 시작되었다. 해방 이후에는 근대화 과정과 계몽주의에 힘입어 어린이들의 유일한 오락 미디어로 만화방이라는 공간을 통해 그 명맥을 이어나갔다. 그러다 1980년대 올림픽 특수와 고도 경제성장의 효과로 만화잡지 및 단행본 시장이 활성화되어 국내 만화 산업의 혁신과 발전이 이루어졌다.

한국의 애니메이션 또한 한국전쟁 이후 극장을 중심으로 한 영화광고 시장의 가능성을 보여주고, 할리우드 애니메이션의 수입 러시에서 어린 관객들이 극장을 출입할 수 있도록 명분을 만들어준 유료 콘텐츠 역사의 시작으로 평가된다.

본격적인 한국 애니메이션은 락희치약 광고와 소주 광고를 극장에서 애니메이션으로 제작하게 되면서 국내 제작력의 실체를 드러냈다. 그리고 1967년 〈소년한국일보〉에 연재되었던 고 신동우 화백의 「풍운아 홍길동」이 친형인 신동헌 감독에 의해 애니메이션으로 제작되어 대한극장에 개봉되면서 국산 장편 애니메이션의 역사가 시작되었다.

이후 할리우드 애니메이션의 지속적인 수입 개봉과 미국 및 일본의 하청 제작 경험을 바탕으로 꾸준히 국내 창작 장편 애니메이션이 제작되었고, 1980년대 「로보트 태권V」 시리즈와 「똘이 장군」 등의 반공 애니메이션, 라디오 드라마였던 「마루치 아라치」 등이 애니메이션으로 만들어졌다.

1910년대부터 시작된 한국의 만화 역사, 1960년대에 시작된 한국의 애니메이션 역사 등에서 현재 생존해 있는 제1세대 작가와 감독을 찾는다면, 또 그 역할을 아직까지도 적극적으로 유지하고 있는 작가를 찾으라면 정욱 회장을 꼽을 수 있을 것이다.

만화가로 작품을 연재했으며, 만화 작품의 유통 현실을 파악하고, 일본 만화의 수입 네트워크를 초기에 구축하며 한국의 만화잡지 시장을 개척한 역할, 그리고 일본 애니메이션의 하청 생산을 본격화하며 국내 극장용 장편 애니메이션과 TV 시리즈 애니메이션의 제작 시스템을 확보하고 확대한 역할 등 정욱 회장이 초기 한국 만화와 애니메이션 산업에서 제작 및 유통 인프라 구축에 남긴 족적은 역사적으로 그 가치를 평가받아야 한다. 그러나 이러한 역사적 가치와 함께 명암이 동시에 존재하는 것이 정욱 회장의 도전과 응전의 기록들이다.

정욱 회장의 명암은 일본 만화 및 애니메이션, 그리고 캐릭터 및 완구 상품의 수입 및 하청이라는 사업적 한계와 그로부터 연계된 국내 창작 만화의 신진 작가군 육성 및 창작 애니메이션의 지속적인 발굴과 투자의 실적이 함께 존재한다는 것이다. 대개 문화 콘텐츠 산업의 수익률이 존재하기 위한 시장의 손익분기점(임계치, critical mass)은 언어공동체를 중심으로 한 단위국가의 인구대비 1억 명 이상의 시장에서 가능하다고 평가된다. 약 5,000만 명의 인구만으로 만화와 애니메이션 산업이 자생적인 수익률을 구축해나간다는 것은 한계가 있다. 이것이 한국 시장이 지닌 어려움과 한계다. 그래서 만화가라는 직업은 항상 어렵고 고단하며, 애니메이션 제작사는 언제나 현금 부족과 도산의 어려움에 직면한다.

그러나 이런 어려운 현실적 상황에서 정욱 회장은 만화출판사와 애니메이션 제작사, 완구와 문구의 유통회사, 애니메이션 케이블 채널 등 다양한 사업군을 구축했으며, 그러한 사업 네트워크를 구축하기 위해 2000년대 초반 코스닥 상장이라는 체계적인 기업경영의 노하우도 성공적으로 진행했다. 당시 초기 벤처투자 붐을 기반으로 코스닥 시장에 상장했던 만화 애니메이션 관련 기업들 중 현재 동종 업종에서 지속적인 비즈니스를 하고 있는 기업은 정욱 회장의 대원이 유일하다.

이처럼 현재의 성과로 평가해본다면 정욱 회장의 시기적 판단과 끊임없는 실험은 국내 만화 산업 및 애니메이션 산업의 지속적인 자양분이 되었다. 현재도 새로운 국내 작가의 발굴과 플랫폼 개발, 애니메이션 제작 지원 및 투자 등 유일한 시장 진입의 교두보를 제시해주고 있으며 만화 및 애니메이션 관련 사업의 유일한 융복합 기업군을 유지해내는 롤모델이 되고 있다.

그럼에도 일본 만화의 수입과 유통, 일본 완구 및 문구, 게임 등의 수입을 통한 부가수익만으로 정욱 회장과 회사의 확장을 평가하는 평론가들이나 기업 관계자들이 있다. 하지만 역사는 그 원인과 결과 및 과정에서 축적된 성과들을 모두 고려해서, 피상적 행위로서 판단되는 것이 아닌 메커니즘에 반영된 성과적 동력이 평가되어야 한다.

모방으로부터 시작된 혁신, 그리고 작가적 열망과 아이디어가 반영된 창작의 열정이 다양한 비즈니스 모델로 반영되면서 지속적인 국내 창작 콘텐츠의 기획, 제작, 유통 인프라를 구축해낸 것이다. 대원씨아이와 학산문화사를 통해 발굴되고 육성된 국내 작가들은 이제 한국의 학습만화와 웹툰 시장을 견인하고 있으며, 대원동화와 대원미디어를 통해 제작된 극장용 창작 애니메이션과 TV 시리즈 애니메이션, 그리고 중장기적으로 투자된 국내 대형 애니메이션 및 게임 프로젝트들은 국내 소비자들의 평가 속에서 그 제작 메커니즘을 축적해가고 있다. 일본의 콘텐츠를 수입하는 데 그치지 않고 그 제작과 유통의 노하우가 흡수 역량으로 반영되어, 모방을 통한 혁신이 한국 만화와 애니메이션의 현재 가능성을 구축하는 동력으로 리모델링된 것이다.

정욱 회장의 도전과 응전은 끊임없는 호기심과 창작에 대한 열정, 시장의 변화와 새로운 플랫폼의 진화를 놓치지 않는 사업적 판단력으로 이어졌다. 이로 인한 성과는 현재도 진행 중이다. 정욱 회장은 국내 콘텐츠의 해외 수출과 새로운 플랫폼을 통한 신 성장 동력 개발에 집중하고 있다. 칠순의 나이에도 그가 품은 '도전과 응전'이라는 가치가 '가능성'으로 보이는 이유다. 대원과 정욱 회장의 내일을 기대한다.

▶ 글. **한창완** 세종대학교 만화애니메이션학과 교수

정욱 회장 연보
대원 계열회사 현황

정욱 회장 연보

1946년

강릉시 구정면 학산리에서 부친 정인화, 모친 부예봉의 장남으로 태어났다.

1962년

2월 강릉고등학교 졸업. 재학 중 미술교사이자 화가이던 장일섭에게 사사했다. 중학교 시절 처음 본 애니메이션 「피터팬」에 큰 감명을 받았다. 고교 시절 강릉극장의 간판을 그리기도 한다.

1964년

상경, 신동헌 문하에서 만화와 애니메이션을 수학했다. 판피린 등 다수의 애니메이션 CF 제작에 참여하면서 애니메이터로서의 재능을 키워갔다.

1966년

한국 최초의 극장용 장편 애니메이션 「홍길동」에 애니메이터로 참여, 이후 「호피와 차돌바위」등의 제작에 메인 스테프로 참여해 애니메이터 및 촬영 등 제작 전반에 걸쳐 활동했다.

1968년

군 제대. 신동헌의 'Q프로덕션'에서 CF, 문화영화 및 기업 홍보만화의 제작에 참여했다.

1969년

아동만화 「초립동자」를 발표하며 만화가로 데뷔했다. 이후 1970년대 초반까지 「아기유령」, 「숨은 그림 찾기」 등의 작품을 〈소년한국일보〉, 〈일간스포츠〉에 발표했으며 이 시기에 만화가 이원복을 만나 「호질」, 「이춘풍전」 등 다수의 작품을 함께 작업했다.

1973년

애니메이션 제작사 '원프로덕션' 설립. 기업 홍보만화, CF, 문화영화 등의 제작 사업을 시작했다.

1974년

5월 18일, 한국일보사 강당에서 신동헌 선생의 주례로 동료 스태프였던 안정교와 화촉을 밝히다.

1975년

장편 애니메이션 「철인 007」 기획, 연출했다.
장녀 혜영 출생하다.

1976년

'대원기획' 설립. 일본 토에이영화사의 OEM 애니메이션 제작을 본격화했다.

1977년

'대원동화(주)'를 설립하고 대표이사로 취임했다. 설립 이후 일본 도에이영화사에 OEM 제작 방식으로 「은하철도 999」, 「우주해적 캡틴하록」, 「스타징가」, 「천년여왕」, 「원탁의 기사」, 「아더왕」, 「작은 소녀들」 등 매년 80편 이상의 작품을 제작, 수출했다.
장남 동훈 출생하다.

1980년

장편 애니메이션 「애꾸눈 선장」 제작.

1981년

이상무의 원작 만화 「태양을 향해 던져라」를 극장용 장편 애니메이션으로 제작해 큰 성공을 거뒀다. 이후 「내 이름은 독고탁」, 「다시 찾은 마운드」 등 다수의 독고탁 시리즈를 제작한다.

1982년

극장용 애니메이션 「버뮤다 5000년」 제작.

1983년

극장용 애니메이션 「은하전설 테라」 제작.

1985년

청주대학교 예술대학 연극영화과에 출강해 애니메이션 후학 양성의 길로 나섰다. 1992년까지 만화, 애니메이션 제작 및 사업 노하우를 강의했다. 기존 일본 중심의 OEM 제작처를 미국으로 확대했다. 마블 프로덕션과 OEM 수출 계약을 체결하고 「G. I. JOE」, 「트랜스포머」 등의 작품을 제작, 수출했다. 극장용 애니메이션 「무적철인 람보트」를 제작했다.

1986년

미국 루비스피아와 OEM 제작 계약을 체결하고 「람보」, 「007」, 「섹터스」 등 다수의 작품을 제작 수출했다. 극장용 애니메이션 「각시탈」을 제작하기도 했다. 그간의 OEM 제작 수출로 해외 시장을 개척한 공로로 국무총리 표창장을 수상하고, 대원동화는 200만 달러 수출 초과로 '대통령 수출탑상'을 수상했다.

1987년

한국 최초의 TV 애니메이션 「떠돌이 까치」를 제작하고, KBS에서 방영해 큰 인기를 끌었다. 서울올림픽을 기념하기 위해 만들어진 TV 애니메이션 「달려라 호돌이」 시리즈 100편을 제작하고 MBC에서 방영했다. 한국 TV 애니메이션의 새 장을 연 기념비적인 일이었다.
KBS와 MBC로부터 애니메이션 프로그램 발전 기여를 인정받아 공로상을 수상했다.
실사 SFX 합성 영화 「스파크맨」(심형래 주연)을 제작했다.
미국 해나바버라와 OEM 제작 계약을 체결하고, 「스머프」 등 다수 작품을 제작, 수출했다.

1988년

TV 애니메이션 시리즈 「달려라 하니」를 제작해 KBS에서 방영해 공전의 히트를 기록했다. 「떠돌이 까치」에 이은 연이은 히트로 TV 애니메이션 제작의 노하우를 쌓아가게 된다.
동국대학교 경영대학원을 수료했다.

1989년

심형래 주연의 영화 「영구와 땡칠이」를 제작하고 큰 인기를 얻으면서 전국 극장에서 장기 상연을 이어간다. 전국의 시민회관, 문화회관 등에서 장기간 큰 인기를 얻어, 비공인 최대 관객 동원이라는 평가를 받는다. 같은 해 「영구 소림사에 가다」와 「홍콩 할매 귀신」(1991) 등 후속 시리즈를 제작한다.

1990년

TV 애니메이션 「영심이」를 제작해 KBS에서 방송하고, 큰 인기를 끌었다. 애니메이션을 기반으로 한 상품화 사업까지 사업 영역을 넓혔다. 영구 영화 시리즈의 흥행 또한 이어졌다.
어린이 애니메이션 정착에 이바지한 공로로 제13회 색동회상을 수상했다.

1991년

창작 애니메이션 제작과 해외 OEM 제작 경험을 바탕으로 원작 만화의 중요성을 인식하고 대원동화 출판사업부에서 만화 잡지 〈소년챔프〉를 창간한다. 이후 만화출판사를 별도 법인으로 독립시키고, 애니메이션에서 만화로 사업 분야를 확장한다.

1992년

'도서출판 대원(주)(현 대원씨아이)'를 설립했다. 대원씨아이는 만화잡지 〈소년챔프〉, 〈월간챔프〉, 〈영챔프〉, 〈투엔티세븐〉, 〈팡팡〉, 〈주니어챔프〉, 〈터치〉, 〈이슈〉, 〈화이트〉, 〈해피〉 등을 발행하며 1990년대부터 2000년대 초반까지 만화잡지 러시를 주도했다. 각 잡지의 인기 작품들이 속속 밀리언셀러로 등극했고, 해외 시장에서도 큰 호응을 얻었다.

TV 애니메이션 「지구는 초록별」을 제작했고, 해외시장 개척에 대한 대통령 표창과 500만 달러 수출탑을 수상하기도 했다.

1993년

만화잡지 창간 당시 목표이던 자체 만화 원작의 첫번째 애니메이션 제작을 시작했다.

고행석의 「마법사의 아들 코리」를 TV 시리즈로 제작해 KBS에서 방영했다.

영화 「정신나간 유령」, 「정신나간 유령 2」를 제작했다.

TV 애니메이션 「지구는 초록별」로 뉴욕영화페스티벌에서 동상을 수상했다.

1994년

〈소년챔프〉 연재 만화인 「붉은매」를 극장용 애니메이션 제작했고, TV 애니메이션 「사랑의 학교」 시리즈 13편을 제작했다.

사단법인 한국애니메이션제작자협회 창립을 주도하고, 초대 회장을 맡는다.

1995년

8월에 열린 제1회 서울국제만화페스티벌(SICAF)에서 극장 애니메이션 「붉은매」가 대상을 수상한 데 이어, 10월에는 제1회 대한민국영상만화대상에서 금상을 수상하는 쾌거를 거뒀다. 만화 원작 애니메이션 제작을 이어가, 〈팡팡〉에 연재된 만화 「두치와 뿌꾸」를 TV 애니메이션으로 제작했다.

1996년

만화출판사 '학산문화사(주)'를 설립했다. 학산문화사는 〈찬스〉, 〈부킹〉, 〈파티〉 등의 만화잡지를 창간하고 다수의 인기 만화를 연재했다.

1997년

학산문화사의 〈찬스〉 연재작인 「녹색전차 해모수」를 TV 애니메이션으로 제작했다.

1998년

특수촬영 합성 애니메이션 「지구용사 벡터맨」 시리즈의 제작을 시작했다. TV 시리즈 1부 13편, 2부 13편을 제작한 뒤, 극장용 장편 영화로 제작하기도 했다.

1999년

제1회 부천국제대학생애니메이션 페스티벌에서 공로패를 수상했다.

2000년

'대원동화(주)'의 사명을 '대원씨엔에이홀딩스(현 대원미디어)'로 변경하고 회장에 취임했다. 애니메이션 제작사와 만화출판사의 경험을 토대로 만화 애니메이션 전반을 아우르는 종합엔터테인먼트 그룹으로의 변신에 박차를 가하기 시작했다.

2001년

7월에 '대원씨엔에이홀딩스'를 코스닥 증권시장에 등록했다. 10월에는 애니메이션 전문 방송국인 (주)대원디지털방송(현 대원방송)을 설립하고 애니메이션 채널인 애니원을 개국했다.

국내 OVA용 「용하다 용해」를 제작했다.

2002년

미국 포키즈 엔터테인먼트와 일본 JR기획, (주)시네픽스와 TV 시리즈 애니메이션 「큐빅스」 공동 제작 계약을 체결했다. 국내와 일본 제작사와 협력해 TV 애니메이션 시리즈 「포트리스」의 공동 제작 계약을 체결하기도 했다.

사단법인 한국만화출판협회를 설립하고, 초대 회장으로 취임했다.

(사)한국애니메이션제작자협회에서 협회 창립과 발전에 이바지한 공로로 공로패를 수상하기도 했다.

2003년

한국문화콘텐츠진흥원과 '우수파일럿 신암행어사 애니메이션 제작 지원' 협약을 체결하고 극장판 애니메이션으로 제작했다.

TV 애니메이션 시리즈 「아이언키드」 공동 제작 계약을 체결하면서 애니메이션 사업의 폭을 넓혔다.

2005년

TV 애니메이션 「아이언키드」의 제작에 스페인 BRB인터내셔널과 미국 망가엔터테인먼트를 참여시키면서 글로벌 프로젝트로 사업을 확장했다.

10주년을 맞은 서울만화애니메이션페스티벌(SICAF)의 발전에 기여한 공로로 서울시에서 감사패를 받았다.

2006년

글로벌 애니메이션 프로젝트 「아이언키드」가 KBS에서 방송됐고, TV 애니메이션 「동글동글 짝짝」은 디지털콘텐츠대상을 수상했다.

2007년

대원씨앤에이홀딩스(주)를 대원미디어(주)로 사명을 변경하고, 대원게임(주)를 계열회사로 추가해 게임 유통개발 사업으로 사업 영역을 확장했다.

2008년

대원디에스티(주)를 계열회사로 추가했다.

2009년

어린이 애니메이션 「뚜바뚜바 눈보리」를 제작해 한국에서는 EBS에서 방영하고, 미국 CBS 채널을 통해 방영했다. 12월에는 「뚜비뚜바 눈보리」로 '대한민국 콘텐츠어워드 애니메이션 부문 대상(대통령상)'을 수상했다. 그간 우수한 만화를 제작하고, 해외 수출에서 거둔 성과를 바탕으로 '대한민국 콘텐츠 해외진출 유공자 포상(국무총리상)'을 받았다.

2010년

타나카 마사시의 만화 「곤」을 한국에서 애니메이션으로 제작하고 전 세계에 배급하는 프로젝트를 구체화한다. 연초에 유럽지역 배급 계약을 체결하고, 한국콘텐츠진흥원으로부터 제작 지원작으로 선정되기도 했다.

2012년

글로벌 프로젝트 애니메이션 「곤」을 일본 지상파 TV도쿄와 한국의 EBS에서 방송했다.

2013년

한국 만화 애니메이션 산업의 성장에 노력한 공로를 인정받아 2013 SICAF 어워드를 수상했다.

대원 계열회사 현황

본사

만화 애니메이션 종합 엔터테인먼트 기업 '대원미디어㈜'

1.애니메이션 창작기획 사업

2.캐릭터 라이선스 상품화 사업

3.카드게임사업(TCG, 게임사업)

4.디지털플랫폼사업"

종속기업

출판사업 '대원씨아이㈜'

1.만화 콘텐츠 제작 사업

2.소설, 아동, 실용서 출판사업

3.만화, 도서 전자책 및 어플리케이션 개발사업"

방송사업 '대원방송㈜'

1.케이블방송

2.위성방송 및 DMB

3.IPTV방송"

게임유통사업 '대원게임㈜'

1.게임단말기 유통사업

2.게임소프트웨어 유통사업

운영정보표시장치사업 '대원DST㈜'

운영정보표시장치 제조 공급

캐릭터 완구 유통사업 '(주)대원캐릭터리'

캐릭터 완구 유통사업

출판사업 '(주)학산문화사

만화, 아동서 출판사업

대한민국 콘텐츠 플랫폼
정옥 과 대원

초판 1쇄 펴낸 날 | 2015년 3월 5일

지은이 | 이원복 외
펴낸이 | 홍정우
펴낸곳 | 브레인스토어

책임편집 | 신미순
표지그림 | 신동헌
캘리그라피 | 안현동
디자인 | 김준민, 윤수경
마케팅 | 한대혁, 정다운

주소 | (121-894) 서울특별시 마포구 양화로 7안길 31(서교동, 1층)
전화 | (02)3275-2915~7
팩스 | (02)3275-2918
이메일 | brainstore@chol.com
페이스북 | http://www.facebook.com/brainstorebooks

등록 | 2007년 11월 30일(제313-2007-000238호)

ISBN 978-89-94194-62-2 (03320)

이 도서의 국립중앙도서관 출판예정도서목록(CIP)은 서지정보유통지원시스템 홈페이지
(http://seoji.nl.go.kr)와 국가자료공동목록시스템(http://www.nl.go.kr/kolisnet)에서 이용하
실 수 있습니다.(CIP제어번호: CIP2015005622)